整合与拔节

小学美术
一体化课程与教学

刘永永 —————— 著

復旦大學出版社

目 录

序　倾听美术教师专业成长拔节的声音 …………………… 001

第一章　美术课程一体化转向 …………………………… 001
　第一节　“唤狗机”进化论 …………………………… 002
　第二节　“副科”课程的华丽转身 …………………… 008
　第三节　透析教材碎片化现象 ………………………… 016

第二章　一体化课程的“牛鼻子” ……………………… 024
　第一节　警惕课程整合的误区 ………………………… 024
　第二节　一种易被遗忘的整合 ………………………… 029
　第三节　牵住美术课程的“牛鼻子” ………………… 033

第三章　美术课程内容一体化 …………………………… 044
　第一节　把美术课程内容“串起来” ………………… 044
　第二节　美术基础课程横向一体 ……………………… 055
　第三节　美术基础课程纵向一体 ……………………… 069

第四章 美术课程实施一体化 …… 081
第一节 美术课堂就是一次播种 …… 081
第二节 一体化课堂学习指导策略 …… 090
第三节 美术主题式单元教学课例 …… 115

第五章 基础课与拓展课一体化 …… 126
第一节 拓展性课程需解决的问题 …… 126
第二节 一体化美术拓展课程开发 …… 135
第三节 拓展课和基础课一体化实施 …… 148

第六章 美术项目学习一体化 …… 165
第一节 指向素养的一体化学习 …… 166
第二节 美术项目化学习的设计 …… 182
第三节 美术项目化学习个案解析 …… 200

第七章 美术作品课的一体化 …… 218
第一节 现实的困境和理想的状态 …… 218
第二节 “作品课”促使理想落地 …… 228
第三节 美术“作品课”成果摘录 …… 248

第八章 美术学业评价一体化 …… 252
第一节 不可忽视美术学业评价 …… 253
第二节 一体化美术阶段性评价 …… 259
第三节 一体化的个性评价攻略 …… 273

第九章　共同体团队的一体化 …………………………………… 286

第一节　区域学科团队的一体化 …………………………… 286

第二节　自由与生成的美术团队 …………………………… 293

第三节　与自由美术共同成长 ……………………………… 302

参考文献 ……………………………………………………………… 316

后记 ……………………………………………………………………… 322

序　倾听美术教师专业成长拔节的声音

教师的专业成长伴随着教师的整个职业生涯。自2001年教育部启动基础教育新课程改革以来，我国基础教育课程教学先后经历了从“双基”（基础知识和基本技能）到“三维目标”再到“核心素养”的变迁，对教师专业成长的研究也一直同步进行。特别是新发布的《义务教育艺术课程标准（2022年版）》强化了艺术课程育人导向，优化了艺术课程内容结构，凝练了艺术课程核心素养，研制了艺术课程学业质量，提出了教师培训与教学研究的要求，由于修订力度大、呈现亮点多、实行要求高而备受关注，教师的专业成长诉求也因此更加强烈。

教师的专业成长需要相应的教学研究作为有力支撑，并将这些研究成果融入教师的日常工作中，以促进教师对课程的深入理解与有针对性地实施。但是，一线的普通艺术教师通常不具备教学研究能力，为此，《义务教育艺术课程标准（2022年版）》在“课程实施”中第一次提出了“教学研究建议”，号召有研究能力的高级教师“通过调研，精准诊断教师在理解和实施艺术课程中遇到的问题与困难，特别是农村中小学生艺术学习的现状与问题”。

刘永永校长自1997年参加工作以来，就以教学研究促进自身的专业成长，扎根农村教育工作25年，从美术专职教师到校长，从普通教师成长为宁波市中小学名师、宁波市骨干校长、高级教师，还获得浙江省“春蚕奖”、浙江省第二批“万名好党员”、浙派名师名校长培养对象、宁波市领军和拔尖人才等荣誉。教学研究成果丰硕：曾出版个人专著《美术生成性教学》和《学科渗透心理健康教育》，参与编著4部，在《中国美术教育》《中国中小学美术》《中国教师》《中小学管理》等教育期刊上发表学术论文60多篇，其中不乏被“人大复印报刊资料”全文转载的论文。有100多项美术教学、德育、管理等研究成果获推广或得奖，在省内外执教公开课、讲学50余场，“一体化教学”成果辐射全国十多个省的联盟学校。他领衔的“自由美术名师团队”至今已经培养了20多位高级教师、宁波市（余姚市）中小学骨干教师和各级教坛新秀。通过团队成员的专业成长，努力破解农村中小学美育方面的难题，有效地提升了农村中小学生艺术学习水平。

这次，刘永永校长又有新著《整合与拔节——小学美术一体化课程与教学》出版。这本专著，很好地落实了2022年4月21日教育部公布的《义务教育艺术课程标准（2022年版）》的精神，紧密把握“学科整合”这一主线，以美术为主阵地，融入音乐、舞蹈、戏剧（含戏曲）、影视（含数字媒体艺术）等相关内容。在当今新美育时代“五育”并举的“双减”背景下，倡导美术课程一体化转向，通过美术课程内容一体化、美术课程实施一体化、基础课与拓展课一体化、美术项目学习一体化、美术学业评价一体化、共同体团队的一体化，进行了富有成效的教学研究，从而构建了小学美术一体化课程与教学的新体系，到达以美育人、文化自信的彼岸。我作为刘永永校长曾经的宁波市特级教师跨区域带徒的导师，欣赏他对一体化课程与教学的积极尝试，肯定他很好地兼顾了学校校长（书记）和美术专职教师的“角色”，并祝贺他“立德”“立功”“立言”。

如今，基础美术教育沐浴在课程改革的春风里不断迭代发展，美术教师“更大有作为”的时代已经到来。在此，引用《义务教育艺术课程标准（2022年版）》“前言”中的一段话作为我为刘永永校长专著的序作结尾：“在向着第二个百年奋斗目标迈进之际，实施新修订的义务教育课程方案和课程标准，对推动义务教育高质量发展、全面建设社会主义现代化强国具有重要意义。希望广大教育工作者勤勉认真、行而不辍，不断创新实践，把育人蓝图变为现实，培育一代又一代有理想、有本领、有担当的时代新人，为实现中华民族伟大复兴作出新的更大贡献!”希望刘永永校长领衔的“自由美术名师团队”，继续高质量服务农村教师，并以自身的专业情怀向城区教师辐射，一起倾听美术教师专业成长拔节的声音，以扎实的学识引领更多的教师走向成功。

是为序。

中国教育学会美术教育专业委员会理事
北京市海淀区进修学校艺术教育中心主任
周信达

2022年8月3日于北京海淀

第一章
美术课程一体化转向

本章导读

古希腊哲学家赫拉克利特曾说："人不能两次踏进同一条河流。""变"是这个时代的主旋律，课程也需要因应时代的变化而发生改变，这就需要发展性的课程。如果说美术教学是一个孕育艺术生命的过程，那么，有两个环节很重要：第一个是"发芽"，有能发芽的种子才能够产生新的生命，这个"能够发芽的种子"就是课程；第二是"拔节"，让新生命如雨后竹笋般一节一节地生长。这需要美术教师抓住关键点对学生进行指导，实现高阶思维的发展。这两个环节可概括为"有机整合"和"适性拔节"，旨在让现有的课程与国家课程标准相匹配，培育学生的艺术核心素养，以美育人，树立文化自信。因而，一体化美术课程和一体化课程实施是本书要讨论的两个重点问题。作为起始，本章主要解决三个问题：一体化是什么？美术课程一体化的理论依据是什么？美术课程走向一体化的背景是什么？以此拉开美术一体化教学探讨的序幕。

第一节 “唤狗机”进化论

“唤狗机”是什么？许多年轻人都不认识，原因是时间的隔阂。

图 1－1 “BB”机

1997 年 8 月，我毕业分配到农村偏远学校工作。当时的青年人在腰间都别着一台半个手掌大小、三四个按钮、只能显示数字的小电器，叫“BB”机（见图 1－1）。

“BB”机是当时最流行的联络工具。当对方有事找你，就会用电话打你“BB”机号码，然后在电话旁边等着你回电。这时候，“BB”机就会用声音或震动提示你，高级一点的可以显示来电人的姓名。这时候机主第一个反应就是迅速寻找附近的电话亭回电。这是当时人们之间联络最普遍的方式。如果你的社交圈足够广泛，就会不断地被呼，致使你不断地寻找电话回电。为了方便，人们甘心这样被“使唤”，于是大家戏称“BB”机为“唤狗机”。谁叫“唤狗机”只有呼叫一种功能呢？

过了几年，“大哥大”进入了市场，有“BB”机的人买了“大哥大”，于是腰上戴了两样东西，一个是“BB”机，一个是“大哥大”。人们不用再为寻找电话亭而烦恼，“BB”机一响，拿起一边的“大哥大”回复。后来双方都有手机了，就只带一个手机。于是，“一呼一唤”的时代从此结束，“唤狗机”就这样退出了历史的舞台，公用电话也逐步消失在街头。

又过了几年，网络全覆盖，智能手机开始普及，智能手机在数字手机的基础上，开发了上网、微信、支付、导航、定位、购物、照相、录影等功能，让方寸之间的电子设备集通话、摄影、支付、购物等功能于一体，超越了“通话”的基本功能，可以解决很多生活问题，可谓“一机在手，生活无忧”。智能产品让我们步入智能时代，让生活“便捷和美好”。如果没有集多种功能于一体的智能手机，生活将是另一番景象：通话要持“大哥大”，上网要背电脑，拍照要扛照相机，导航要配备导航仪，资金流动要跑银行……功能的碎片化令生活十分累赘。

一、“唤狗机”的启示

随着科学技术的发展，从“唤狗机”到智能手机的进化是必然趋势。“唤狗机”失宠，智能手机最终成为人们的最爱，给我们什么启示呢？

1.“便捷和美好”是人类的一贯追求

人类经历了从自然界取火到人工取火的漫长过程，从采集闪电、流星等野火到钻木取火，再到后来的引火工具取火，取火工具不断更替，让人更加便捷地获得温暖与美食，然后才有了丰富的精神追求。陶器的发明最先就是为了解决“盛食物”的问题，然后才在装饰功能上有进一步发展。家用汽车从原来的基本代步工具，逐步设计成音乐、通话、导航、上网、视频等功能一体的生活空间。各种产品的研发和设计，都是首先考虑“实用功能”，就是方便人使用，然后再考虑审美需求。因为便捷和美好，是人类一贯的追求。

2. 一体化让生活更加“便捷和美好”

我们总是想方设法让复杂的事情变得简单，简单和便捷才能让生活变得自由和快乐，更易获得满足感。著名作家余秋雨先生说过：“今天文明的最高原则是方便，使天下的一切变得易于把握和理解。”① 智能手机、多功能汽车之所以能够让我们感到“便捷和美好”，是因为它们综合了人们所需的各种功能，而且变得小巧精致，“小”的东西具有“多”的功能，这就是功能的一体化。又如椅子、按摩器的一体化就有了按摩椅，洗涤和电脑一体化就有了全自动洗衣机，空调和变频器一体化就有了节能变频空调，电脑、煮饭、煲汤的一体化就有了智能电饭煲。可见，很多新发明都是运用一体化思维方式的结果，一体化是我们对生活和工作的现实需求，一体化促使生活更加便捷，提升生活质量，让生活更加美好。

3. 一体化是整合和生发的思维方式

一体化是不是简单相加？非也。一体化是有机整合，有机整合并不是随意地叠加，而是突出事物之间的联系，相互协调，互补优缺，阴阳平衡。智能手机功能如此之多，但最主要的功能还是交流，视频、音频、照相、网络等都在促进和优化“交流”这个基本功能，各种功能软件互相兼容、补充才能充分发挥智能手机便捷的功效。相反，手机若丧失基本的交流功能，软件之间互

① 余秋雨：《千年一叹》，长江文艺出版社，2012 年，第 123 页。

相冲突，那么充其量只是播放器、照相机或浏览器，人们就不会喜欢。

一体化还有自然生发的意义，在有机整合的基础上，一体化必走向自然生发。自然生发是中国文化中发展的最高境界，老子《道德经》云："道生一，一生二，二生三，三生万物。"道家给我们揭示了"道法自然"的规律。生发不是刻意的，而是自然而然的过程。手机的通话功能一开始很简单，随着人多元化需求的生发，逐渐有了短信联络、邮件联络，又增加了视频联络、群联络、会议交流等多种方式。这样的结果是，功能自然而然地日趋完备，人际圈慢慢扩大，信息量成倍增加，使用更加便捷，这就是自然生发之道。

可见，一体化的特征是有机整合和自然生发，最终目的是便捷和美好。

二、一体化是未来课程的方向

欧盟、经济共同体等是国家与国家之间的一体化。协会、商会、区域、合作体是行业与行业之间的一体化。团队、小组、课题组、业务组是个人与个人之间的一体化。一体化发生在各个领域中，在教育领域亦是如此。粉笔和黑板已经被多媒体设备所取代，电脑将展台、演示、板书、制作、影像等多种教学功能结合于一体，方便教学，提升学习效率。在教学领域，学科整合教学、主题教学就是试图让多学科教学有机整合和自然生发。在课程建设方面，一体化逐步成为未来课程的发展方向，主要表现如下：

第一，发达国家义务教育课程结构呈现综合性趋势。从全球主要国家普及义务教育采用的课程结构看，综合化是主要趋势。以理科教学为例，主要发达国家和70%的发展中国家初中阶段科学学科均采用综合课程，这是教育从精英化走向大众化的必然趋势。①

第二，课程综合是未来义务教育的趋势。叶圣陶先生指出：课程分立是不得已的事，最终还是要走向综合。② 叶老的预言在新课程改革中逐步实现，2001年启动的中国第八次课程改革指导文件《基础教育课程改革纲要（试行）》中首次明确提出“积极倡导各地选择综合课程”。越来越多的人开始认可综合课程在义务教育课程体系中的价值和地位。在知识经济快速发展以及创新创业越来越被重视的当前，学生的批判思维和综合素养成为各国教育的关键目标。例如美国如火如荼实施的STEM课程正是这种思潮下的产物，STEM即科学（science）、技术（technology）、工程（engineering）、数学（mathematics）四门学科。STEM课程本身就是综合课程，是学生在现实任务和情境下融合各科知识的探究过程。③

第三，课程综合的研究已走入深水区。教材组织上内容综合

---

① 浙江教育厅教研室：《探索中国特色的综合课程改革之路——浙江省综合课程改革30年回顾与总结》，《人民教育》2018年第24期。

② 李吉林：《40年情境教育创新之路带来的6个甜果子》，《人民教育》2018年第24期。

③ 杨向东：《做中国综合课程改革的拓荒者——写在浙江省综合课程改革30年之际》，《浙江教学研究》2018年第5期。

不断增加，由传统的拼盘式向栏栅式转变，知识内容既有独立性，又有相对的渗透和联系。今后，课程综合的研究不仅关注教材内容的组织和编排，而应将目标转向课堂教学方式，师生多元评价以及学生个性化管理等改革的核心内容。在课堂教学方式上，关注大概念、大单元，关注情境教学与应用，关注学生综合实践能力的提升等。在评价方式上，如何设置真实情境考查学生的基本能力是对学生评价的关键。在学生管理上，更加关注学生的个性发展，关注扬长教育等。

三、美术一体化教学的现实意义

从目标角度看，美术课程一体化建构和实施是符合新实施的艺术课程标准的精神，核心素养时代的美术教学，走进了艺术课程教学的怀抱，是培育审美感知、艺术表现、创意实践和文化理解为素养目标的教学，审美感知与文化理解指向艺术欣赏，艺术表现与创意实践指向艺术创作，四个素养相互支持、包容，构成核心素养体系。四大艺术核心素养是中小学美术教学一以贯之的一体化目标，是课程的发端之处。

从内容上看，教材体系中知识、技能本身是个有逻辑的整体，但是在教材中是螺旋上升、散点分布。这让教师很难把握教材的前后关系，无法系统地思考教材的价值，有些教师只能根据经验和喜好实施教学，这和国家课程精神背道而驰，需要我们重新做出调整。

从形式上看，培育学生的高阶思维、能促进学生深度学习的一体化学习方式很多。主要有主题下大单元学习、主题下项目学习、主题下跨学科学习等，能够让学生在真实情境中解决实际问题，发展综合思维，以达到“一花一世界”的学习境界。

综合、整合、共同体、团队，将是未来学校使用频率最高的词汇，一体化将是课程和教学的未来。

本节通过对分析“唤狗机”的进化，以及教育改革领域课程综合的发展趋向，来揭示教学的“道”，即“一体化”的内涵和价值，再由“道”自然生发，叩开了“一体化课程”的大门，让我们能够更进一步来讨论“美术一体化教学”的具体问题。

第二节　“副科”课程的华丽转身

图 1－2　作者和尹少淳教授合影

某次偶遇来宁波讲学的教育部美术新课标研制组组长、首都师范大学尹少淳教授（见图 1－2），尹老师讲述了一个有趣的故事：有一次教育部会议工作餐期间，一桌子都是老师，大家都不熟悉，于是互相询问：“您是教哪个学科的?”当问及尹老师，尹老师故作严肃地说：“我是教儿科和‘妇科’的。”在座的人都很惊讶，以为遇上了医学院的老师。看到大家满脸疑惑，尹老师解释说：“我是教儿童美术的，所以是‘儿科’。你们都是语文、数学的主科老师，我是教美术的，所以是‘副科’。”这是尹老师的谦辞和幽默，我们被尹老师的一语双关所折服。

不可否认美术学科曾被边缘过，在师生的脑海中终究是“副科”，但随着素质教育深入实施，课程改革不断深化，人们对美术教育的重要性有了新的认识和定位，特别是2015年9月15日国务院办公厅下发的《关于全面加强和改进学校美育工作的意见》中提出“进一步强化美育育人功能，推进学校美育改革发展”的要求，将中小学校的艺术教育提高到了前所未有的高度。现在的美术教师底气十足，美术学科也从“副科”变成了“富科”。

何谓“富科”呢？就是最忙的学科之一。小学美术老师不仅要上好一周十多节美术课，还要参与校园文化的设计和布置，参与各种事务，凡是与美术相关的，都要美术老师参与，于是，美术老师一天的工作排得满满当当。美术老师还要备课写教案、上研究课、录像课、写论文、做课题，忙得不可开交，成为最“富裕”的教师之一。于丹教授说，“心亡则忙”，心都被忙得“亡”了，还有多少幸福感可言？

有没有这样一种可能——美术教师能不能只做一件事，然后产生出多个效果？譬如上完一节课，也同时相当于做完了其他几件事？这样一来，教学工作如同智能手机一样就变得“便捷和美好”。在学校里，我们希望可以拥有这样一种理想状态：美术老师不用一课一课地写教案，而是仅凭一篇教案就安排好一周的课程，可以有更多的时间用来完善课程资源；当美术老师上了一节教研课，然后就自然生发了教学录像、案例、论文、课题等一系列的连锁成果，又能完成学校考核的所有任务，而且比一般的老师成绩更佳，多余的时间可以干自己喜欢的事情……这种美好的工作状态令人羡慕，我们不是在偷懒或少干活，而是让工作有机整合，然后自然生发各种成果，成倍地提高教学效率，让教育教学工作更加“便捷”。有没有可能实现这种理想状态？有！要实现这种状态，这就需要一体化的思维，做“一体化美术课程”“一体化美术教学”“一体化美术教研”等方面的研究。

课程是达成目标的“跑道”，课程一体化的问题解决了，教学工作就会变得“便捷和美好”。课程一体化是课程从碎片化走向综合的结果。

1. 课程一体化研究的借鉴

19 世纪初，英国学者埃比尼泽·霍德华（Ebenezer Howard）最早提出“城乡一体化”，用新的结构代替旧的社会形态。国外小学美术教育研究以美国、日本及欧洲一些发达国家为主，美国的 STEM 课程结合了数学、工程、科学等学科培养学生综合素养，日本的个性化美术教育，欧洲的全民教育思潮这里面就有一体化课程的理念，是对课程综合的探索与实践。[①]

国内一体化课程研究中，郑友训的《教师教育一体化课程建构的理论和实践》一文明确谈到教师教育课程一体化概念，作者表明教师教育一体化不仅要在组织形式上一体化，更要在培训方

---

① 袁楠：《城乡教育一体化目标下农村小学美术教育研究——以豫南地区为例》，湖北师范大学硕士论文，2017 年。

案、课程设置上真正实行一体化。[①] 褚宏启在《教育制度改革与城乡教育一体化——打破城乡教育二元结构的制度瓶颈》一文中指出，鼓励学校根据实际情况探索出适合各自学校的发展道路，提出多样化课程、教学模式、教学方法、办学特色。北京市海淀区美术教研员周信达老师在2016年第5期的《中国美术教育》上发表学术论文《美术教师课程领导：由碎片化走向一体化》，这是国内美术教师中第一次阐述“一体化”课程实施的设想，并做了大量的实践研究。

2017年，随着《普通高中美术课程标准》的颁布，中小学美术教学进入核心素养的时代。“全面统筹”和“综合育人”成为课程教学的新常态，综合育人就需要综合的课程。2022年，《义务教育课程方案和课程标准》强调了“课程综合化实施”的要求。“突出课程综合”亦成为《义务教育艺术课程标准（2022年版）》的课程理念。新时期需要新课程，新课程的“新”不是再提供或补充几套新的教材，而是用新的思维架构新的课程，做到常用常新，让基础课程再次生发新活力。

对一体化课程的调研发现，首先，西方国家虽然很早就在课堂模式方面有所探索，但对“一体化”课程研究的成果也甚少，主要局限在高校和职业高中，小学阶段很少提及。其次，国内一体化课程研究成果比较宏观，具体学科中如何实施操作，却鲜有论述。再次，美术课程“一体化”研究刚刚起步，可借鉴的成果

---

① 郑友训：《教师教育一体化课程建构的理论与实践》，《课程·教材·教法》2006年第6期。

较少。为了适应新课程改革，更好地以美育人，有必要做更深入的研究。

2. 美术课程一体化的理论依据

美术课程一体化研究的本体论基础是《义务教育艺术课程标准（2022年版）》，此外还有以下三个理论依据：

（1）SOLO理论

SOLO理论即可观察的学习结果结构理论（Stracture of the Observed Learning Outcome）。澳大利亚心理学家彼格斯（J. B. Biggs）把学习由低到高划分为五个水平：前结构、单一结构、多元结构、关联结构和拓展抽象。前三个阶段学生处于“知道、区别、识别”等低级认知水平，关联结构和拓展抽象结构阶段学生处于“说明、归类、解决、迁移”等高层认知水平，决定思维水平的是知识的结构关联，即知识关联能够解决更多复杂问题，并能创新和迁移。[①] 有学者也认为，知识结构的优化是指知识节点越来越多，节点之间的“关联”越来越复杂，节点的内涵越来越丰富，思维水平就越来越高级。[②] 可见，架构美术课程知识之间的关联结构，才能培育学生较高认知水平。如果是碎片化地学习，学生的思维是低水平的。

（2）系统论

系统论是美籍奥地利生物学家贝塔朗菲（Ludwig Von

① 约翰·B. 彼格斯、凯文·F. 科利斯：《学习质量评价：SOLO分类理论（可观察的学习成果结构）》，高凌飚、张洪岩主译，人民教育出版社，2010年，第68页。
② 张沿沿、冯友梅、顾建军、李艺：《从知识结构与思维结构看思维评价——基于皮亚杰发生认识论知识观的演绎》，《电化教育研究》2020年第6期。

Bertalanffy）创立的一门逻辑和数学领域的科学。他认为世界上一切事物、现象和过程几乎都是有机整体，且又都自成系统。传统方法只是对各部分、各过程进行研究，没有包括协调各部分和各过程的信息，因而不能完整地描述活动的信息。我们应该运用系统的方法达到最终、最优的目标。基础教学中，各阶段之间是既独立又联系的。从横向角度考虑，应该对各因素和维度的结构进行优化组合；从纵向角度考虑，应该实现整个过程的最优化。即对构成过程的各个阶段和环节进行优化组合，在各个阶段的衔接上，避免不必要的重复教学和教学环节、内容、方法等的无序组织，从而实现教育资源的合理配置，避免学生过重的课业负担，提高教育教学效率，提高人才培养质量。

（3）国家的美育要求

从2001年启动的基础教育课程改革确立的三级课程管理体制给教师更多的课程主导权力开始，到2014年教育部《关于全面深化课程改革　落实立德树人根本任务的意见》的出台，标志着加强课程领导突显育人价值成为新常态。对美术教育工作者来说，2015年9月15日国务院办公厅下发《关于全面加强和改进学校美育工作的意见》提出的进一步强化美育育人功能，推进学校美育改革发展，对教师的课程领导与执行能力提出了更高的要求。2020年10月，中共中央办公厅、国务院办公厅印发了《关于全面加强和改进新时代学校美育工作的意见》，该《意见》特别强调“教材体系建设”，要求“根据学生年龄特点和身心成长规律，围绕课程目标，精选教学素材，丰富教学资源。加强大中小学美育教材一体化建设，注重教材纵向衔接，实现主线贯穿，循序渐进”。可见，美术课程一体化建设已然提上了日程。

3. 美术一体化课程的内涵

美术一体化课程的内涵是什么？我们可以从广义和狭义两个角度去理解。

广义的“一体化”是相对“碎片化”来说的，“碎片化”的课程中目标、内容、实施、评价等要素不成体系，无法关联，美术课程的不同领域无法整合，不能整体实施。一体化课程就是结构化、系统化和整合化的课程，它主要有两个维度：一是纵向一体，就是围绕目标，实现课程目标、内容、实施、评价的一体化，即四者内在逻辑的一致性，关联内容的匹配性和功能作用的协同性；二是横向一体，是指对每个课程要素进行内在的结构关联。①

狭义的“一体化”是指小学美术基础课程的一体化，为了达成美术一体化课程目标，重构小学美术“一体化”课程体系，通过主题或模块让“造型·表现”“设计·应用”“欣赏·评述”“综合·探索”四个艺术实践领域，根据主题或任务有机整合、适性施教，从而更好地践行课程精神，培育学生核心素养，以美育人，树立文化自信。

我们“拆开”各个部件，可以梳理成表1-1来理解内涵：

① 刘永永：《有机整合　适性拔节——小学美术课程一体化实施研究》，《中小学教材教法》2021年第8期。

表 1－1 美术一体化课程与教学的内涵

教学要素	具体内涵
价值取向	教师执行的课程和国家的课程相匹配
操作要素	目标、内容、实施、评价
课程特征	有机整合、适性拔节、自然生成
课程目标	培育核心素养，以美育人，树立文化自信
课程内容	基础课程、拓展性课程、研究性课程等一体化
课程实施	目标一体化、内容一体化、实施一体化、评价一体化
课程评价	一体化的评价指标、全程性评价方式、一体化反思

要讲清楚“一体化课程是什么”还是有点抽象，我们把它和常规课程做一个对比，可以初见端倪。见表 1－2：

表 1－2 一体化课程和常规课程比较

内容	常规美术课程	一体化美术课程
知识联系	碎片化教学、浅层关联	主题化、模块化、深度关联
课程内容	内容散点分布，无显性序列	按主题重新架构单元课程
教学方式	按自然序列按部就班式教学	课序重组，大主题、单元教学
教学目标	关注一课时目标的达成	达成单元目标、培育核心素养
成果表现	一种学习成果	系列课程学习，多样成果

由表 1－2 分析可知，一体化美术课程和教学关注更多的是关联性和整体性，即主题化课程的架构和主题化课程的实施，这也是本书要回答的两个最核心的问题。如何架构？如何实施？是接下来几章的任务。

第三节　透析教材碎片化现象

在义务教育美术课程体系中，美术教材对于提高学生审美与人文素养、促进学生核心素养的形成发挥着重要作用。教材内容包括绘画、雕塑、工艺、建筑、书法、篆刻、新媒体和摄影等门类，同时还涉及语文、数学、思品、社会、科学、音乐等学科，融合人文性、视觉性、实践性和愉悦性等诸要素于一体，是一个包罗万象的综合体。当教师引导学生学习在广泛的文化情境中认识美术的特征、美术表现的多样性以及美术对社会生活的独特贡献时，会不由自主地陷入面面俱到的"大而全"的误区。这样一来，美术"双基"（即基础知识和基本技能）的孤立和美术文化的割裂，导致教师在使用美术教材时普遍存在"碎片化"现象。[①]

一、 教材使用碎片化的表现

以浙江人民美术出版社 2011 年发行的美术教材（简称浙美版）为例，由于美术教师对小学美术教材研究不深，在运用美术教材时会遇到瓶颈，致使教学碎片化，具体表现如下：

---

① 周信达：《美术教师课程领导：由碎片化走向一体化》，《中国美术教育》2016 年第 5 期。

1. 河段思维，课程目标“片段化”

核心素养时代以培育学生艺术核心素养为课程目标，而美术教师习惯于“河段思维”，只看到三维目标的片段，不会建立起操作目标、核心素养，以及通达国家美育目标的内在联系，于是，美术课堂向“素养教育”的转型就变得很慢。

其实，国家美育目标、艺术核心素养、具体操作目标是课程目标在宏观、中观、微观维度的具体体现，如图1-3所示，美育目标是宏观目标，是理想的目标；艺术核心素养是学科本质，是中观目标，是执行的目标；操作目标是微观目标，是教师领悟的目标，三者形成一个连贯的美术课程目标整体。从宏观目标到微观目标是围绕“素养”为核心的整体，即培育学生的正确价值观、必备品格和关键能力为核心，这是当前美术教育的核心指向。[①]

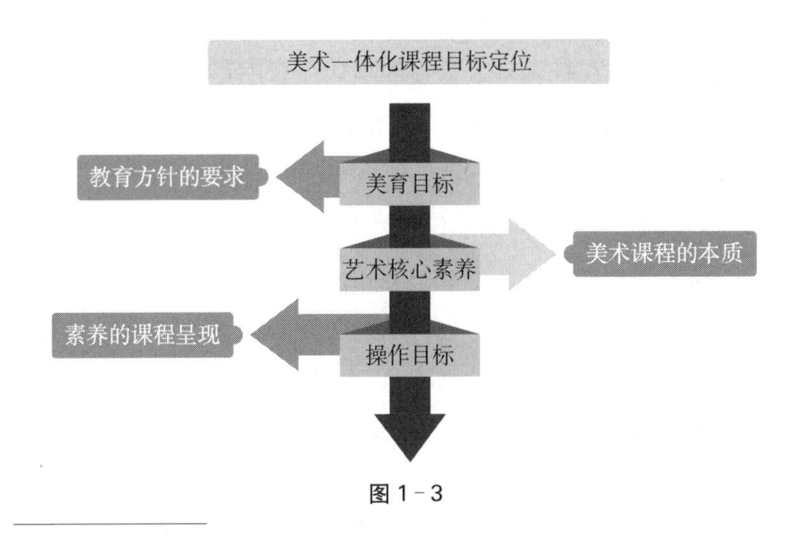

图1-3

① 刘永永：《有机整合　适性拔节——小学美术课程一体化实施研究》，《中小学教材教法》2021年第8期。

三者的结构具体可参见表 1－3：

表 1－3　各维度目标的内涵和关系

维度	类型	内涵	共同指向
宏观	美育目标	以人文素养和审美素养为主，实现立德树人，崇德向善，以美育人，培育美好心灵	正确价值观、必备品格和关键能力
中观	核心素养	审美感知、艺术表现、创意实践、文化理解	
微观	操作目标	依据艺术核心素养目标，在课时目标上的具体呈现	

河段思维下，美术教师只关注一个层级的课程目标，没有看到美育目标的最终指向，不能建立起“大美育”的观念，这种课程目标的认识是碎片化的。

河段思维下，教师对艺术核心素养和操作目标也不能建立内在联系，一般只关注三维目标，即知识与技能目标、过程与方法目标、情感态度价值观目标，而不能指向核心素养目标的达成。以美育人，以文化人的素养目标便是空中楼阁。

河段思维下，教师对美术核心素养的落实也是碎片化的。对于艺术核心素养四个方面：审美感知、艺术表现、创意实践、文化理解，课堂中只是落实一二，不会研究素养之间的关系，不会共同推进四大素养。

2. 隐性分布，课程内容“零碎化”

浙美版小学美术教材分成“造型・表现”“设计・应用”“欣赏・评述”“综合・探索”四个实践领域，知识点按照隐性单元散点分布。四个实践领域的内容如沙滩上的砂砾一样播撒在各册教材中，每一册教材布局也不以领域为序，这让美术教师难以看到每个领域内部的知识和技能的逻辑关系，教学的碎片化造成课程前后连贯性不强，加上教师对教材处理能力不足，造成学习内容零碎，削弱了美术的内在魅力。经梳理，四个实践领域的数量不均匀分布，各领域比重和分布特点如下，见表1-4：

表1-4 浙美版小学美术教材各领域分析

领域	比重	特点
造型·表现	109课，48.4%	随年级升高而减少；基础技能学习比重最大
设计·应用	65课，28.9%	随年级升高而增加，中高段比重大；生活设计比重最大
欣赏·评述	30课，13.3%	各年段分布均匀；中国传统文化比重最大
综合·探索	21课，9.4%	集中在中高段；以生活题材的综合探索为主

教材梳理的好处是，了解每个学习领域在教材中的比重和分布特点，帮助教师从整体上解读教材。由于内容零碎，在实际教学中，美术教师对同一题材、领域或技法的内容或许会前后联系，但是对不同领域或跨年段的课程就不会联系地使用，如五年级的《剪纹样》《剪纸人物》《剪纸中的故事》和本册“欣赏·评述”课的《皮影》、“设计·应用”课的《西游人物设计》，一般不会建立联系，但如果运用一体化思维，便可以发现“人物表现多样性”这条暗线：从人物单一的剪纸表现，到动态人物和不同性格人物的表达，最后还可以从不同材料，结合音乐、经典文学进行形象表现，就能把皮影和西游人物整合在一起，人物表现呈现了从基础到提升，再升华的递进关系。

3. 单一结构，美术学习的“浅层化”

美术教师常以教材自然序列，按部就班地实施课程教学，这是课程结构单一的主因。由于知识散点分布，技能学习断层现象时有发生。学生能够解决这一课的简单问题，但不能将此知识与其他知识相联系，再加上缺乏有效的学法指导，知识迁移被弱化，造成学习浅层化。

素质教育观认为，要“从关注教转向关注学”，“关注学”就要研究“学习”是什么，是怎样产生的？学习的实质是个体在特定的情境下，经由练习或反复经验而产生的行为或行为潜能比较持久的改变。学习行为的改变是由后天活动中的经验引起的。桑代克的联结主义理论认为，学习的实质在于形成刺激与反应之间的联结，学习的过程是一种渐进的、尝试错误的过程[①]。奥苏伯尔认为，一切有意义的学习都是在原有认知结构的基础上产生的，不受原有认知结构影响的有意义学习是不存在的。一切有意义的学习必然包括迁移。有意义的学习产生的变量有三个：第一是可利用性，指学生面对新任务，其认知结构中应具有吸收并固定新知识的原有观念；第二是可辨性，新旧知识有一定程度的可辨性，两者分辨度越高，越有助于迁移；第三是稳定性，面对新任务，原有知识越稳定越有助于迁移。[②] 通过对“学习”原理的解剖，按部就班的学习固然是简便，但是没有对学生进行“关联

---

① 袁桂娟：《桑代克联结学习理论对我国基础教育的启示》，《品牌（下半月）》2015年06期。

② 中公教育教师资格考试研究院编著：《教育教学知识与能力　小学》，世界图书出版公司，2012年，第175—190页。

式”学法指导，前后知识无法做到联结，有意义的学习就不会发生。

4. 以偏概全，教学评价的“局部化”

教师忽视教学评价对教学的导向作用，没有整体设计有关教、学、评的一体化方案，仅把学业评价当作最终评价结果，忽视全程性评价，造成以偏概全的结果。

在美术教学中，很多评价是局部的、碎片化而非全面整体的评价。首先，评价内容不全。美术教学的评价应该包括以下方面：美术课程的评价，即美术教师对课程架构质量的判断；教学的评价，即教学过程的质量判断；学生的评价，即教学结果的质量评价，而我们往往只做了其中一方面的评价。其次，评价指标不全。评价指标是价值判断的依据。美术教学的评价指标要全面，至少包括课程目标的评价、内容的评价、实施的评价、成效的评价。而实际操作中，教师只侧重于某一维度的评价。再次，评价方式的不全。美术教学评价倡导多主体评价，即学生、教师、家长、社会等多主体参与评价，使评价信息更加真实；美术教学评价还注重表现性评价，即运用观察、记录、访谈、录像、摄影、成长档案袋等方式收集学生学习表现的信息，对学生参与学习过程的综合表现进行评价。而在实际评价中，过程性评价经常被简单化。最后，评价反馈低效。反馈是评价的重要环节，是促进学生发展的重要手段，也是教师改进教学行为的重要一环。教师若没有对评价结果进行及时反思和总结，影响教学评价的效能将大打折扣。

二、教材使用碎片化的深层原因

造成美术教材使用碎片化的原因很多，根据正高级特级教师周信达等名师的研究[①]，美术教材使用碎片化现象的深层次原因如下：

1. 层出不穷的美术课程形态给承担课程实施的教师带来困惑

随着课程改革的深入推进，美术学科和其他学科一样，课程形态随着教育的发展也发生着巨大的变革。基础性课程，拓展性课程，研究性课程以及“互联网＋”产生的“慕课”、电子书包、虚拟交互课堂，建立在数字美术基础上的云技术、智能移动等形成的“云”课程等，各种课程形态层出不穷，给承担教学任务的美术教师带来了巨大的困惑与严峻的挑战。

2. 过分重视美术校本课程开发而忽略了国家课程的校本化实施

长期以来，“大一统”的国标教材忽视了城乡差别、区域差异等问题，使得美术课程具有一定的局限性。单一的国家课程或自主开发的校本课程不可能解决教学中遇到的所有课程问题，国家课程与校本课程作为两种不同的课程模式，都有着特定的作用，它们之间相辅相成、互为补充。因此，教师要改变传统美术教学以国标教材为唯一教学资源的观念，结合当地的自然和文化

① 周信达：《美术教师课程领导：由碎片化走向一体化》，《中国美术教育》2016 年第 5 期。

资源，对国家课程进行选择、改变和再创造，增强美术课程的地方适应性，促使美术课程结构从一元走向多元，优化美术教学形式，拓宽学生的美术视野，让美术课堂充满勃勃生机。

3. 现代社会科层制管理体制对美术课程发展的影响仍旧较深

随着时代的发展，科层制管理体制被社会组织所广泛应用，科层制虽然极大地提高了工作效率，但是在学校管理上，这种效率原则却在一些评价相对复杂的学科遭到了“水土不服”。因为学校属于文化型组织，一味地追求效率造成许多教师片面追求“高分”而忽视对教学过程的关注，容易把教师变成“技工”，教学变成可以被量化的技术活动，学校教育成为可以被描述与量化的数据。加上美术课程具有的模糊评价和对学生的影响不易以数据呈现的特点，这就直接导致美术教师在工作中出现应付差事的现象，造成了美术学科的畸形发展。

现在，需要有一批扎根一线的美术教师精诚合作，进行一体化课程的实践研究，改变“碎片化”的课程状态，让课程改革精神落地。首要的事情是，推动自然状态下的美术教材向“一体化”课程跨步，方能符合学情，符合大主题、大单元教学的诉求，符合新课程改革的基本要求。为了美术教师能更好地“以美育人”，一体化课程是当前中小学美术教学，尤其是农村美术教学的必然选择。

第二章
一体化课程的“牛鼻子”

本章导读

美术一体化课程架构的视角是“课程内容的整合”，课程内容整合的范围很宽泛，常见的是学科之间的整合，稍有不慎也会误入歧途。美术一体化课程的主要视角，不是美术学科和其他学科如何整合，而是转向美术课程内在的整合，为什么立足课程内部的一体化？我们似乎遗忘了什么？在明确内在整合的大前提下，美术课程的终极目标在哪里？抓住了这个“牛鼻子”，一体化教学前行就顺理成章。为了避免南辕北辙的困境，本章有必要对美术一体化教学的方向进行讨论。

第一节　警惕课程整合的误区

拨开云雾，去寻找一体化教学这头“大牛”。

“一体化”怎么做？作为动词的时候，它常常和“整合”高度关联，要研究一体化课程的由来就要从课程整合谈起。“整合”一词是目前课程领域最热门的词语之一。整合的反义是分化，基本解释是把零散的东西彼此衔接，从而实现信息系统的资源共享和协同工作，形成有价值、有效率的一个整体。简而概之是整顿、协调，重新组合之意。整合的目的就是让事物有机结合，更加具有意义、更加便捷有效，达到增值的目标。要步入课程一体化操作的殿堂，首先要澄清学科整合的有关认识。

教育发展已经步入核心素养时代，新时代要求综合育人。课程是培养学生核心素养的主要载体。从综合育人的角度看，课程分科教学似乎暴露出碎片化的弊端，于是课程整合是当前基础教育阶段课程建设的热门话题。课程整合是什么？按照我们的理解，是学校根据新的育人目标而对课程进行整体重构，是学校课程建设取得一定成效之后的反思和优化。这是课程从分科的碎片化教学走向一体化教学的有效尝试，对提升教师的课程素养、培养学生综合思维能力具有一定的作用。艺术核心素养作为新课程的育人目标，让课程整合成为时髦，于是各种培训和学习交流都以此为主题。近几年，我们也经历了多次省内外课程整合的学习，收获很多，但也存在不少担忧。我们要警惕盲目跟从，避免走入误区。

误区一：整合的课程一定比分科教学要好

基础教育阶段，我们习惯于分科教学，分科教学的目的是让学生掌握每门学科的知识和技能，最重要的是养成各学科独特的思维方式。列举几个对小学阶段学科思维方式的描述：语文的思维方式是“用怎样的语言，用怎样的表达方式来表达思想情感”，数学的思维方式是“已知什么，条件是什么，求什么”，科学学科的思维方式是“从生活现象中包含了哪些科学问题和规律”，美术的思维方式是“用怎样的美术语言赋予作品背后的意义”。可见，每个学科的思维训练目标各有指向。当前，我们多次听到分科课程整合的案例，就习惯性地认为，现有的分科教学不好，只有课程整合才好，这是一个误区。

其实，分科教学长期存在，其优势是显而易见的，分科教学的主要优势是知识技能系统，思维训练扎实深刻。课程整合虽然打破学科界限，能够培养综合思维能力，但是其不足之处是学科知识不连贯，学科思维深度训练不够，这恰恰是分科教学的优势。在现阶段，没有有力的实践证明，课程整合就比分科教学有成效，国家也没有要求全体学校取消分科教学。随着课程改革的深入，从课程建设的角度看，课程整合是一种趋势，一种发展阶段，一种课程形态。至少现阶段，分科教学和课程整合都有存在的理由。

误区二：核心素养培养必须要进行课程整合

经验介绍听得多了，各种培训多了，让我们着实激动了一番，看到了课程建设的新方法，但逐渐失去了课程建设的自信。在大力倡导课程整合的氛围里，让我们不得不重新审视学校现有的课程，虽有强烈的课程整合的欲望，但又无从下手。甚至会怀疑，现有实施的课程是否能够真正培养学生的核心素养。我们认为，核心素养培养的课程形式是多种多样的，课程整合仅仅是有效途径之一。学校进行课程整合是有条件的，学校没有课程整合的实际条件，先要创造条件，不可盲目跟风。

课程整合的条件至少需要以下几个：第一，要具备清晰的课程理念。学校对育人目标和课程架构要有一个清晰的认识，这是课程重构的核心和出发点；第二，要具备普及课程的基础。课程整合做的是减法，删去重复的课程，统整重要的课程，这是学校在“课程普及”基础上的二度开发。有些学校各种课程还未开齐开足，还没有做到课程实施的规范和要求，就要考虑课程甄别与筛选，课程基础不牢固，课程整合成了无米之炊；第三，要具备课程整合的能力模式。课程整合需要一定的课程理论为指导，需要一定的课程设计和建构能力。多数教师都是分科模式培养出来的，很难驾驭学科整合工作。如果学校没有师资条件下进行课程整合，就会影响课程质量。因此，学校先要创造课程整合的必要条件，再考虑课程整合，否则很容易顾此失彼。

误区三：多种学科介入就实现了课程整合

如何进行课程整合？不同地区都有了一定经验，是现阶段课程建设的理想状态，是区域为了达成新的教育教学目标而进行改革，是与国际课程接轨的有效探索。各地教学资源不同，课程整合的理念就不同，就产生不同的做法。从字面上理解，整合似乎就是做加法。于是，跨学科介入、多学科融入就孕育而生。例如，一节课围绕一个主题，语文老师上 20 分钟，数学老师上 10 分钟，科学老师上 10 分钟的整合课堂。但是，学科简单相加就是课程整合吗？一节课是完成语文课目标还是完成数学、科学的目标？三门学科的知识传授，能力提升和思维训练在如此短的时间内做到位了吗？如此三不像的课我看认同者甚少。

我们认为，课程整合应该是“一门根学科下的课程融入”。

“根学科”就是以一门科学为主体，不能把语文课上成数学课，数学课上成科学课。“跨学科介入”是为了更好地达成目标而融合其他学科资源，其介入方式可以是执教者渗透，也可以利用其他学科的资源，甚至可以让其他学科的教师授课。无论何种方式，课的本来面目不能变，学科介入是辅助手段，为的是更好地达成学科目标，不能本末倒置，造成学科目标交叉含糊。

误区四：课程整合的试点仅仅是校本课程和地方课程

哪些课程可以整合？教师普遍认为，是校本课程与地方课程可以整合，理由是这些课程不用考试，随意性较大，整合风险最小。而国家基础课程是权威，有质量的压力，谁都不敢随意“开玩笑”。但真是这样吗？从课改的初衷看，课程整合为了什么？就是为了达成学科育人目标，达成核心素养。由此，所有课程都是教育的载体，都应该纳入整合的范畴。而基础课程是最重要的育人载体，是不是应该成为课程整合的主阵地？如此分析，我们认为，基础课程可以重构，基础课程恰恰是课程整合的重点领域。

课程改革是一场教育革命，需要的是广大教师义无反顾地向前冲的勇气，但也需要教师冷静分析，放慢脚步审视自己的理智。特别是农村中小学校，要积极跟进但不盲从。依据学校现有条件，对课程进行理性规划，然后选择一条适合本校学生，本校实际的课程整合之道。

找到了美术一体化课程和教学的“大牛”，它就是“整合课程”。美术课程需要从哪个角度进行整合？怎样整合？我们的美术课程整合有哪些别样的风景？需要我们进一步讨论。

第二节　一种易被遗忘的整合

方向是讨论问题的基础，而找准问题的切入点就相当于找准了前行的方向。

显而易见，一体化课程与教学就是“学科有机整合”的问题。让我们再次深入探讨“一体化背景下的美术整合”的基本路径，有助于读者来理解我们的思考和行为。

课程整合是深化课程改革中实现综合育人目标的有效手段。目前的实践领域观察，我们经常从各种教研活动中看到，整合的形式大多是这三种：

第一是“学科＋学科”模式。如“语文和音乐”的整合、“数学与科学”的整合、“美术与综合实践”的整合等。让我们觉得学科整合就是学科教学的简单相加。这种模式刚开始的时候也出现过偏差，以为就是一门学科上一点，另外的学科加一点。这样单纯相加的做法引来许多质疑：这是什么课呢？这节课两门学科都兼顾了，各自的目标完成了吗？后来，大家逐渐意识到，学科整合应该是“一门学科主导下的多课程”教学。就是语文课还是语文课，不过语文课中的某些知识点可以运用美术的思维来解决问题，语文整合了美术知识，让学生更加深刻地理解语文。这样一来，大家都基本接受了，听课的语文老师感觉语文更加形象，教学内容更加丰富。美术老师也很开心，美术课终于和语文并驾齐驱了。

第二种形式更加高明，就是“主题式研究”模式。用相同或相近的“研究主题”，将各个学科教学“串”起来，达到教育教学的双重目标。如某校以“劳动”为主题开展研究性学习，语文课讲读劳动的诗词名篇，数学课用数学方法解决劳动中的实际问题，综合实践课带学生体验农场生活，美术老师引导学生画一画劳动中的形象，班主任组织学生创作手抄报、开展演讲比赛等进行成果展示。又如，有些学校每年确定一个教育主题，如民间文化、节气文化等，要求各学科教师定期在教室、走廊展示主题性学习成果。这种课程整合模式可以大规模地组织，为学校形成特色文化提供了舞台。

第三种是“拓展式整合”模式，也是教师课堂教学中的常规做法，就是教师在上完课之后，布置课外或校外拓展作业，这种实践性作业是课堂教学的延伸，一般超越学科本身，具有很强的综合性和操作性。如美术课学习了设计贺卡，教师让学生制作一份母亲节礼物送给妈妈，美术作业把技能拓展和感恩教育整合在一起。又如语文老师让学生写观察日记，就会组织学生养花草、养蜗牛，对动植物进行观察记录，不但收集了写作素材，也增加学生科学学科知识，实现了语文和科学的整合。

课程整合形式还会有很多，都是有效的尝试，我们列举出来并没有褒贬的意思，而是观察之后进行思考：学科整合除此之外还有哪些？这些形式是不是已经促进教学目标的达成？这些模式一定有效吗？根据我们观察和访谈发现，参与研究的教师最大的收获有两方面，一是增强了课程意识，二是丰富了教学资源。除此之外，课程整合的质性主旨即“综合学习中更好地达成学科学习目标”，似乎还没有老师理直气壮地能够确定。我认为，上述三种整合形式其实都可以归结为一条途径，就是一种“外在的整合”，即形式上的学科整合。老师备课的时候最主要思索的问题是：“如何将不同内容联系在一起”或者是“根据主题我要做哪些事情”。推理一下，如果教师花大量精力在这个外围的问题上了，就会弱化教学目标意识，学科教学为了整合而整合，资源虽丰富了，但深度不够，形式虽多样了，但目标定位随意。我想这肯定违背了课程整合的初衷。

那么，在课程整合的探索进程中我们到底遗忘了什么？理想状态下的学科整合应该是促进教学的，为什么还是让我们感觉到一直徘徊在门外？要答此问题，我们仍旧要回归学科教学的本源来考量。一节课为了什么？我们粗浅地认为，就是为了达成教与学的目标。课程整合首先是促进教学目标的有效达成，而后才是综合素养的培养。所谓基础不牢，地动山摇，教学放弃了实质而追求外在形式，学科整合只是美丽的外衣，总会被抛弃。因此，促进教学目标达成的课程整合才有说服力和生长力，这恰恰被教师们忽略。

我们认为，**课程整合重点应该逐步由外转向内，就是“学科内整合”模式。**

“学科内整合”是指研究重点在学科本身，把本学科内的碎片化的知识点结构化、链接化、整体化，这是对教材的深入研究和解读。例如，语文学科的作文教学一般都安排在阅读教学之后，语文老师总是先上好几篇精读课文，然后再准备作文教学的教案。导致学生在学习课文时默写了许多好词好句，在写作中却不会运用，还要翻成语字典去找，这是碎片化教学的结果。又如，使用十年的浙美版小学美术教材共225课，分成“造型·表现”“设计·运用”“欣赏·评述”“综合·探索”四大实践领域，每个领域的学习任务在每册中散点分布，同一个模块的知识点散点分布在12册中，教师在备课中看不到这一课在教材体系中的地位和联系，造成教学的碎片化。其他学科也是如此。因此，我们认为，学科整合的重心是学科内部的整合，教师的大量精力应该放在研究教材上来，这样才能促进学科教学的高质量。

学科内部整合往往被教师们忽略，就是因为研究教材费时费力，相当繁琐，再加上教材内整合好比对教材动一个大手术，需要很强的课程架构能力，望而却步在所难免。

事物发展需要外因和内因，如果仅仅依靠外因的作用，是得不到实质性的提升的，而如果只是依靠内因，没有外在的环境和条件也是不能成功的。如同身体素质，只是依靠外在锻炼而不控制内在营养的摄取是不行的，反之仅依靠控制饮食而没有锻炼，身体仍旧不强壮。同理，学科整合要达到理想的育人目标，既要有外在的丰富多彩的课程内容和形式，亦不可忽视对学科本身的研究，这样由内而外或者由外而内的学科整合才具有生长力。

当然，上面讲述的外在整合和内部整合这两种分类，仅仅是个人的立场和见解。特别是内部整合是隐性的思考，它或出现在教师备课过程中，或是隐藏在教师脑海里的，或是在不经意间的讲述中流露。学科整合要提质，内在整合的深入探索是必经之路。

由此，我们坚定想法，我们研究的方向是**应该“由内而外”进行一体化课程和教学的讨论，这个“内”就是小学美术基础课程**。接下来的课程整合，就从教材开始。

第三节 牵住美术课程的“牛鼻子”

美术课程一体化要从美术课程“内在有机整合”开始，但是问题随之而来，美术课程内部整合从哪里起家？我们倡导的结构化、整合化的课程“牛鼻子”在哪里?因为“灵魂”抓住了，才能带动整体。

一、漫谈“牵牛”的故事

春秋末年的《吕氏春秋》里有一则故事：“使乌获疾引牛尾，尾绝力勯，而牛不可行，逆也。使五尺竖子引其棬，而牛恣所以之，顺也。”这个故事讲的是，有一天一头牛挡在了路当中，有一个叫乌获的大力士拽住牛尾巴，用尽力气，快把尾巴拉断了，牛却纹丝不动，这是因为大力士是逆着牛的方向在使力。这时候一个农家的小男孩出来了，他拉着牛鼻子上的竖棬，牛就任他摆布，乖乖地跟他走了，很快就被牵到一边去了，这是因为小男孩是顺着牛的方向在使力。

这就是“牵牛要牵牛鼻子”的典故，或者说是“牛鼻子”效应。从哲学角度来说，就是要找到事物的主要矛盾，主要矛盾找准了，解决了，整件事情就迎刃而解了。“牵牛要牵牛鼻子”也就是牵住了牛的“灵魂”。

“牛鼻子”效应对美术一体化课程以及教学有什么启示呢？第一，方向要准确。如果把美术教学比喻成赶一头大牛，是去牵牛鼻子还是去拉牛尾巴？当然是牵住牛鼻子，要抓住牛的“灵魂”。重要的是要知道把牛牵到什么地方去，不能漫无目标。这个牛鼻子的方向就是育人方向。第二，切入点要准。“牛鼻环”可以让牛听话，前提是要放在牛鼻孔中，如果放错位置，就牵不动牛了。美术教学是一项系统的工程，包括课程目标、课程内容、教学方法、教学策略、课程资源等诸多要素，“牛鼻环”的位置是“牵一发而动全身”的事情，需要找到合适的切入点。第三，用力要适中。牵牛也要讲究技巧，不能速度过快或用力过猛，否则就会拉断鼻孔，达不到牵牛的效果。要关照牛的整体，不能顾此失彼，只拉着牛头就跑。美术课程一体化既要抓住基础课程进行一体化教学探索，也要关注其他教学资源的整体推进。

“牵牛要牵牛鼻子”，这是一体化课程及教学的重要原则。那么，美术一体化教学的“牛鼻子”到底在哪里？“牛鼻环”应该落脚在哪个位置？这是首要的问题。

二、找准美术一体化课程的“牛鼻子”

广义的课程体系主要包括国家课程、地方课程和校本课程三个部分。基础课程体现国家意志和教育方针，经过多轮的课程改革探索，国家课程体系建设已经日臻完善。[①] 狭义的美术课程就是指根据课程标准而编撰的学习内容，一般指经国家审定后公开发行的各版本美术教材。

1. 教材和素养培育的逻辑

教材是不是美术教学的“牛鼻子”？当然不是，教材仅仅是素养培育的重要载体之一。课程实施的目的就是为了贯彻党的教育方针和育人目标，这是教育具有社会性特征所决定的。“全面发展”是新时期教育教学的核心目标，是整个教育体系的“灵魂”，由此而生发出中国学生发展核心素养，即人文底蕴、科学精神、学会学习、健康生活、责任担当和实践创新六个方面。那么，对具体的一门学科来讲，学科核心素养是学科本质，是学科育人价值的集中体现，是通过学科学习而形成的关键能力、必备品格与价值观念，也就是学科教学要最终达成的目标。于是，“核心素养本位的美术教学”成为美术教学的方向。

2. 一体化课程的“牛鼻子”

第一章提到，美育目标是素质教育目标之一，是国家的教育思想，是理想教育的彼岸。中观层面的艺术核心素养，包括审美感知、艺术表现、创意实践、文化理解四大素养，是美育目标的具体诠释，它揭示了美术学科的本质，即视觉性、愉悦性、实践性和人文性。[②] 学生有了这些素养，就会养成审美创美的习惯，

① 厉佳旭：《构建德智体美劳全面培养的教育体系，重在“全面”》，《人民教育》2018 年第 21 期。

② 尹少淳：《文化·核心素养·美术教育——围绕核心素养的思考》，《教育导刊》2015 年第 9 期。

习惯会升华为美的人格，最终达到美育的目标。下位的操作性目标其实是落实核心素养的具体内容，其重点都是指向教材围绕美术知识技能和文化的传授，激发和保持学生对美术学习的兴趣。分析可见，在一体化美术课程目标体系中，中观阶层的核心素养目标是整个美术课程目标的核心点，是牵动“美术大牛”的着力点。抓住这个核心目标，就找准了学科教学的方向。[①]

3. 美术核心素养概述

核心素养的提出是时代发展的需求所致。人们的生活方式随着科技的发展而发生变化，社会对未来人才的需求也在发生变革，核心素养的全面培育成为全球教育改革的重点，我国核心素养的教育改革符合教育发展规律和时代的要求。

2018 年至 2021 年，义务段美术教学沿用高中美术核心素养的概念，首都师范大学尹少淳博士等专家根据美术学科视觉形象为主的特征和独特的育人功能，提出了五大美术核心素养：（1）图像识读；（2）美术表现；（3）审美判断；（4）创意实践；（5）文化理解。2022 年《义务教育艺术课程标准》的颁布，让艺术课程走进了艺术素养培育的新阶段，提出了审美感知、艺术表现、创意实践、文化理解四个核心素养，在变化与不变中体现了艺术教育对素养培育的期望。审美感知强调最初始、基础的状态，有助于学生积累审美经验。艺术表现是“美术表现”的升级，是艺术活动的核心能力。创意实践是对创新思维与问题解决能力的重

① 刘永永：《有机整合　适性拔节——小学美术课程一体化实施研究》，《中小学教材教法》2021 年第 8 期。

视。文化理解是对文化的自信、传承与包容。四个素养作用不同，但在育人和教学过程中，是互相融合和转化的关系。“经验”和“素养”不可能仅仅靠听课和读书而获得，必须通过联系真实情境的“做中学”才能习得和内化，强调真实性学习。[①] 核心素养本位的美术教学改变过去“教会学生知识和技能”转变为“教会学生解决问题”，涉及态度、方法、认识，最终解决知识与技能、方法、心理品质等问题。倡导在真实的情境中解决真实的问题，培养学生在解决复杂的现实问题中需要具备的综合品质和能力。

4. 育人为本的素养培育指向

育人是每个学科的根本宗旨。美术教学最终指向还是归结于“人的培育”，这个“人”的指向就是“美的人格”。“人格”就是个体比较稳定的思维方式、价值倾向和行为习惯。无论哪个学段的美术教学，比素养更上位的目标那就是“完善的人格”。培育人格的美术教育，方能达到美育的理想目标，弘扬真善美，塑造美好心灵，提升人文素养，坚定文化自信。

三、拴准一体化核心素养的“牛鼻环”

找到了“牛鼻子”只是找准了牵牛的部位，四个艺术核心素养都很重要，但是“牛鼻环”放在哪个素养的位置呢？哪个素养可以起到“灵魂”统帅的地位呢？如果都依次套上“牛鼻环”，

① 王大根：《双基、三维目标和核心素养之异同》，《中国美术教育》2017 年第 5 期。

美术课程的培养目标又碎片化了。

1.“四分球”怎么投?

对于美术核心素养的问题,宁波正高级特级教师骆建钧老师在浙江省“千课万人”评课活动中做过一个生动的比喻:上美术课好比在打篮球,过去我们投的是两分球,落实的是“双基”,即基础知识和基本技能。后来课程改革来了,让美术老师改成投三分球,落实的是“三维目标”,即知识与技能、过程与方法、情感态度价值观目标。现在,需要我们投四分球了,落实四个艺术核心素养,这四分球怎么投?我们还要学习和研究。

这个“投篮球”的比喻生动形象,是否隐喻着诸多困境:落实核心素养的“起投点”在哪里?如果没有划定准确的位置,投的有可能是四分球、三分球甚至只是两分球。作为一线的美术教师,课程目标由三维目标变成核心素养不是在做减法,而是在做加法,这样一来,感觉目标不整体,碎片化了,会让人无所适从,违背了“便捷”这个原则。我们最希望看到一个高度概括的结构化的育人指向,而不是零碎目标,如同“全面发展”为核心的中国学生发展六大核心素养一样,是一个结构化的整体。

“全面发展”就是“起投点”“核心点”“目标灵魂”。“牛鼻环”拴在这里,牵动着中国教育的大牛,这样的一体化育人目标指向明晰。同理,艺术核心素养四个方面如果也能建立一个结构体,有一个明晰的聚焦点,美术课程目标就达到一体化了,拴住这个“牛鼻子”,就能准确地牵动美术教学的大牛。虽然我们的立足点只是小学美术教学,但是认清整个美术课程的目标关系和方向是很有必要的。

2. 视觉素养为中介

美术核心素养目标有没有可能成为结构化的整体？我们先从美术学科的“视觉性”这个性质谈起。作为美育的一个重要门类，美术课程具有视觉性。恰如音乐离不开音符、旋律和节奏；语文离不开文字和语言，数学离不开数字和计算，美术教学当然离不开“视觉形象”的倚重。尹少淳先生认为，视觉形象是美术学科的“立科之本”[①]，如果没有了“视觉形象”以及与之相伴的观看行为，势必会削弱甚至使美术的学科特征丧失殆尽。常锐伦先生也曾明确提出：“美术的特征，在于其可视可感的形象性。没有可视形象的作品，不能成为美术作品。”[②] 以此为津梁，段鹏先生结合国内外的同类研究，分析了美术学科性质和艺术核心素养的目标指向，提出了一个重要的价值目标即发展学生的“视觉素养”。[③]

1969 年，国际视觉文化协会鼎重专家、“视觉文化之父”约翰·戴伯斯（John Debes）最早对视觉素养进行界定，他认为视觉素养是人类通过观看，同时整合其他感觉经验，发展出的一组视觉能力的素养。随后不少学者对视觉素养进行讨论，都有可取之处，但其含义目前尚无统一的定论。我们理解中的“视觉素养”就是具备一种对视觉形象感知、理解和创造的能力，是当今读图时代现代人必备的一种行为能力。纵观各种研究，视觉素养

① 尹少淳、陈美峰：《义务教育艺术课程标准（2022 年版）中美术课程标准的主要变化》，《福建教育》2022 年第 27 期。
② 常锐伦：《美术学科教育学》，首都师范大学出版社，2000 年，第 80 页。
③ 段鹏：《基础教育美术课程的“视觉性”解析》，《中国美术教育》2018 年第 2 期。

至少有三个重要指标：一是**视觉感知**，能够主动地观看；二是**视觉理解**，能够深入挖掘、理解视觉形象的构要素、内在意义；三是**视觉创造**，能够主动生成、创作视觉形象进行沟通和表达。

艺术核心素养中没有提到视觉素养，从 2018 年《普通高中美术课程标准》修订秘书组获悉，美术核心素养的确定和提出正当基于美术学科的“视觉性”这一鲜明的学科特色，共同着眼于“视觉形象”这一“立科之本”，并且分别覆盖了美术的基本活动方式：感知、理解和创造。[①] 这样看来，视觉素养是达到核心素养的桥梁。现在，我们进一步来推导“艺术核心素养”和“视觉素养”的因缘，见表 2－1：

表 2－1　“艺术核心素养”和“视觉素养”分析

艺术核心素养	内容、行为、结果	视觉素养指标
审美感知	内容：视觉材料，包括各种视觉符号 行为：感觉和知觉 结果：美的特征、意义与作用的发现	视觉感知 视觉理解
艺术表现	内容：视觉形象、媒材、工具 行为：对视觉形象加工、再创造 结果：创造新的视觉形象表达意图、思想和情感	视觉创造 视觉理解
创意实践	内容：完成美术作品、草图、模型 行为：运用多学科知识，联系生活，艺术创新与运用 结果：形成创新意识，解决实际问题	视觉创造 视觉理解 视觉感知
文化理解	内容：视觉表象所蕴含的文化 行为：文化角度观察、理解视觉形象 结果：文化自信、传承与包容	视觉理解 视觉感知

① 段鹏：《基础教育美术课程的“视觉性”解析》，《中国美术教育》2018 年第 2 期。

从表 2-1 来剖析，我们看到艺术核心素养确实融合了“视觉素养”，每个核心素养的内容、行为、结果都体现了视觉素养的指标。反过来讲，视觉素养与艺术核心素养的要求基本一致。这对于我们建立结构化美术的核心素养提供了强大的支撑。我们可以做出一个初步的推论：**视觉素养是美术核心素养的生发点。视觉感知、视觉理解、视觉创造是艺术核心素养的有机整合。**在教学中，学生有了“视觉素养”也就实现“四个艺术核心素养”目标，这就是一体化的思维和原则。

3. 创造性人格是核心层

难道美术一体化课程目标仅止于“视觉素养”吗？这还不够，还未触及最核心的地带。教育教学的本质还是归结于“育人”，这个“人”就是“人格”。“人格”就是个体比较稳定的思维方式、价值倾向和行为习惯。无论哪个学段的美术教学，对视觉形象的审美和创造始终是区别其他学科的重要特征，因而比“视觉素养”更上位的目标，那就是“塑造美的人格”。美术的本质是创造，视觉素养的核心点也是“创造”，因此“塑造美的人格”即是对“创造性人格”的培育。创造性人格，主要是指人的内在创造性思想和外在创造性行为的总和。它是指某一个体所特有的、先天遗传和后天获得的创造性精神品质、个体思想素质，是智能素质、心理素质和生理素质的高度综合，是创造性人才最重要的是人格特征。[1] 它包含创意实践、审美感知、艺术表现、

① 魏春丽、陆如萍：《创造性及创造性人格研究综述》，《现代基础教育研究》2020 年第 3 期。

文化理解四个关键要点。只有把人格培养看作美术教学的目标了，方才符合以美育人的本质，即“养成诗意的人生追求，向往崇高的精神境界，实现个体的人格完善”。①

自此，我们用推理的方式，建构了以“创造性人格”为核心，艺术核心素养为价值取向的一体化课程目标，课程目标做了“减法”，最终归于“一”：由“艺术核心素养”整合为“视觉素养”，由“视觉素养”整合为“创造性人格的培育核心”。在美术一体化教学中，教师只要抓住关键点，做最少的事情，就会自然生发最多的效果，即只要注重“创造性人格的培育”，学生就自然养成美术素养，这是一体化教学的思维方式。由一体化目标来生发课程内容，于是生成了一体化的课程结构模型，如图 2－1 所示：

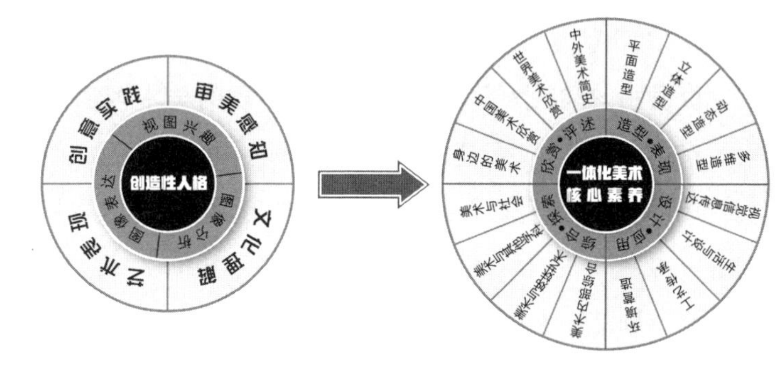

图 2－1　创造性人格为核心的一体化课程结构

从图 2－1 可见，课程结构是课程目标转化为教育实践的纽带，是课程教学活动顺利开展的整体框架。“一体化”课程是实

① 曹廷华、许自强主编：《美学与美育》，高等教育出版社，2011 年，第 5 页。

施手段，为目标服务，目标才是课程的起点和归宿。小学美术教材所有的内容共同指向艺术核心素养的培育。

架构一体化课程目标好比重新画定了“四分球”的起跳点，又如同找到了安放“牛鼻环”的正确位置，现在只要拉住“牛鼻环”，朝着既定的方向，就可以大胆地牵着一体化美术教学的大牛继续前行了。

第三章 美术课程内容一体化

本章导读

美术一体化课程是“由内而外”的一体化，虽然教材在变化，同一版本的内容也会逐步更替，但课程一体化架构的操作思路是可以传承的。根据课程目标架构课程内容，课程内容一体化就是需要建立起内容之间的逻辑联系。对于同一学段教材如何进行整合？不同学段教材如何进行统整？既要符合国家教材的实施精神，又要对美术知识做科学梳理，帮助教师深入理解教材，更好地读懂教材逻辑，为此，本章的重点是提供教学内容一体化的操作思路。

第一节　把美术课程内容“串起来”

面对教材中如此多的教学内容，有没有这样一种理想的工作状态：教师既能轻松地完成教学任务，又能发展学生的个性特长，业务参赛不用加班加点，课堂作业就能频频获奖，且教学质量也不错，“教”和“学”都从从容容、轻轻松松，工作成为一种享受？艺术教育应该是这样一种工作状态。但是，现实中美术教师们疲于应付各种教学活动，不断地在做“加法”，于是没有研究的时间，成果寥寥无几，教学成了一桩“苦差事”。“忙且无成效”，这是教师职业“内卷”的重要表现之一。要让美术教学“便捷和美好”，就需要基础课程一体化实施，即围绕课程目标对美术基础课程进行有机整合。

教材内容怎样有机整合？这是本章要讨论的焦点问题。现行美术教材版本较多，我们不可能对每个版本的教材进行梳理，以浙美版作为范式，展示我们的思考。

一、教材是生长的“种子”

王大根先生认为，美术教学经历了三个发展时期①：

（1）双基时期：“双基”（基础知识和基本技能）时期的美术教材，教材的主要特征是学科本位，通过“教学大纲”规定教学目标、学科知识体系和具体内容。美术教学以教师、课堂、书本为中心。认为美术创作是美术家的事，学生没有掌握必要的技能，就不可能创作。

（2）三维目标时期：随着知识经济、信息时代的到来，基础教育已不能适应时代的需求。教育部2001年6月颁布《基础教育

① 王大根：《双基、三维目标和核心素养之异同》，《中国美术教育》2017年第5期。

课程改革纲要（试行）》，标志着“新课改”的开始，提出“体现国家对不同阶段的学生在知识与技能、过程与方法、情感态度价值观等方面的基本要求”，教育教学进入“三维目标”时期。小学美术教材分成“造型·表现”“设计·应用”“欣赏·评述”“综合·探索”四个学习领域，课程内容与生活紧密联系。教材主要特征是有利于自主建构学习内容。

（3）核心素养时期：20 世纪末开始全球性的教育改革，皆源于对如何应对瞬息万变的网络信息时代，以及如何为一个未知世界培养人等问题的思考。我国提出了“21 世纪学生发展核心素养”，要求“各学科要厘清本学科教育对学生成长和终身发展的独特贡献，提炼出本学科的核心素养”。美术学科按照“像专家一样去思考”的原则，根据美术家的工作和思维特点，《普通高中课程标准》提出图像识读、美术表现、审美判断、创意实践和文化理解五大核心素养。强调“真实性学习的理念”，把艺术家的创作过程转变成为师生共同探究的教与学的过程，让学生经历“像艺术家一样创作”的过程，通过“做中学”提升核心素养。在义务教育阶段，2022 年，艺术课程核心素养的提出，让“小学美术教学”有了自己的目标体系和课程体系。强调学科思维培育的重要性，突出儿童的审美体验，尊重儿童的独特创造，真正体现“以儿童为中心”的美育思想。

教材是可变的，我们已然经历了多种小学美术教材的改版、修编等变化过程。而教材观也在悄悄地发生变化，教材不再被当作“圣经”，教材仅仅是范例、主题或引子。那么怎样用好现行的美术教材呢？教学内容应该能够根据学情进行校本化的增减或替换，也可以融入与整合，这样一来，同一个教学内容就会呈现出不同的课堂面貌，让优质课、示范课、常态课千变万化，不断推陈出新。为什么可以这样做？第一，“新课程标准”的“教学建议”中要求“育人为本，强化素养立意”的同时，给予教师更大的空间，教师可以根据实际情况，选择和采纳学习活动建议。第二，“教材实施建议”向来要求教师对课序和课时灵活处理，教师可以根据季节、学校及学生实际情况而作适当的调整。第三，教材可不可以变？我们采访过多位教研员和资深编委，他们都认为课程要根据校情、学情进行二次开发，这样才能符合实际。正如浙师大艺术学院朱敬东教授说：“当你努力在上教材上的内容的时候，其实你已经落后了。”其背后隐喻着新的教学观。

可见，每个时期的美术教材都是不断变化的，教材是生长的种子，它会随着时代的发展而新陈代谢。我们得出一个结论：美术教材在变，美术教材可变。“变”是教材的发展规律，“可变”是用好教材的必然要求。

二、整体勾勒美术教材

在重构教材之前，有必要对现行使用的浙美版教材做一个大轮廓的勾勒，有助我们读懂教材的“自然经纬”，进一步理解我们对美术课程一体化的处理。

美术教材体系以艺术核心素养为导向，精心组织和设计学习任务，体现学科综合的理念，突出主题化、生活化、情境化、项目式、任务驱动等基本特征。小学一二年级以艺术综合课为主，三至六年级采用隐形单元分科教学。根据美术实践活动方式，分成“造型·表现”“设计·应用”“欣赏·评述”“综合·探索”四大实践活动领域。各领域的学习任务分散在各册教材中，“形”是散的，但是知识和技能存在隐性的逻辑联系，“神”不散。在教学中，教师要研读一课教材，更要整体地研读教材。通过整体读，可以了解这一课的地位，厘清知识体系，把握教学的“精神”，不至于浮在表面，这是“通读教材”要求。①

如何“整体地读教材”？首先，要粗线条入手教材梳理。教师首选的方式是按领域梳理各册教材内容，理清四个实践领域的知识脉络。如现行的浙美版小学美术教材一共 225 课，其中“造型·表现”109 课、“设计·应用”65 课、“欣赏·评述”30 课、“综合·探索”21 课，在 12 册教材中的比重见图 3-1。

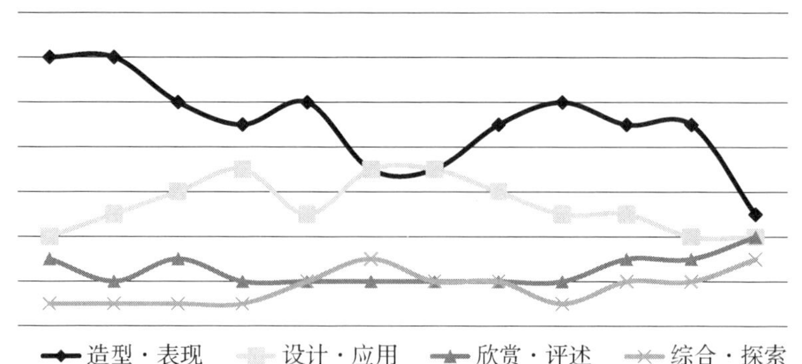

图 3-1　四大领域在各册中的比重

① 刘永永：《美术生成性教学》，浙江人民美术出版社，2015 年，第 34 页。

从图 3 - 1 可见，整个教材体系是以“造型·表现”和“设计·应用”为主体的，中低段侧重“造型·表现”领域的学习，中段“设计·应用”领域的内容有所增加，其他两个领域数量较少，但每个学段都有开设。因此，教师不能只关注个别实践领域，四个领域都要重视。

整体地来读教材，也可以“以领域为轴”梳理教材。按照四个领域归类教学内容，串成四条美丽的“项链”，探寻知识的前后关系。但遗憾的是，四个领域归类之后的课程群仍旧是粗线条的，仍不能看清知识链。若不理清知识关联，仍会陷入“瞎子摸象”的境地。以“设计·应用”领域为例，我们发现 65 节设计课的承接关系不显著。课程的简单罗列仍旧是碎片化的，因此，一体化的课程整合不能是四个领域粗线条的叠加，而是需要运用主题进行架构。

三、“串式”课程的价值和构思

“核心素养”时代需要新的课程，课程的“新生态”不是另起炉灶，而是立足国家课程，运用整合来创生新的课程，让课程焕发新的价值和活力。美术知识散点分布，按领域分类教师仍看不到知识的内在联系，造成教学的碎片化和表层化。架构“串式课程”（简称“串课”，下面均用简称）是课程整合的新尝试，它是指运用主题，将教材中不同领域的内容重构成相关联的单元课程，让学生能在主题情境中学习，以促进学生深度学习。

1.“串课”的价值取向

价值取向是指课程的基本立场、价值态度和行为选择。[①] 课程价值取向就是课程发展的方向和最终目标，即“课程是为了什么”，只有明确了方向，才有利于我们做进一步的行动。“串课”是一种课程整合的方式，其目的就是架构单元化课程，最终促进学生深度学习。

深度学习最早是相对浅层学习所提出的概念。1976 年，美国学者马顿（Marton）和萨尔约（Säljö）针对孤立记忆和非批判性接受知识的浅层学习，提出了深度学习的概念。他们认为深度学习是在理解的基础上，学习者能够批判地学习新思想和事实，并将它们融入原有的知识结构中，能够在众多思想间进行联系，并能够将已有的知识迁移到新的情境中，做出决策和解决问题的学习。[②] 随着教育发展和理解加深，国内外学者赋予了深度学习丰富的内涵，强调了深度学习的几个特质：第一是深层动机，深度学习的动机来自学生内部而不是外在的强加；第二是切身体验和高阶思维，知识获得是通过观察和实践感悟，反思、批判、整体、辩证、创新等思维的参与；第三是深度理解和实践创新，学生在对知识的理解和自我生命意义的理解基础上，进行问题解决、知识迁移和融合。因此，深度学习可以理解为触及心灵、深

① 赵彦鹏：《专题教育校本课程价值取向：问题解决与高品质探究》，《中国教师》2024 年第 02 期。

② Marton F.，Säljö R.，*On Qualitative Differences in Learning：I-Outcome and Process*，British Journal of Educational Psychology，1976，Vol. 46（1），p. 4 – 11.

入知识内核、解决问题的学习。[1]

借鉴实践成果来看，深度学习分为自学中深度学习和课堂深度学习。小学生的深度学习以课堂学习为主，离不开教师的充分引导。这需要体现在两方面：第一，教师应给学生设计关联的学习内容。课程内容不是教材上原有知识照搬照套，而是教师基于课表和教材对学科知识进行多维度解读而确定的，提炼出具有结构化的内容，既富有内涵，又彼此整合关联。[2] 课程内容的关联性设计是深度学习发生的前提。"串课"就是把前后独立的学习内容进行关联，生成一体化教学目标，整合成为结构化内容的过程。第二，教师要对学生的学习过程加以引领。课堂深度学习的过程可以概括为"激活—联结—评价—迁移"。在这个过程中，"联结"是深度学习和浅层学习的一个重要"分水岭"。"联结"是学生在对新知识深度加工的过程中，建立起已有知识经验与新知识之间的内在关联。如果学生最初的理解没有得到考虑的话，很可能无法掌握新的概念和信息。美术教师把几个内容串成同一个主题，就能够帮助学生把握整体知识结构，便于找准新知识与已有知识之间的内在关联，提高学习效率。与此同时，这也有助学生对自我认知结构和认知过程进行分析和判断，最后促进知识的准确提取和综合运用，完成学习迁移的过程。

2."串课"是课程有机整合

"串课"打破四个艺术实践领域的界限，但也不是内容上的

① 李松林、贺慧、张燕：《深度学习究竟是什么样的学习》，《教育科学研究》2018 年第 10 期。

② 杨清：《课堂深度学习：内涵、过程和策略》，《当代教育科学》2018 年第 9 期。

随意相加，而是依据“主题”进行整合，强化课程的联系和综合。如果把每一课当作一颗珍珠，主题就是项链的串绳。教学主题的设计要符合美术课程特点，否则就失去美术教学的意义。根据对美术的研究，美术课程的主题可分为：

（1）形象。图像传达和交流是美术课程的基本取向[①]。也就是说，美术是用“视觉图形”来交流，美术学习是对“图形”的感知、理解和创作，离开“图形”，也就不是美术课程了。美术教材“以形载道”，美术教学“以形传道”。“形”是变量，丰富多彩的形象是美术创作的载体。

（2）媒材。美术学习是媒材的探索和技巧的习得。核心素养时代的美术课程仍旧需要三维目标，在三维目标中排列首位的是“知识与技能目标”，就是要求学生通过一课的学习，收获美术知识，习得美术技能，最终培养学生艺术核心素养。离开美术“基础知识和基本技能”的美术课就缺乏专业性了。

（3）情感。美术作品承载着人类的丰富情感，通过经典作品的示范和鉴赏，带领学生分析作品内容和形式，最终让学生领悟作者的丰富情感。美术教学也是丰富学生情感的有效载体。让学生“像艺术家一样创作”，就是通过美术创作活动，丰富学生的生活体验，让学生的情感从“良好情绪”发展为美感、理智感、道德感等高级情感。[②]

（4）文化。美术就是一种文化现象，是人类文化的一个重要

---

① 陈曦：《美术课程“视觉性”凸显的统整独特性》，《美术教育研究》2015 年第 24 期。

② 骆建钧：《美术教学 36 策》，浙江教育出版社，2012 年，第 110 页。

组成部分，与社会生活方方面面有着千丝万缕的联系。从美术发展史来看，绘画从生产劳动中开始萌芽，绘画符号逐步分化为文字和记事的图形，后来才有了不同功能的壁画岩画，最后独立成为美术创作。每个时期的美术作品都是当时的审美表现，无论是原始时代的巫术形象，还是文明时代的各种美术作品，都有文化的烙印。美术课程的学习就是传承文化，培养正确的文化观。

当然，美术课程的主题还可以列举很多。我们认为，形象、媒材、情感和文化是美术课程最为显性的主题。“形象”可以是具象的，也可以是抽象的。“媒材”可以是色彩、国画、纸张等传统媒材，也可以是新媒材的探索。“情感”一般以正向情感为主，也可以是负向情感的表达。“文化”包括物质文化和精神文化，也包括具体的艺术作品、艺术流派、民族活动、审美心理等。有机整合就是围绕上述四大主题对课程内容进行串联，实现课程内容一体化架构。

3.“串课”自然生发迁移

迁移是有意义学习的一个重要过程和表征，也是“串课”效果的例证。美术教师对国家课程的统整使课程逐步走向综合化，知识迁移在创作中充分体现。形成一个新的知识结构不是学习的终点，而是面对问题时对知识的准确提取与综合运用，从而解决新问题，让思维结构更加完善，综合实践能力得以提升。如浙美版五年级上册第3课《适合纹样》的常规作业（如图3－2左），教师进行“吉祥纹样”主题教学，将《适合纹样》和第5课《生活中的民族纹样》进行整合（如图3－2中、右），这致使图3－2中的作业有明显的差异。

图 3-2　常规作业和一体化教学作业比较

比较图 3-2 中的三幅图可见，学生的设计，明显地融入了民间色彩和吉祥形象，如传统纹样中桃子代表“长寿”、凤凰代表“富贵”、蝙蝠预示“福气”，学生将“吉形吉意”的知识迁移到适合纹样的创作中，作品不仅具有装饰效果，更具有寓意和情感，知识迁移迹象明显，创造性地解决问题的能力有所提高。可见，“串课”让知识前后关联，让深度学习发生在课堂。

“串课”是“有机整合和自然生发”原则下的课程校本化，是引领学生深度学习的有效尝试，是对基础课程的二次设计，对美术教师的课程领导力提出了更高的要求。在实践中，我们既要尊重国家课程的精神，不能随意地改变课程的相关要求，又要根据学情需要，进行课程综合实施的探索。关键是教师要掌握好“串”的度，要合理地“串”，自然地“串”，避免刻意的串联和生搬硬套。

这节探讨了美术课程的发展性，解读教材面临的问题，提出了“串课”的基本思路。在这里，指明了美术课程内容一体化的初步导向。真正要做到课程内容一体化还需要再次走进教科书，从两个纬度进行深度建构：第一个是“主题化重组”，我们称之为“主题串”；第二个是“模块化重组”，我们称之为“模块串”，这是“串课”的两条隐秘之路。那么，“串课”在具体操作中要如何开展？接下来两节将重点介绍。

第二节　美术基础课程横向一体

教材的发展性和可变性是开展课程实验的前提。一个学段的教材内容怎样做到一体化？这是首先要回答的问题。一册美术教材整合的操作方法，称为“美术基础课程横向一体化”，即通过主题进行内容的横向串联。教师对每一册教材进行整体性研究，细化“形象、媒材、情感、文化”等主题，对相关的教学内容进行整体设计和架构，形成单元课程，把不同领域的学习内容整合起来教学。①

一、横向课程的串联方法

上一节确定了串联的四个主题，还需要根据教材和学情对每个大主题进行细化，形成操作性更强的小主题。形象类主题细分为植物、动物、人物等学生喜闻乐见的形象。媒材类主题根据美术作品构成的物质材料，细分为颜料、纸张、黏土、剪刀、画布、特殊材料等创作材料。情感类主题可以细分为爱、诚信、友谊、尊重、感恩等人与人交往的积极情感。文化类主题可以细分为民俗活动、非遗活动、校园艺术活动等贴近学生生活的文化主

① 刘永永：《一种易被忽略的“美术课程整合”》，《中国中小学美术》2018 年第 11 期。

题。根据细化的主题，进行内容的选择、设计和重组，就形成主题化的单元，具体操作方法如下：

1. 形象串联

就是以“视觉形象”作为主题，将课程内容进行整合、拓展和优化，形成内容关联的系列课程,有利于学生深刻地感知、理解形象，便捷地汲取创作素材，启发创意，提升表现力，培育视觉形象创造的关键能力。

遵循“主题形象”设计要求，可使用两种操作方法：**第一是“形象汲取”。**形象来自教材，就是以一课的形象作为单元课程的创作原型，学生借助这一“原型”深入学习，达到学习目标。运用“教材内形象”串联课程，有助于加强课程的紧密度。**第二是“形象设计”。**教材中没有适合的形象，教师设计创作原型，帮助学生建立课程之间的关联，从而让视觉形象的创作走向多元。无论哪种形式的主题形象，一般应该具有清晰、具体、可操作的特征。如叶子、鱼、小桥、汽车、房子等形象简洁清晰，便于小学生操作，而过于宽泛的形象，学生难以把握，不宜作为“串课”形象。再则，一个“视觉形象”如果能够成为不同领域美术创作的形象元素，这样的形象就具备“共用”的条件，可以作“串课”主题。

2. 媒材串联

美术以工具和媒材的使用为特征。因此，以工具和材料为媒介，把相关的课程进行统整，帮助学生深刻地认识媒材，深化某一技巧的学习，开拓创作思维。这类整合课程一方面可以深化学生对某一技能的掌握，开拓艺术表现思维，另一方面方便学生准备材料，节约成本。

（1）调整课序。媒材往往由技能决定，如中国画就要用到笔墨纸砚，剪纸就要用到纸和刀具，色彩画一般用颜料和画笔等，媒材因为教材内容的散点分布，有时连续，有时间段，教师可以调整课程顺序，把使用同一媒材的课程内容放在一起进行教学。如学生学习色彩课《奇妙的点彩》《落日》《月夜》，把《创造美的纹理》《瓶子变个样》等设计课调整在一起，联成“水粉表现”单元，通过主题课程学习，指导学生系统地学习色彩，提升学习效率。

（2）媒材延伸。美术教材中相邻两课涉及不同领域，技能联系也不大，造成学习的碎片化。如果教师有意识地把媒材延伸到不同领域中去，就既可以让学习领域整体推进，又丰富表现形式，开拓思维，促进学习迁移的发生。如浙美版第九册第8课《吹吹打打》和第9课《飞天》，前一课是用泥塑表现人物，教师把“泥塑”延伸到飞天造型的体验活动中（见图3-3），泥塑表现力得到拓展。

图3-3 学生泥塑《飞天》

泥塑串联将人物表现的时空无限扩大，学生从表现现代人的动态提升为表现古代人物的神韵，体会超轻黏土强大的可塑性和表现力。两个艺术实践领域得到联结、深化和迁移，令学生审美创美的能力得到提升。

3. 情感串联

美术是情感表达的艺术。美术作品本身就隐含显性或隐性的情感，教师运用情感主线把相关课程融为一体，通过教学，不仅可以达到美术学习的目标，还能促进学生表达情感的能力。教材中，就具有显性的情感，如《新朋友》《爷爷奶奶》《大牛和小牛》《我的老师》《新家园》等，这些内容涉及亲情、友情、师生情、家园情怀等，学生创作起来有滋有味，因为融入了自己的情感体验。如果没有真实情感的唤醒，学生的作品就很难感动自己，更不用说打动别人了。“情感串”就是利用情感主题，把不同领域的课程和不同创作形式的内容整合成学习单元，在学习中发展学生的情感。

“情感主题”如何生成？**第一种方法是利用“显性情感”，**就是以某一课的情感为主线，统领相关课程。如教材中“爱学校”“爱集体”“尊敬老师”“团结同学”等相关的内容情感比较接近，教师可利用这些情感作为主题。**第二种方法是“情感预设”，**教师根据学生创作的要求，设计情感主题，整合相关课程，带领学生进行情境下的主题创作，唤醒学习的内驱力。如第八册《房间的一角》，学生写生《最温馨的一角》，表现对家的喜爱。延续“家”的情境，指导学生学习《线条的魅力》，用不同的线条组合来装饰家中“有故事的小物品”。于是，有的学生用柔美曲线表现床和沙发，有的用折线表现各种家电，等等。线条在学生笔下活了起来，线描作品具有感染人心的力量。[①] 见图 3-4。

图 3-4　丰富多彩的家

① 刘永永：《一种易被忽略的“美术课程整合”》，《中国中小学美术》2018 年第 11 期。

单纯的线描造型是枯燥的，“家”的情感主题让抽象的线描训练具有温度。学生在写实之后又进行想象，丰富了表现手段，让作业从形式语言的表达转向更深层次的意义思考，作业内涵得到升华。

4. 文化串联

美术教育凝聚着浓厚的人文主义精神，通过美术学习获得人文精神的养分，并将之传承下去。① 人们对美好的生活愿景和理想都会用一定的美术符号来表达，如喜字代表喜庆、桃子代表长寿、石榴代表多子多福、喜鹊代表双喜临门，鱼代表年年有余，牡丹代表富贵等。这些文化符号是美术创作不可或缺的元素，也是传承优秀传统文化的重要载体。“文化串”就是以节日文化、民族文化、地域文化、乡土文化等主题进行课程内容的整合，学生通过学习，获得人文精神的滋养。

另外，在浙美版教材中，民间文化的内容很多，从美术的角度看，民间文化都有本民族在色彩、形象和寓意等方面的特殊烙印。美术创作融入文化的元素，作品就具有独特的文化品位。如民间美术有“五彩”：青、赤、黄、白、黑。民间色彩是将纯度较高的三原色进行搭配，纯度高，色彩鲜艳，常用互补色对比，色彩强烈。民间艺术中的形象夸张、生动、雅趣，集多种美好寓意于一身，表达了独特的审美情趣。这些独特的形象和创作方法，会给学生思维的启示，让课堂作业具有色彩美、造型美、寓意美的文化特征。

---

① 丁迎春：《美术教学中文化性学习实践》，《现代中小学教育》2013 年第 2 期。

(1) 节日文化。以传统节日为切入点，以传统教育为主线，以美术表现为途径，结合教材内容，引导学生走进历史、了解传统、认识传统、继承传统，激发学生的民族自豪感。

(2) 民族文化。民族文化中独特的形象和创作方法，能带给学生思维的启示，让课堂作业蕴含文化之美。如五年级上册，以“祝福”为主题进行内容串联，先学习《生活中的民族纹样》，了解苗族蜡染纹样“凡图必吉”的文化特征，接着把“民族吉形”融入《运动会奖杯设计》的作业中，让美术作品焕发传统文化的魅力，见图 3－5。

图 3－5　《篮球奖杯》

(3) 地域文化。地域文化指各地域的不同物质财富和精神财富的总和。余姚作为文献民邦，地域文化源远流长、独具特色。以地域文化为主题进行课程串联，如第九册《悠悠老街》《传统门饰》《江南民居》的教学，教师把“老街、门饰、民居”的资源替换成本地的资源，突显了地域文化的魅力，令学生的创作更有体验，更加生动。

(4) 乡土文化。乡土文化无论是物质的、非物质的，都是不可替代的瑰宝，是中华民族得以繁衍发展的精神寄托和智慧结晶。利用乡土文化进行课程的整合，更加贴近生活。如第十二册《青花瓷》《中国的非物质文化遗产》《美无处不在》《祖国美景知多少》中都隐含着乡土文化的主题线，教师把慈溪上林湖青瓷、泗门木偶摔跤、梁弄大糕等内容渗透课程，学生学得趣味盎然。

“串课”的方法应该是多维度的、多层面的。不同角度的主题会生发出不同的课程整合方式，关键看师生实际的需求和教师领导课程的能力。

二、主题课程设计的原则

在操作过程中，很容易让人产生疑问：是不是教材中所有的课都可以“串”成一个主题课程？这样一来，一册教材就能很清楚地分成几个主题来实施。一册教材可以分成几个主题？有没有数量的规定？教师设计主题的依据是什么？如果没有澄清这些问题，课程整合的操作就容易步入“以偏概全”的误区。因此，我们需要掌握以下原则：

第一，合理性原则。教师从“形象、媒材、情感、文化”等层面来设计主题，是以小学美术学科的特性为依据。无论是哪个主题，其内涵和外延都有一定的局限性，不能生搬硬套地试图把一册中所有的课都进行整合，而是通过教研，把知识关联度紧密的内容进行整合。有些课仍旧是独立的课，没有必要进行刻意地整合。教材中既有主题性内容，也允许主题外的内容存在。

第二，适度原则。主题设计并不是越多越好。一般而言，一学期实施 2—4 个主题单元教学足矣，每个单元由 2—5 课内容组成。在实际教学过程中，教师可以根据教学的需要，对主题单元课程内容作出调整。

第三，科学性原则。主题设计要科学，需要关注三个方面：

首先，是关注教学目标，主题课程的实施要以达到每一课的教学目标为基础，这是保底的要求。其次，要依据学生的学习需求去设计，学习主题要能够激发学生学习兴趣，贴近学生生活。再次，要依据自身的教学条件去设计，如学校周边没有博物馆、展览馆之类的校外美术资源，就不要把“寻访校外名作”作为学习主题，而用“校园长廊文化”“探访网络美术馆”等主题比较贴切。

运用主题进行课程整合是一项具有挑战性的工作。“主题串联”必定是个性化的课程设计，不同的美术教师对同一册教材会有不同的“教学主题”和整合方式。同一位美术教师面对不同学生和资源，也会作出不同的调整。例如，设计五年级的《西游人物设计》整合课程，或用“孙悟空”形象进行主题串联，或以“猪八戒”进行课程串联。只要符合目标，都不失为一次课程的探索。

三、教材横向串联的大单元

基于四个大主题进行课程串联的思路，我们从理论层面实现了课程的横向整合。接下来，我们对浙美版小学美术教材 12 册内容进行了个性化的解读和整合，设计了 49 个二级主题，180 多课的教学内容，打破领域界限，进行一体化的课程架构，形成了主题下的大单元，示例参见表 3－1。这里罗列的大单元课程，仅供参考。合理与否，读者可以根据自身的理解，进行个性化的解读。

表 3－1　小学美术 8—10 册教学主题和内容

教材	大单元主题	教材内容
第八册	鱼	1. 年年有余
		2. 节日的徽标
		3. 安全标志
		4. 家乡的桥
	叶子	1. 生长的植物
		2. 藏书票
	瓶子	1. 瓶子变个样
		2. 线条的魅力
		3. 创造美丽的纹理
		4. 奇妙的点彩画
	亭子	1. 亭子
		2. 落日
第九册	门	1. 悠悠老街
		2. 传统门饰
	泥塑	1. 运动会奖杯设计
		2. 泥娃娃
		3. 吹吹打打
	花卉	1. 适合纹样
		2. 好看的装饰
		3. 生活中的装饰画
	水粉	1. 色彩的世界
		2. 画音乐
		3. 童谣童画
第十册	线条魅力	1. 光与影
		2. 弯弯的小路

（续表）

教材	大单元主题	教材内容
第十册	线条魅力	3. 植物设计
		4. 运动鞋设计
		5. 自行车设计
	国画巨匠	1. 画家故居
		2. 映日荷花别样红
	经典魅力	1. 剪纹样
		2. 剪人物
		3. 剪纸中的故事
		4.《西游记》人物
		5. 木版年画
	校园舞会	1. 手绘校园招贴
		2. 请柬设计

从表 3 - 1 可以看到，每一册的主题可以有四个左右，主题设计根据学情和教材，角度可以多样。如果让每位读者自己设计主题，主题的视角会更加宽泛，肯定会呈现“千人千面”的课程。有了宏观的主题课程群设计，一体化教学又推进了一步，现在可以讨论具体的教学计划了。

四、 制定一体化教学计划

教学计划是课程实施的整体性和全局性的规划和预设，是教师在熟读教材、谋划内容的基础上生成一体化课程的起点。在实践层面，美术横向主题课程的设计，应该从制定教学计划开始。在每学期伊始，美术教师有必要研究教材，做一个课程规划，这需要制定一体化的教学计划，而不能“滑到哪里算哪里”。制定一体化教学计划前，需要经历以下三个程序：

1. 精读教材，知道“学什么”

教材中的每一课都承担着各自的教学目标，教师要精读每一课教学内容，洞悉每一课学生学习的是什么，以什么为载体实现目标。只有这样才能把握教材的重点，梳理出教学内容之间的交汇点。以浙美版小学美术第八册第十课《落日》、第十一课《月夜》、第十二课《亭子》为例，教师读课的思路可以参考表3-2。

表3-2 学习重点梳理

序号	教材内容	学习重点	学习载体
10	落日	学会用暖色调表现落日	色彩画
11	月夜	学习用冷色调表现夜景	色彩画
12	亭子	学习用线描画亭子	线描

通过精读可得，这三课内容学习重点不同，而呈现的交汇点是“风景创作”。作为风景画，表现手段可以不同，但是都要关注取景、构图、主体景物刻画、画面空间的塑造、情感表现等，通过分析可见，色彩教学和线描教学有共通之处。

2. 分析内容，理清交汇点

横向一体化是课程内容在主题下的有机整合。有机整合是自然的，而非牵强的；是理性的，而非率性的。我们可以从形象、媒材、情感、文化等角度构建主题，这是建立在对课程深入分析和思考，找到课程的交汇点的基础上的。以上面三课为例，课程的交汇点是“风景创作”。分析后发现，前两课是色彩风景表现，教材仅仅对冷暖色调的学习作了规定，至于表现什么风景，要教师自行设计，“画什么”恰恰是色彩教学首先要解决的问题，而“亭子”可以弥补前面两课的创作空白。《亭子》一课在表现景物方面关注近景、中景、远景的空间表达，这与前两课的技法重点相匹配。这三课的空间表现是共通的元素，可以互相融汇，前后关联。

3. 设计主题，重构课程

有了细致的分析和透彻的解读，课程主题自然就会显露出来。如果经过上面两个步骤，仍没有找到交汇点，那么就不必强行整合了。如果设计的主题既符合学情，即“可行”，又保障每一课的教学目标，即“能行”，这就是“好的主题”。有了主题，就要重构教材内容来服务主题，一方面可以考虑顺序的重新安排，另一方面可以微调教学内容和课时安排。只有明确了主题，教学内容安排符合学生的认知规律，才能达到课程有机整合的要求。针对上述三课进行分析后，我们设计了“魅力小亭”的课程主题，课程安排如表 3－3 所示：

表 3－3　“魅力小亭”单元课程设计

主题	课程内容	实践领域	课时	教学思路
魅力小亭	线描亭子	造型・表现	2	以“亭子”为主题，通过线描和色彩一体化学习，让学生掌握风景画的表现方法，提升美术表现能力
	暖暖的亭	造型・表现	1	
	静默小亭	造型・表现	1	

由表 3－3 可见，为了服务主题，对学习顺序进行了调整。首先进行亭子的线描学习，解决风景画的取景、构图、空间表现的

问题，接着运用暖色、冷色进行以“亭子”为主体物的风景创作。这样的整合，让课程浑然一体，促进教学目标的达成，让教学“便捷和有效”。

通过三步深入地解读教材，就会孵化出整合的课程，自然生成一册教材的课程列表，为撰写教学计划奠定基础。一体化的教学计划与常规教学计划的构成要素基本相同，这里重点要构思的是如何依据教学进度要求、学情、资源等因素合理安排进度表，因为这是一体化教学实施最直接的参照。一体化教学计划可以参考表 3-4 中的示例：[①]

表 3-4　四年级一体化课程进度表

周次	主题	教学内容	课时	一体化课程说明
1	茶	茶香四溢	2	单独课程
1	鱼文化	年年有余 节日徽标——鱼节徽标设计	2	文化：鱼为元素，把徽标、标识、时钟主题化。桥的立体造型装饰，是鱼文化的深化，达到设计领域和造型领域一体化
2		安全标志——禁渔安全标志 时钟造型设计——鱼形时钟设计	2	
3		家乡的桥——鱼纹装饰	2	
4	叶子	生长的植物 藏书票	2	形象：叶子的纸版画和藏书票融合，画面内容的一体化。
5、6	魅力小亭	线描亭子 落日——暖暖的亭 月夜——静默小亭	4	形象：以“亭子”为主题，将“亭子”提前到色彩教学之前，以“亭子”为景物，学习冷暖色，做到线描教学和色彩教学一体化

① 浙美版《一体化教学计划》详见网址：https://pan.baidu.com/s/1OsZLsru9K8jxRpwLLCEcow，提取码：a1e2

（续表）

周次	主题	教学内容	课时	一体化课程说明
7	昆虫	房间一角 虫虫大聚会	2	单独课程
8	瓶画	瓶子变个样 线条的魅力——线条瓶画	2	媒材：以“瓶子”为媒材，在瓶子上学习线条、纹理创意、点彩画，拓宽瓶子的表现方式，达到课程一体化
9		创造美丽的纹理——别样的瓶子 奇妙的点彩画——点彩瓶画	2	
10	古玉	良渚古玉	2	单独课程
11	国画	清明上河图	2	单独课程

从举例的教学计划可以看到，在第八册教学中，教师根据教学实际，设计了“鱼文化”“叶子”“亭子”“瓶画”四个主题单元的教学，将十四课内容进行整合，剩下的五课仍旧单独教学，这贯彻了合理性原则。在教学进程表中，打破按部就班的顺序，打破四个实践领域的界限，打破美术门类的界限，打破表现形式的界限，让内容前后关联。值得注意的是，计划是预案，可以调整和改变。在实施过程中，美术教师要根据实际情况生成新的“一体化”课程，让它更加符合学情，这也是“一体化”课程实验的基本原则。

运用主题实现了每一个年段学习内容的串联，自然生发了美术单元课程，实现了每一册教材的一体化。我们还要攀登至高点，去瞭望更加广袤的课程之林。

第三节　美术基础课程纵向一体

对一册美术教材进行主题性关联，可以暂时解决基础课程碎片化的困境，使知识之间的联系大幅度增强，促进学习迁移的发生，使学习从浅层走向深度。但是，在实际备课的时候又有新的疑难：主题课程仍旧是孤立的。课程的主题在整个课程体系中有没有前后的承接关系？本册教学内容与其他学段分册有没有前后关联？对教材进行“主题串联”，我们只是做了“树”的工作，如果只留在这里，我们无法看到森林，更无法涉足森林的深处。

既要看到树木，也要看到森林，这是全局的思维模式。就如一个“导航仪”，在起点和目的地之间建立一条线路，无论我们在哪里停留，始终不会担心到不了目的地。反之，如果只有大致的方向，没有精确的线路，很有可能走弯路，甚至南辕北辙。在美术一体化教学中，要让教师看到一课教学目标的同时，又要知道它在整个课程中的位置、前后联系，以及达成的路径，教师才能明白：已经做了什么，正在做什么，将来做什么。因此，很有必要对整套教材进行一体化架构。

美术基础课程要纵向一体，这就要求对整套教材进行梳理，串联知识模块，形成课程链，从而达成课程纵向一体化。这种纵向整合的方式，称为“模块串联”。纵向课程由平面转变为立体，每一课不是孤立的个案，而是全局中的一环。有了这样的课程观，教师就能正确把握整体目标和课时目标的关系，不随意增降学习难度，不随意更改教学目标，就可以十分准确定位学习目标和重难点，让教学更加有效。①

要“撬动”整套教材，谈何容易？我们参考资深特级教师提供的思路，再结合自身的实践，从美术门类与技法两个角度来讨论整套教材纵向串联问题。

一、美术门类下的四领域模块群

按艺术实践领域罗列的课程是粗线条的课程，很难建立内容之间的联系。因此，要在“各实践领域”的内部整合若干个“课程群”，整合的依据就是美术门类。如“版画”模块，按“表现对象”分类，有人物版画和综合版画两大类。人物版画按人物的特点，可细分为静态人物和动态人物；综合版画按表现内容来分，由年画、藏书票、风景等内容组成。通过美术知识，就实现了美术学习领域内课程群的深度整合。

根据在美术门类主题下进行模块群架构的思路，我们绘制了小学美术四领域课程一体化的课程结构图，见图 3-6。

如图 3-6 所示，按中国画、色彩、工艺、科幻等 21 个美术门类进行“模块群”的划分，从而建立单元课程。由于课程数量庞大，每个领域的模块再细分为三个层级：

① 刘永永：《一种易被忽略的“美术课程整合”》，《中国中小学美术》2018 年第 11 期。

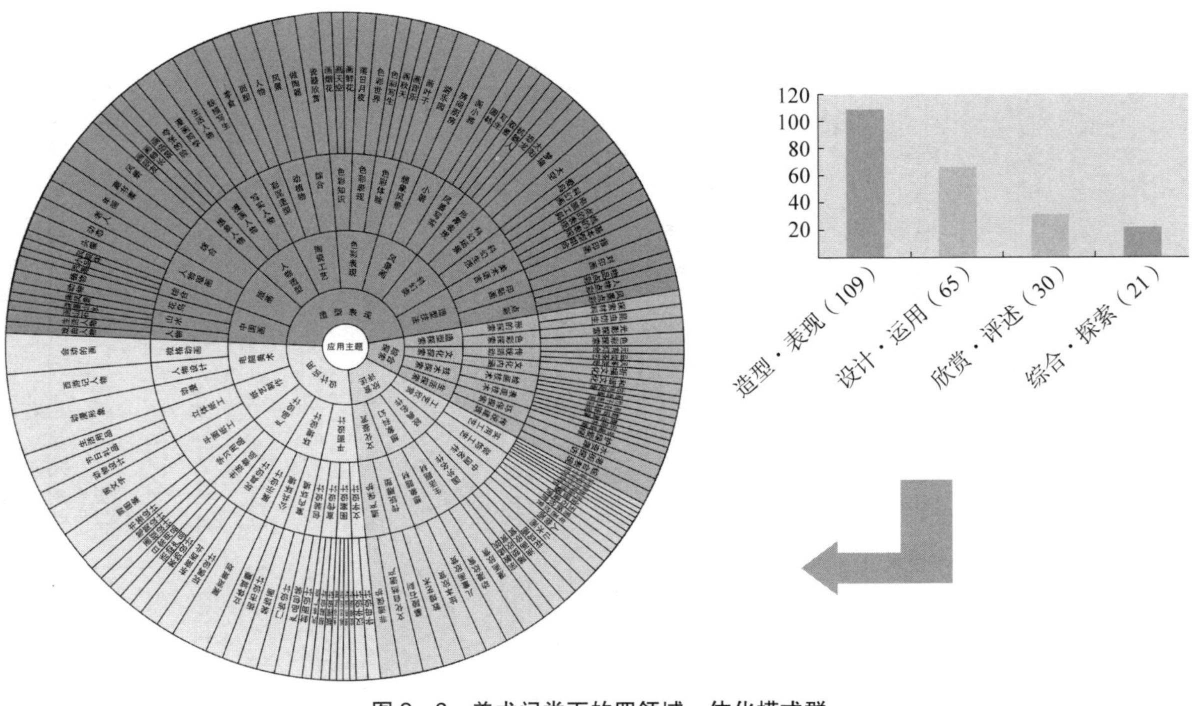

图 3－6 美术门类下的四领域一体化模式群

在"造型·表现"领域109课中，第一层级按照表现内容，分成中国画、版画、人物造型、色彩知识、风景绘画、陶瓷工艺、科幻绘画、其他等8个模块。每个模块细分成2—4个子模块，有山水、花鸟、人物、综合等24个二级模块。二级模块又细分为具体的课程内容。

"设计·应用"领域65课按设计内容分类，第一层级分成平面设计、环境设计、产品设计、纸艺设计、电脑美术等5个模块。二级模块有文字、图案、宣传海报等15个门类，下面细分为字母设计、汉字设计、数字设计等33个三级模块。

"欣赏·评述"领域30课按照欣赏对象分类，分为工艺品欣赏、经典绘画欣赏、非遗文化鉴赏、科幻画欣赏4个一级模块。二级模块有实用工艺品欣赏、装饰工艺品欣赏、中外经典名作欣赏等8个，又分为非物质文化遗产保护、自然遗产保护、文化遗产保护等24个三级模块。

"综合·探索"领域21课根据探索对象分类，分为综合造型探索、文化探索、特殊技能探索、生活探索等4个一级模块，再分为形的探索、色彩探索、媒材探索等8个二级模块，下分为新旧材料探索、光影艺术等21个三级模块。

这里又突显一个难题，这么宏大的课程体系，不可能用一张图表就囊括的。这里也可能存在划分标准的争议，在此仅仅是展示我们的思考。对每个实践领域进行整合与梳理之后，从宏观方面来看，能帮助我们建立起教材的整体框架和学段课程内容的联系，从而了解每一课在课程群中的地位。从微观角度来讲，美术教师在备课中，能根据应用主题，对照图表，了解学段课程的承接关系，实现美术知识的关联。

二、技法主题下的模块课程群

在“艺术实践领域”建立课程群，是建构纵向一体化课程的思维方式。如果要回答某一课在整个技能体系中的关系，上述方法还有点局限，它把我们限制在某个领域之内，但实际上我们还可以站得更高，甚至跳出来。

在继续讨论之前，首先要打破一个认知的壁垒，那就是四个艺术实践领域“造型·表现”“设计·应用”“综合·探索”“欣赏·评述”的壁垒。四个领域按照实践方式划分课程，为我们提供方便，但是很容易滋生四个领域各筑堡垒的弊端，认为只有同一领域内的内容才可以实现一体化。其实，“推倒领域之墙”可以发现，不同领域的课程内容都具有某种程度上的关联。如在“造型·表现”课中本身就包含欣赏名作和图形设计；“欣赏·评述”也会融合绘画和设计。因而，一定要打破领域的界限，才能打通纵向课程一体化的通道。当然，不是刻意改变实践领域，而是让不同领域的课程在模块化、主题化的情境下共生共长。既“推倒领域之墙”，又能够“尊重领域的规定性”，这才是内容模块化的认识基础。

“推倒领域之墙”不是否定前面“实践领域”下的模块群，而是在此基础上，让纵向一体化走向深处。因为，我们在具体的教学中，看到各领域内容之间太多的关联和相似，如果还是依据领域来研究，就很难建立起前后贯通的课程线索。举个例子，第五册的《秦始皇兵马俑》、第十一册《金银器》、第十二册《东阳木雕》属于“欣赏·评述”，与“雕塑”有着天然的联系，和第一册《民间面塑》、第三册《泥塑恐龙》、第七册《砖石上的雕刻》等“造型·表现”课有着承接关系，“推倒领域之墙”之后就可以进行“雕塑”模块的串联。

“推倒领域之墙”就是把全册教材重新洗牌，具体做法如下：

（1）梳理技法逻辑。不同的标准就会产生不同的模块。“技法下的模块课程”是根据美术技法将课程内容之间建立联系的整合课程。我们对美术教材研究发现，教材的螺旋结构体系中隐藏着一条“技能生长的暗线”，每一种技能，从低段到高段，都能找到一个反复呈现、螺旋递增的轨迹。根据“技法”为轴，打破学段和领域界限，就可以梳理出具有“承接关系”的技能课程，以此达到美术课程的前后贯通。[①] 见图 3-7。

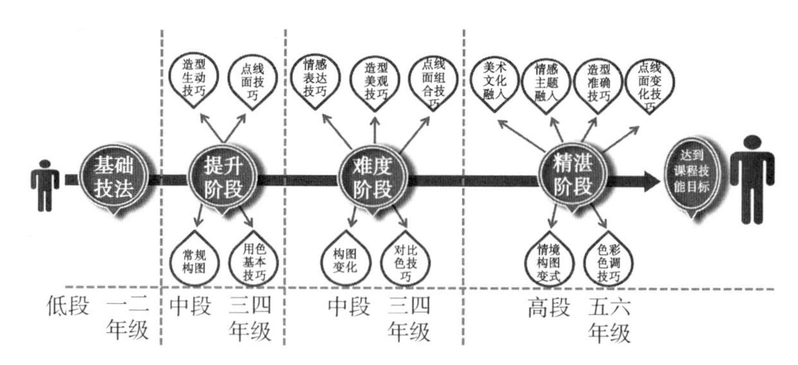

图 3-7 小学美术“技法”生发过程图

① 刘永永：《有机整合 适性拔节——小学美术课程一体化实施研究》，《中小学教材教法》2021 年第 8 期。

图3-7可知，教材中技法的发展规律一般是：基础阶段、技法提升，难度阶段、精湛阶段四个层次。例如色彩学习，低段是以认识颜色，表现色彩的丰富性；到了中段，学习对比色、邻近色表现形象；而高段，就提升为运用不同的色调、笔触、冷暖等语言来表达情感。我们把色彩课全部提取出来，就找到了色彩课程循序渐进的课程逻辑。于是，依据“技法”，就能实现“课程纵向一体”的目的。

(2) 确定技法类型。分类的标准有两个要求：一要符合美术课程的性质，即理性标准；二要依据学生的学习需求，即现实标准。理性标准就要根据大家公允的美术课程性质“美术课程以对视觉形象的感知、理解和创造为特征”。这表明了所有的美术课程内容主角是“形象表现”。现实标准是美术教师在教学中亟待解决的困惑。教师在解读教材的过程中最大的困惑是什么呢？根据我们的调查，可以归结为三个问题：学生已经习得的技法是什么？这节课要学什么技法？这节课为未来的技法学习提供了什么？结合分析，我们可以推导出一种权衡的标准，那就是“视觉形象的表现技法”标准，可以理解为“视觉形象表现的内容、手段，和技能”等。

以“技法”为轴，我们暂将浙美版小学美术教材分为16个技法模块，分别如表3-5所示：

表3-5 技法模块分类

序号	模块名称
1	线面造型

（续表）

序号	模块名称
2	色彩与肌理
3	生活日用设计
4	版画
5	现代数码
6	传统民间艺术
7	环境设计
8	中国画
9	立体造型
10	动漫
11	雕塑
12	舞美设计
13	平面设计
14	经典欣赏
15	综合材料
16	剪纸

既然是经验下的分类，技法模块分类肯定有待商榷之处，或重复，或遗漏，或不规范，等等，分类也会随着教材的更新而变化，无论是新教材的发行，还是老教材的使用梳理技法不可避免。

(3) 重构技法序列。“推倒领域之墙”以后，我们就可以给每个技法模块中具体的课程内容进行统整，组成“小学美术基础课程模块化课程体系”。从图 3－8 可见，每个模块涉及不同的实践领域，各个模块的课程数量各有差异，如“传统民间艺术”多达38课，“舞美设计”只有独立的1课。在教材模块重构的时候还有这样一种现象，就是某节课会在多个模块中出现，因此，课时统计总数已经远远超过教材课程的总数，原因就在此。

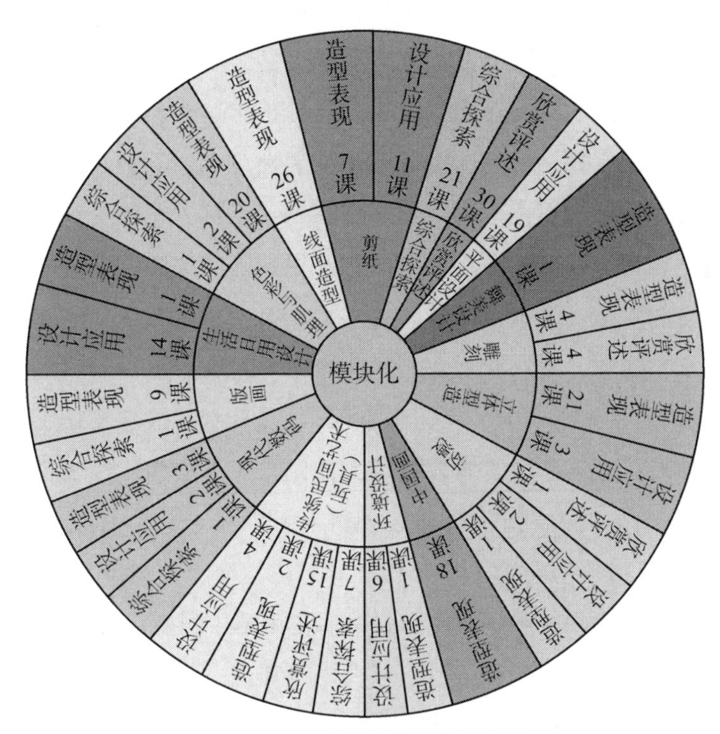

图3-8 浙美版模块化课程图

经上面的操作，我们编制了16个技法模块课程①，根据学段

① 《美术模块化课程》见网站：https://pan.baidu.com/s/1mmR_0nd0_FwFQhz68dDlJg，密码：gwgc

的承接关系，重点考量“艺术实践领域、教学目标、重难点、知识技能承接关系”这四个对平常教学产生直接影响的要素。有了这个课程群，教师就能很直观地看到整册课程全貌。第一，对课程的路径了然于胸，对视觉形象表现的起点和终点有了理性掌控，帮助美术教师对课程准确定位。第二，对学情的分析更加科学，技法可以追溯到学习起点，对学生已经知道、已经了解、已经体验、已经学会的基础有了逻辑的分析。这样科学分析的结果是，促进制定教学目标、重难点的准确性。学生不会花大量时间去重复以前的知识，也不会随意拔高学习目标。第三，促进针对性的学习指导。教师在教学中强化知识技能的关联，引领学习迁移，让深度学习发生在课堂。

拿“雕塑”的八课为例，课程的逻辑起始点是一年级的《面塑》，最后是第十二册的《东阳木雕》，二至六年级在雕塑手法上不断转换。这条逻辑线非常清晰：首先，知识层面，从知道雕塑的基本制作方法，到丰富的表现内容和手段，最后体验雕塑文化。其次，技能层面，从学习简单的揉、捏、剪、挑、压、粘、贴等圆雕技法，逐步学习浮雕，最后拓展至不同媒材的雕刻。

雕塑课程主要涉及“造型·表现”和“欣赏·评述”两大艺术实践领域。在教学时，首先要尊重教材，尊重每个领域的特点和学习方式，不要因为模块课程而改变实践领域。如六年级欣赏课《金银器》，可以和之前的浮雕作品进行对比欣赏，对于浮雕点到为止，不要上成设计课或造型课。其次，在执教中低段课程时，要适时拓展，激发学生的好奇心和期待感。如执教二年级《泥塑恐龙》时，可以适度拓展《兵马俑》《纸塑》《木雕》等各种媒材的雕塑作品，建立课程的时空联系，为后期学习做好铺垫。

当然，如果深入研究，列表提供的信息还有很多。我们也要理性分析，要避免一体化课程“万能”的想法。我们要充分尊重教材的意图，用好教材，尊重学情才是美术教师的重要任务。

三、一体化课程整合方法总结

至此，我们在第二、第三章讨论了小学美术一体化课程的建构问题，也出现了大量新的名词。在步入课堂之前，我们有必要对一体化课程的脉络作一个梳理，帮助读者理清思路，拨云见日。综合两章的讨论，小学美术基础课程一体化的架构途径主要是两条：第一是横向主题架构，运用形象、媒材、情感、文化等主题，主要针对每一册教材进行主题串联，梳理主题下的大单元课程，其特征是“关联”；第二是纵向模块架构，这是跨学段的课程架构方式。在应用主题下，运用美术知识进行课程群的架构。利用美术技法，对整册课程进行重组，形成跨学段模块课程，其特征是“重构”。

由此，我们已经完成了小学美术课程内部整合的使命，让我们对课程也有新的体验。小学美术一体化课程就是“一体化课程目标”下主题课程和模块课程的有机整合和自然生发。

美术一体化课程体系的建立会对课堂教学产生怎样影响呢？首先，有助于主题下单元化教学的开展。每一课教学内容都有“群”的归属，形成前后承接的知识链，教师可以看到教材的整体和局部，有助于单元化教学的开展。其次，形成清晰的一体化课程坐标。每一课教学内容，都能够归属于“形象”“媒材”“情感”“文化”主题课程中，成为课程群的一员，既能找到自己的横向坐标，也能在模块中找到自己的纵向坐标，有助于教师立体地看见课程，加深对教材的研究和理解。

到这里为止，我们拿到两张重要的美术基础课程一体化教学的入场券：一体化课程目标和一体化课程内容。基本搞清楚了一体化课程架构的基本原理，现在可以叩开美术一体化课堂教学的大门继续前行了！

第四章
美术课程实施一体化

本章导读

主题课程有效地落实到课堂是一个适性拔节的过程，要做到这一点，课程实施还要关注学情，这个学情就是学生现有的基础。美术教师要依据学情来实施美术教学，也就是说，课程的目标、内容和实施要依据学情而定。教师课堂教学设计的焦点是依据学情和课程目标，抓住知识的连接点，设计教学流程，指导学生进行关联学习，因此，一体化课程实施重心应该是主题性学习的指导过程。主题性学习指导是以素养为目标的主题性课程的课堂实践，培育学生审美创美的学科思维，促进知识迁移，引发深度学习。我们把视线移向课堂，重点讨论的是一体化课堂教学策略。

第一节　美术课堂就是一次播种

背着一体化课程的行囊，我们乘上驶往“美术课堂教学”的列车，去追寻一体化美术教学的真谛，揭开“一体化课堂教学”的神秘面纱。课堂是什么？课堂为了什么？怎样是好课堂？要实施主题性课堂教学，首先要对课堂有个理性的思考。

通常来说，美术课堂教学有两个必须要关注的层面：一个是教学预设，另一个是教学生成。美术教学需要预设，有了预设就有了目标指向；教学也需要生成，有了生成，就能关照个体的成长，让课堂突显发展功能。预设和生成是一体化美术教学的孪生兄弟，没有预设的美术课堂是低效的课堂，漫无目的势必达不到目标，甚至会迷失方向，那么教学生成没有了有效的载体，也就没有实际意义了。相反，没有生成的课堂，是教师的“一言堂”，学生成为被动学习者，师生之间、学生与学生之间没有知识的分享、没有情感的交流、没有思维的碰撞，这样的教学没有发展可言。因此，预设是方向，是“课程内容的有机整合”，追求的是目标达成；生成是发展，是“主题教学的自然生发”，追求的是个性发展。

追求个性发展是一个宏观的命题，需要长期的美育浸润，首先要达到教学目标，而后生成核心素养，最后完善美的人格。追求个性发展亦是生成性美术教学的诉求，美术教学犹如在春天播下一粒粒种子，在秋天收获成长的硕果。一体化美术教学是基于预设和生成的教学，是播种的活动。

一、播撒“无限可能”的种子

现在的儿童是“媒体儿”，他们的个性从“求同”转向“求异”，美术教学应顺应儿童的心理特点，尊重儿童，互动生成。生成是什么？生成是自然生发的意思。好比一粒种子，阳光雨露的滋养，让它慢慢地长出一片叶子，然后两片、三片，最后长成参天的大树。生成就是教学目标动态地增殖的过程。

在生成的教学中，教师呵护的是童心，童心是一种最原始的东西，具有本色纯真之美，是人性中最自然状态的代表[①]，从而催生人的向真、向善、向美的本性。这时候，课堂不是一种强加，而是一种唤醒；知识不是一种给予，而是一种发现。教学超越了学科知识，增值为心灵的自由。在这样的课堂中，师生崇尚的是创意的美术文化，唤醒的是学生内在的潜在情结，表达的是儿童独特的美术语言，促进的是教学目标有效达成，提高的是儿童审美创美能力，最后生成的是美好的人格。[②] 教师在孩子心中播下的是本真的种子，收获的将是每个儿童充满无限可能的未来世界。

小鲁曾是国画兴趣小组的男生，很爱讲话。小学毕业后，小鲁不知去向。二十年后，有位朋友带来口信邀请我去杭州，说是一位公司老板，生意做得风生水起，原因是“我是他的启蒙老师，是我让他走上美术的道路”。我很感动，真是无心插柳柳成荫，当年的无心呵护竟播下了种子，深深地埋在了学生的心田，竟然在后来能够发芽、长叶、开花、结果。因此，美术教师对学生的作用已经远远超出“传道授业”的范畴，而是在播下未来世界的种子，无论是有心还是无心，这种影响将超越时空，链接当

---

① 袁文丽：《现代哲学视阈中的“童心说”》，《文艺评论》2013 年第 4 期。

② 刘永永：《美术生成性教学》，浙江人民美术出版社，2015 年，第 2 页。

下和未来，因为儿童就是无限可能。

二、播撒“丰富情感”的种子

丰富的精神世界创造精彩的人生。培养丰富的情感来充盈人的精神世界，美术教学承载着这种使命。蔡元培曾说过：“美育者，应用美学之理论于教育，以陶养感情为目的者也。”可见，美术教学是培养良好情感的重要方式。[①]

学习是一个十分复杂的过程。学习的成功不仅需要学生有一定的智力，且积极参与，还需要兴趣，情感、意志、性格、动机等非智力因素的积极参与。学生的情感是非智力因素的重要内容之一，是学生的学习能取得成功的重要因素。我国心理学者黄国材教授认为，增力性情感可以提高个体的活动能力，对个体的工作、学习、活动起积极作用，如愉快的心情会驱使个体积极地行动，提高活动效率。英国著名学者高尔顿（S. F. Galdon）说：“我认为不存在没有情感的智力，也不存在没有智力的情感。”[②] 日本著名教育心理家泷泽武久曾用大量实验结果证明：一旦学生对学习失去热情，思维、记忆等认知机能就会受到压抑、阻碍，无论何等抽象的思维，没有情感是无法进行的。[③]

我们所讲的情感是从心理学角度所理解的情感。所谓情感就是和人的高级的社会性需要相联系的一种较复杂而又稳定的

① 王玉：《小学美术教学中美育的渗透探究》，《美术教育研究》2018 年第 24 期。
②③ 刘永永：《美术生成性教学》，浙江人民美术出版社，2015 年，第 2—8 页。

态度体验，如道德感、审美感、理智感、爱与恨的体验等。情感受个人的生活经验、教育水平、社会生活条件等因素的制约，人们之间有很大差异，根据其内容可以分成道德感、理智感和美感等。①

道德感是个体根据一定的道德标准评价社会现象时所产生的一种情绪体验，分成政治道德感、人际关系道德感和个人行为的道德感。理智感是人在获取知识的活动时所产生的情感，它是与人的求知欲、认知兴趣、解决问题的需要等方面的满足与否相联系的。学生理智感的发展主要表现在求知欲的扩展和加深。美感是个体对事物美的特征产生的情感体验，是有一定审美观点的人，对事物的美进行评价时产生的一种肯定、满意、愉悦、爱慕的情感。

课堂教学对学生情感的培养主要由教学环境、师生互动、学习感悟等因素决定，学生的情感由低到高发展，如图 4－1 所示。

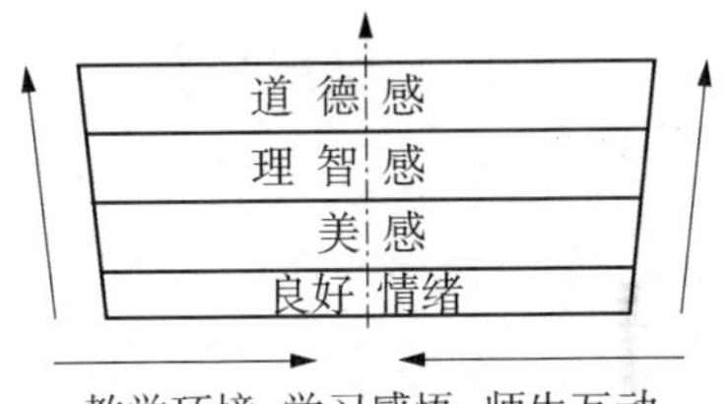

图 4－1 美术教学丰富学生情感模式

在图 4－1 中我们可以看到，培养学生良好的情绪是丰富学生情绪的起始，最终目的是培养学生高级情感，养成高尚的情操。美术教学以情感养成为主线，在关注生成的美术课堂中，教师创设家园环境，课堂里充满着温馨，唤醒学生安全、自由的情意和良好的学习情绪。师生之间平

① 骆建钧：《美术教学 36 策》，浙江教育出版社，2012 年，第 109 页。

等互动、自由表达，让学生的内心更加自信。当一件创作被同学认可的时候，学生体验的是无上喜悦，当创作失败的时候，学生品尝到的是挫折感。教师带领学生欣赏名家名作，与古今中外的画家心灵沟通，感悟作品所表达的美感、喜悦、赞美、平和、希望、感恩、幽默、讽刺、憎恶、痛苦、悲伤、同情、悲惨、嫉妒、挣扎、焦虑等人类丰富的内心情感，人只要感悟了丰富的情感就会自觉地进行储存，从而养成对周围世界一花一草一木，以及对人的关怀，通过各种美术表现，托物言志、托物言情，抒发自己内心的感情。情感不断地储存，不断地表达，情感世界就自然而然地丰富多彩。学生从小体悟了各种情感，并学会了用自己的美术语言和方法来表达情感，审美、创美成为一种习惯，对其今后的工作、生活、人际交往等将产生积极的影响。

三、播撒“创意生活”的种子

学科教学都是目标引领下教和学的双边过程。由于性质的不同，各学科教学“千姿百态”。但是，学科教学的共性，就其实质而言，都承担着“培养学生学科思维”的培养任务。[①] 学科思维就是学科特有的思维方式，也是区别于其他学科的特定思维。美术的学科思维是什么呢？我们认为，最主要的是“创意思维”。创意是打破传统的叛逆，是违反常规的哲学，是新颖性和创造性

① 徐文彬：《培养学科思维，发展学生学力》，《江苏教育·小学教学版》2015 年第 9 期。

的想法。[1] 创意思维是突破常规的创新思维，是产生新思想、新观点的思维方式。没有哪个学科比美术教学更加重视“创意思维”的培养了。

核心素养时代的美术课其本质就是为培养学生创意思维，实施创意教学。创意思维是怎样培养的呢？例如，教师让学生画一个“苹果”，不是要学生把苹果画像，而是要尝试多种方式画苹果，每个人画的苹果要不一样，于是线描苹果、色彩苹果、剪纸苹果、泥塑苹果、版画苹果等孕育而生。这还不够，教师还要引导学生用“苹果”进行产品设计，于是又诞生了苹果标志、苹果台灯、苹果玩具、苹果建筑、苹果日用品等创意设计。教学进一步推进，教师引领学生探究苹果的文化。世界上有三个重要的苹果：第一个是《圣经》伊甸园的苹果，亚当和夏娃受到蛇的诱惑而吃下苹果，开始有了善恶美丑的意识，这个苹果代表“智慧”。第二个古希腊神话中的苹果，争端女神要把苹果献给最美的女神，三位女神都争抢并贿赂评审帕里斯，帕里斯把苹果判给了维纳斯之后引起了轩然大波，赢得了美女海伦，却引发了长达十年的特洛伊战争，这个苹果被赋予了“分歧和争执”的含义。第三个苹果是砸在牛顿头上的苹果，点燃了牛顿灵感的火花，使他发现万有引力，这是一个代表“知识和灵感”的苹果。世界上只有三个苹果吗？第四个苹果在哪里？代表什么？学生在教师的启发下，创作第四个苹果、第五个苹果……

---

① 骆建钧：《示范与创意：中小学美术课程疑难问题研究》，宁波出版社，2010 年，第 4 页。

画一个苹果、设计一个苹果、创造第四个苹果这些都不是美术课的最终目的，真正的目的是通过视觉形象的分析、综合、比较、加工和想象，进行发散性思维训练，培养学生创意思维。“苹果”也不是定格为再现的形象，而是成为创作的原型，设计产品的元素，表现画面的主题，于是生发成了“苹果”主题的创意课程。美术教学时时讲创新创造，处处讲个性表达，创意思维逐步成为学生的思维习惯，最终沉淀为创造性人格。这样的学生不以常规思维看待事物，而是从新的角度思考问题，标新立异，创意无限，在创新引领的时代容易获得成功。制造业则是用汗水赚钱。创意思维延伸到创意产业就是用脑子挣钱，给人精神产品。譬如说生产手机，制造业生产一千个手机的利润，不如创意设计一款手机的利润，这就是创意的力量。追求耳目一新的手机是产业上的创意，那么追求不一般的教学是美术教师的创意。教师创意的行为带动学生的创意，最终在孩子心中播下创意的种子，将来春暖花开，未来的世界将是满园春色，带给学生的将是创意人生，幸福生活。

四、播撒“美好心灵”的种子

美术教学有一个天然的使命，那就是以美育人、以美化人、以美润心、以美培元，播下美好心灵的种子。因此，美术教学在落实课程目标的同时，还要仰望美育的星空，帮助学生达到美育的彼岸。

美育是什么？狭义的美育就是审美教育，指陶冶人的情感，培养人的审美能力和健全人的人格为目的的教育。广义的美育是指美的教育，培养人知美、爱美、审美、创美素质及能力，从而实现人的全面发展。美术教学作为艺术教育的主要门类，以培养人认识美、感受美、理解美、创造美的素养和能力为己任，美术教学渗透美育是一种天职，最后帮助人达到美育的彼岸。美育的彼岸是什么？就是养成诗意的人生追求，向往崇高的精神境界，实现个体的人格完善。①

孔子是我国古代拉开美育序幕的第一人，孔子强调的是美育的道德教化作用，主张“美与善”的统一。儒家学派另一代表人物荀子重“诗教”与“乐教”，引导人的情感归于社会的道德规范之中，使人的欲望得以控制，实现天下大治的正统思想。著名教育家蔡元培提出“以美育代替宗教”的美育思想，肯定了美育对健全人格教育的独特价值。现代社会物质文明取得巨大变化，但精神文明收效甚微，金钱至上的极端价值观影响着学生。现代社会的一切特征均是现代化快速发展的利弊反映，时代需要美育，美育是“清洁工”，继续指导人们按照美的规律完善自身和美化世界。②

美术作品承载着社会主义先进文化，革命文化和优秀传统文化，每件作品是在时代背景下，艺术家对社会现状的思考，蕴含着丰富的人生哲理与美术审美价值。教师在讲授美术知识与技能的时候，呈现艺术家个人情感以及对生活的态度，在传授知识的

① 曹廷华、许自强：《美学与美育》，高等教育出版社，2011 年，第 5 页。
② 时茹婷：《蔡元培美育思想与现代文化建设》，《大众文艺》2018 年第 18 期。

同时进行美育渗透，让学生体会画作的审美价值，引导学生树立正确的审美观，净化学生心灵，让“真善美”的种子深深地埋在灵魂之中。例如，徐悲鸿的作品饱含着对祖国深深的挚爱，齐白石的作品引领学生体会平凡中的大美，达·芬奇的画作对科学成就的讴歌，梵高的作品无不展现对生命的热爱，罗丹的雕塑是一曲曲对灵魂的赞歌。因此，美术教学是用美育的独特语言熏陶灵魂，洗礼灵魂和塑造灵魂，让美的精神在心灵扎根。

当然，美术教学对学生发展的影响还有很多，如美术综合素养的养成，艺术兴趣的培养等等，这充分说明了作为母体的美术教学的意义，也佐证了一体化美术教学的价值所在。如果，美术教师忽视了美术教学中“育人因素”，那么，对美术课堂的认识就显得浅薄。

课堂是播撒未来世界的种子，你还会胡来吗?

第二节　一体化课堂学习指导策略

教学的重心是“学”的研究。一体化学习指导策略是研究学习为导向的一体化课程实施的手段和途径。从这里开始，我们走出“课程”的丛林，到“课堂”中漫步。要讲明白一体化课堂教学的实施，必须梳理出有效的实施途径。在课程研究的基础上，我们多次执教省市级单元课程，检验一体化教学成效，本节以“公开课”为范例，讨论学习指导策略。

一、第一策　情境式学习指导[1]

情境式学习指导，即情境一体化，就是同一情境下的课程学习方式。一方面加强课程内容前后关联，有利于知识技能的强化和提升，另一方面发挥情境的强化功能，不断激发学生的探究欲望，发展想象力和创造能力，保持对美术学习的持久兴趣。

例如，在五年级“名著的光华”单元教学中，设计“唐僧师徒票会”这个情境，开展“西游风筝”的学习任务。

（一）情境初设

学科教学的核心要素就是要进行学科思维训练，美术教学的思维训练点就是发散性思维，即培养学生个性化思考习惯和求异思维品质的养成。思维的课堂一定充满着灵气与生成，洋溢着生命的活力。[2] 经典的西游人物形象在学生脑海中已经根深蒂固，西游风筝的造型设计如果仅仅是模仿经典，那就失去了教学的价值。打破经典不是否定经典，恶搞经典形象，而是仍旧要保留经典人物的外形特征。在教学中，做到尊重经典的前提下启发学生思考和想象，进行“形”的重塑和创新。

（1）承接旧知。教师出示四张经典脸型：目字脸、瓜子脸、由字脸、西瓜脸，让学生猜一猜是谁的脸？

---

① 刘永永：《由“课堂尾巴”生发的拓展课——小学五年级〈西游人物风筝〉教学实践研究》，《中国美术教育》2019 年第 5 期。

② 刘永永：《谈“美术优质课”的几个盲点》，《中国美术教育》2013 年第 5 期。

（2）质疑经典。教师抛出话题：悟空和八戒的脸能不能互换？学生都不假思索地表示否定，原因都说是与常规不符合。

（3）启发想象。教师追问："这是原来的经典形象，如果现在的悟空不注重锻炼，有没有可能脸长胖了？现在的八戒爱美整过容了，会不会出现瓜子脸？"这一问，学生茅塞顿开，要打破经典形象的思维定式，一个经典人物可以创造出不同的脸型，只要符合情境就可以。

（二）情境强化

儿童的情感伴随着学习需要外力的启动，如果把儿童的情感比作小河，要它起涟漪，泛起微波，需要外力的推动，或是蜻蜓点水，或是微风拂过，那它就平静不下来。李吉林老师认为，教学情境就是激发情感的催化剂。师生进入具体的情境，对学习内容引起高度关注，加深内心体验，就会处于一种最佳的情绪状态。由于师生都进入了同一情境，从而产生了老师与学生之间、学生与学生之间情感的沟通，学习便成为一种自在愉快的情感交流活动。[①] 在绘制风筝的环节，需要教师强化学习情境，进一步打开学生的想象空间，强化积极的学习情绪。

1. 入情

多媒体创设情境：神秘嘉宾从天而降。教师出示 2 米高的唐僧风筝实物，对徒儿进行现场采访："徒儿们，大家过得怎样呀，

① 李吉林：《为儿童的学习：情境课程的实验与建构》，外语教学与研究出版社，2008 年，第 109 页。

悟空现在在忙什么？八戒在哪里工作？老沙现在过得怎样？”学生1：我现在开公司了！学生2：我开了一个美食店，天天享受美食！学生3：我现在证券公司上班……师生情境对话把学生带入生活情境之中，把想象的空间打开了，创设了师生之间、生生之间情感交流的舞台。通过情境，学习目标自然生成，学生努力去探究和表现的心理已经形成。

2. 动情

示范是美术学习中直观有效的教学手段，教师通过对媒材的运用、构图斟酌、技法展示等过程，将艺术品的创作过程展示给学生，从而获得更为丰富的审美经验，激发学生对艺术作品的欲望。教师精彩的示范，一方面是启发创意，另一方面是“艺术美”的传递和熏陶。师生在思维的碰撞中激发创作欲望。

3. 移情

在创作之前，学生注意力在教师示范的风筝形象和共同的情境中，进入创作阶段，学生的注意力开始转向自己的风筝创作，构思、修正方案、分组工作、协同组合以及神韵、美感等表达，需要学生注意的转移。

钟启泉教授认为，一个成功的小组合作学习需要合理的结构保证学习者之间互相团结和积极协作，还要求外界环境能够配合学习者的活动，为学习者提供一定的条件，包括目标、任务、责任心、动机、交流技巧、评价等。[①] 因而在学生创作之前，教师提出风筝的制作要求，强调组内分工的重要性，倡导遇到难题

① 钟启泉：《研究性学习国际视野》，上海教育出版社，2003年，第201页。

集体沟通，每个人都为自己作品共享智慧。创作辅导时，教师耐心倾听学生的诉求，针对不同的学习情况进行引导。满足学生创作中多种需要，学生才能又好又快地进行美术表现和创意实践。

4. 抒情

风筝是一种用来放飞的民间玩具，除了装饰之美，还有放飞的动态之美，和谐之美。只有把赏心悦目的美展现出来，才能展示风筝的艺术价值，才能满足学生对美的情感的抒发。课堂中的风筝只有置身于大自然之中，才能焕发魅力。

教师设计了“选服饰”这个小情境，准备了十多个角色的服装，学生根据职业特点，选择一件配套的衣服，制作一个完整的风筝。将做好的风筝悬挂在场景中。蓝天、白云、风筝组成一幅和谐统一的画面（见图 4－2）。宏大的场面，强烈的色彩对比，仿佛把学生置身于草地上，现在正在放飞自己的风筝，享受童年的快乐。学生看着自己的作品被同伴“看见”，无不自豪，无不心动！课堂成为展示的乐园，成为见证快乐，树立自信的精神家园。

图 4－2　情景作业展示

学习情境架设了“教材——学生——教师”三者之间情感的桥梁，随着教学过程的推进，学生入情、动情、移情、抒情，积极的情感投入，审美创美的过程变得自觉自信，自然生成快乐的课堂，学生始终恋恋不舍地围着风筝欣赏，再欣赏。

（三）情境升华

美术学科是在知识技能传授和美术文化传承中，在学生心中播下发现美、感受美、表现美、创造美的种子，在学校美育长年累月的滋养下，养成诗意的人生追求，向往崇高的精神境界，实现个体的人格完善这个美育的目标。[①] 这种知美、爱美、审美、创美的熏陶需要在每一节美术课中潜移默化地进行，如润物细无声般地渗透，以达到“以美化人”的理想境界。

学生评价风筝之后，我问每一位学生：“我们放飞了师徒四人，其实放飞的又是什么?”在学生畅所欲言之后，教师小结：唐僧，放飞的是慈悲之心；悟空，就是放飞机智勇敢；八戒，就是“诸事顺利”；沙僧，就是脚踏实地，这是经典形象留给我们的思想精髓，寄托了人们美好的理想和愿望。

本课例是“设计西游人物”和“制作西游人物风筝”单元教学的第二课时，以“西游人物”聚会为情境，通过造型重塑、神情表达、美育渗透等教学过程，落实“个性化创作人物风筝”的重点，洞悉风筝文化背后的意义，让学生经历一次难忘的探美、创美的旅程。

① 曹廷华、许自强：《美学与美育》，高等教育出版社，2011 年，第 5 页。

二、第二策　应用式学习指导[①]

应用是学习迁移的主要渠道。“应用主题”下的课堂，突出现实需求，提升实际“运用”，从而实现“课内学习”和“课外需求”一体化。《手绘招贴》就是一节探索教学“一体化”的研讨课。通过“校园美食节”这个应用主题来组织教学活动，生成招贴作品，实现“设计·运用”领域招贴设计与活动应用内在一体化。

（一）应用任务

任务情境是教师根据教学内容，有目的地创设生动具体的场景。良好的情境可以转移学生注意，调节学习情绪。[②] 任务情境可以分为模拟情境和实在情境。模拟情境是虚拟的、模仿现实的情境，而现实情境是可触的、真实的任务。真实情境以独特的环境场来唤醒人的关注和支持，因而更能激发学习者的兴趣。

在课前，教师制作了大幅“老刘大课堂招贴征集”的手绘招贴，放在最显眼的位置迎接学生。当学生排队步入会场，都好奇地驻足观望，先前的嬉闹一扫而去，这里成了孩子关注的焦点。这张招贴创设了一个真实情境，将教师、学生、教室、学习内容等都统一在“招贴征集任务”这个实在情境之中。在学生自由感

① 刘永永：《应用指向的设计作业生成之策——以五年级美术〈手绘招贴〉一课教学为例》，《中国美术教育》，2017年第5期。

② 骆建钧：《美术教学36策》，浙江教育出版社，2012年，第223页。

受招贴的基础上，教师顺理成章地引出了题目。

（二）应用场景

认知过程是学生生成美术知识的历程。学生对美术知识的认知，一般通过两种方式获得：第一种是直接获得，通过教师传授给学生；第二种是间接获得，就是通过探究主动建构。学生认识招贴这种美术作品，是一个由浅入深，由现象到本质的认知过程，激发思维，促成创造。教师向学生呈现生活中的招贴，充分展现其实用价值，使学生感受到“招贴艺术”和“实用价值”完美，结合的特征。在招贴内容选择上，教师采集了当地万达广场的招贴图片，给学生身临其境之感，让学生切实感受到招贴就在生活之中。在此基础上，师生共同总结出标题、内容、插图三个设计要素。

（三）应用母题

设计技能培养是设计课的教学重点，是生成设计作品的技术支撑。设计很容易忽略设计产品的实用功能，造成技法和运用碎片化，这就需要设置一个应用母题。应用母题是指真实的学习主题，而不是模糊的活动。美术教师就要了解学生的兴趣点，即学生对哪些主题感兴趣，又要了解校园文化，学校将要做什么。找到两者的交点，来确定合适的母题。

《手绘招贴》一课，根据学生在参加元旦招贴设计比赛的需要，教师设置的应用母题是“校园美食节”，组织学生开展设计活动：

1. 说广告语

教师出示“可乐”图片，让学生设计一句简洁的广告语。在此基础上，学生随机领取美食图片，设计一句广告语。当学生打开美食盒的刹那，课堂涌现了一个小小的高潮。

2. 设计标题

标题如何才能“醒目”？通过讨论得出：一是要大，二是要活，三是要美观。标题书写要整体地写，几个字如同写一个字，要写成“手拉手”的一体字。这种书写方式有别于单个字的创意设计，传达整体书写的理念。在此基础上，辅导学生利用单勾、双勾、色彩等方式进行装饰。接着，学生完成第一次任务：为自己的美食设计标题。标题的个性化表达是本课的难点，通过有效示范，发散思维，生成技能（图4-3，图4-4）。

图4-3　笔画左右联

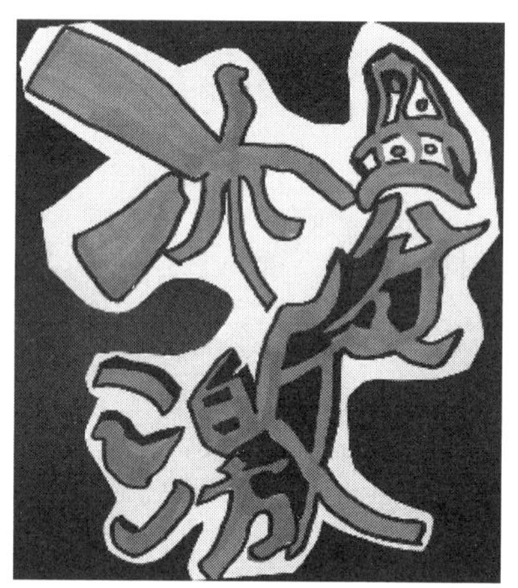

图4-4　笔画上下联

3. 设计版式

招贴的版式要求均衡统一，富有变化。教师和学生一起探究招贴上下、左右、对角、包围等版式。接着第二次任务练习，学完成整件美食招贴，见图 4-5。

图 4-5　招贴作品

（四）应用评价

评价是价值判断的过程，对美术作品的评价具有诊断和启发的作用，是教学活动的重要反思。课堂作业的评价是学生对照学习目标自由表达，评判得有理有据，而不是作为旁观者消极参与评价活动。为了评价具有成效，主要解决好三个问题：一是作品评价的标准是什么？评价标准是评价的前提。明确了评价标准，可以避免“天马行空”式的讨论，提升评价的实效；二是以怎样的形式进行评价？教师要开放评价空间，突出学生的互评和自我评价；三是设计有效的作品呈现方式，便于师生评价时，能够进行更加直观地比较与借鉴。

师生围绕“哪张招贴能够更好地传达活动信息?”这个问题进行评述。教师充分信任学生，把评价权还给孩子：“这个舞台是你们的了，请你们来评一评这些招贴。”教师与学生一起聆听，适时点拨和补充。正因为评价的问题情境贴近生活实际，再加上让学生主持评价活动，学生俨然成为课堂的主人，评述滔滔不绝，充满自信。作业评价不再是死板的说教，不再是匆匆的赶场，不再是无足轻重的尾巴，而成为教学的一个点睛之笔。

（五）应用视域

每一种美术现象都有一定的文化渊源，她的过去，现在和将来都有一个传承和发展的轨迹，美术文化可以扩宽视野，增长人文涵养。每一个教学内容都是一种美术现象的缩影，教师不仅要用好教材，还要深刻挖掘这一美术现象的现实背景，学生在课堂中所收获的不是断章取义般的单纯技法，而是含有长度、宽度和深度的美术文化和应用视野。在委婉的音乐中，教师从应用角度加以描述招贴历史和文化，学生的认知从单一变成立体，教学将招贴的古今和未来在应用主题下水乳交融。

（六）应用成果

设计学习不是下课铃响就戛然止步，而是需要不断延伸，把作品放到现实环境中去，发挥设计作品的实用功能，从而使课堂和课外有效对接，提升设计的使用价值，生成关注效应，让设计者充满成功感和喜悦感，从而不断激发学习的内驱力，在各类活动中能够举一反三地创作，产生对美术学习的持久兴趣。公开课下课，把所有作品展示在校园中。于是，美食招贴成为了校园一道美丽的风景。学生们在作品周围驻足观赏，成功感无以言表。撤展之后，参加学校招贴选拔，有多件作品入选，为班级争得荣誉。

三、第三策　综合式学习指导[①]

一个孩子把美术教材当作圣经来阅读的时候，思维已经被固化，培养学生创新思维成为空话。如何把学生带入无限可能的创意境界？综合式学习是有效途径。综合式学习就是开放课程资源、课程形式、学科界线，师生在学习中创生课程，形成素养的学习方式。

浙美版六下第 17 课《中国非物质文化遗产》，教材内容宏大，教师的“新想法”是：第一，创生综合课程，改变学生在欣赏课学习中以教材为圣经，被动读图，转化为主动思考和探究。第二，开展一体化教学，既达到基础课程目标，同时又完成地方课程、校本课程的教学任务。于是，带领学生进行《小木偶　大舞台》的综合性学习。

（一）综合学习任务

学习任务是教师设计课堂教学的主要依据，是思维训练的范例。教材中的非遗很难引起学生共鸣。泗门镇小是浙江省非遗——木偶摔跤的传承学校。学校为了普及木偶摔跤，开辟了民间艺术教室，编印了《诚意心　木偶情》校本教材。学生对木偶摔跤非常感兴趣，但从未以美术角度来深入探究木偶，创新木偶。于是，以“探木偶、演木偶、创木偶”为基本的学习任务设计内容。

① 刘永永：《拓展课需要换新颜》，《浙江教育报》，2017 年 3 月 3 日。

（二）综合学习目标

教学是目标规范下的实践活动，在整个教学过程中，教学目标始终发挥着导向作用。设计目标就是对原目标进行“合适”性的调适。教学目标是否可创？第三学段“欣赏·评述”领域的学习目标阐述得很清楚：“通过欣赏评述，领略美术的多样性和差异性，体会传统工艺守正创新的内涵与意义。”至于一节课确定怎样的目标，选择怎样的教学重点，教师可以校本化设计。

学生走访了传承人刘永章老人，向他请教木偶制作技术，了解木偶的知识，收集了丰富的课程资源。结合学生认知特点，进行美术与综合实践的跨学科学习。新目标综合为“了解木偶的工艺特点和表演原理，感受民间艺人的智慧，培养传承和保护民间文化的情感”。教学重点是：探究小木偶的工艺和表演，创新木偶，感受民间艺术之“慧”。

（三）综合学习方法

学习方法是在教学过程中为了达到教学目标而采用的教学手段和措施的总称。小学生思维特点是形象思维向抽象逻辑思维转变阶段，但仍以形象思维占主导。因此，视觉对象越具体，学生思维的爆破点就越大，这就要求教师在直观教学的基础上创新教法。我们采用跨学科学习，主要以直观演示法为主。“美术＋”的方式能够让各学科互补优势，产生整合效应。

1. 视听感受

邀请校队进行现场表演，锣声响起，小木偶做出各种滑稽的动作，学生的注意力全部集中到表演者身上，引得阵阵掌声。紧张的氛围逐渐消失，学生脸上洋溢着轻松的笑。

2. 直觉体悟

探究物象是否吸引学生，物象是否真实，很大程度上影响着思维直觉。教师把十多对木偶放到学生身边，让学生第一次零近距离观察木偶，感受艺术作品变得具体实在。

（1）悟材之“慧”

教师准备了铁片、餐巾纸、竹条等直观材料，让学生判断老艺人：为什么选用这些材料？学生在小组探究中深度思考：民间艺人在生活中取材，对材料性能进行了长期摸索，才有了现在既轻便又牢固的木偶。

（2）悟技之“慧”

出示第一代木偶，让学生感受传神的漆绘工艺和竹编工艺；观察盘扣，讲述纽扣文化，感受缝制技术；拆卸骨架，观察榫卯结构，了解木工技艺，通过细节推敲，体会民间艺人质朴的大智慧。

图 4-6　内部结构

（3）悟器之“慧”

教师展示制作木偶的各种普通工具，发现工艺精湛但工具简单，民间艺人心灵手巧，真了不起。通过对比，把即将消失的民间手艺鲜活地展示在学生眼前，再次激发学生的思考。

图4-7 学生现场表演

3. 学习表演

表演是让学生深刻体会民间艺术的魅力。邀请非遗传承教师周盈现场示范绑木偶、表演木偶（见图4-7）。真实的演出、专业的指导，课堂成为学生深度体验的场所。

4. 创玩新木偶

非遗需要传承，更需要创新，创新也是一种传承和保护的形式。美术与浙江精品课程《创玩美术》整合，邀请精品课程负责人谢烨进行创意设计指导。于是，就有了“雾霾和人类的摔跤”“真假孙悟空摔跤”“喜羊羊灰太狼摔跤”“猫和老鼠摔跤”等木偶新形象。

跨学科的直观教学，在生动有趣的学习场中，赋予民间艺术更加丰富的文化内涵。创新小木偶，让它具有更加强劲的生长力，具有更大的传承舞台。

5. 评价促学

学评融合就是以评促学，以学促评的一体化评价方式。主要特征有：第一，评价指标的生成性。依据教学的推进而生成，保证评价过程的灵活性；第二，学评结合，评价是在学习过程中不断发生；第三，评价主体多元的，突出学生自身感悟和同伴纠错；第四，评价目的具有发展性，评价与反馈为了更好地学习。

及时性评价贯穿在学习的每个阶段，学习和评议相互推进。

学习评价始终贯穿在导入、探究、表演、创玩四个学习环节中。如，教师把木偶摔跤的老艺人刘永章爷爷请进课堂协助教师开展辅导，及时纠正学生在学习过程中的不足。教学结束之后，学生围在老艺人身边交流学习体会，进一步激发学生的探究欲望。

四、第四策 问题式学习指导[①]

带着问题学习能够激活学生的学习思维，在问题导学的学习过程中，解决一个问题不是学习的最终目的，而是在学习中不断地发现新问题，解决新问题，形成“问题链”和“解决问题的思维模式”，从而深化美术知识与技能的理解，达到课程内容的优化和学习方式的转变。问题式学习是指教师根据核心知识，通过递进式的问题设计，引导学生自主发现知识，自觉探索新知，提出多种途径解决问题的学习过程。

“镜子画”是游戏课程，教师以“镜上绘画”为核心任务，以问题解决为导向，带领学生对学习内容、方法技能、表现形式等进行综合探索，深入挖掘知识之间的联系，让学习走向深入，发展学生思维。

1. 初探式问题：“怎么玩”

一个课间，教师发现美术教室外的盥洗间镜子上有一块黑斑，这是学生在国画课后的恶作剧，教师想到在网上看到过“美

---

① 谢烨：《小镜子折射大世界——〈在镜子上涂鸦〉拓展教学实践》，《中国美术教育》2016 年第 2 期。

国女孩在镜子上画画”的图片，于是用记号笔在上面简单涂鸦，画了一个蝴蝶结。谁知无心之笔引来全体学生的围观，孩子们聚在镜子前，有的让“蝴蝶结”照在自己的脑袋上，有的让“蝴蝶结”映在自己的领口上，玩得不亦乐乎。教师顺势组织学生展开讨论一个问题：镜子上绘画应该“怎么玩”?

兴趣主导下的思维是空前开阔和活跃的，学生各抒己见，滔滔不绝。于是从探究操作问题“可以用哪些颜料画?”切入，学生展开试验，把常用的画笔、颜料逐一在镜面上试画、鉴别，发现不是所有的颜料都适合在镜面上绘画，排除了彩铅、水彩、墨汁等水性画材，留下了油性记号笔、水粉、油画、丙烯等这几种附着力强的画材。

2. 递进式问题：“怎样玩更好”

学生通过在镜子上的涂鸦游戏，发现其中的趣味在于图形与真实人的结合，通过镜面实现了二维图画和三维世界的交融，产生亦真亦幻的观赏效果和丰富的想象空间。于是带领学生以《帽子设计》为题，学生进行镜子画的探索之旅：(1) 确定帽子的设计稿；(2) 用水性笔在镜面上绘制草图，注意绘画位置与照镜人面部的吻合；(3) 不断地测量和修正图形位置，以达到画与人结合的最好效果；(4) 用油性笔勾线；(5) 用丙烯颜料上色，由于镜面光滑不吸水，绘画时提醒学生控制好水分；(6) 修整帽子的设计，通过照镜子，“戴上”自己设计的帽子，见图 4－8。

在试验中，学生发现还有很多媒材能够实现二维图画和三维世界的交融。比如，在窗户玻璃、透明塑料片、纸片上进行设计，都可以与真实世界“嫁接”，或用光与影添画，用借位绘画

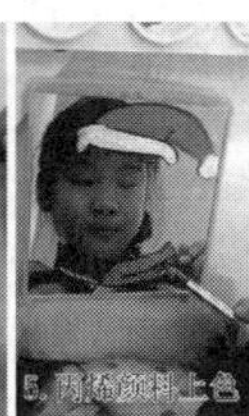

图 4-8　帽子设计的镜画

（或摄影）技术，以及用电脑技术制作，也可以呈现奇妙的效果。师生根据媒材的不同，将新玩法命名为“镜面嫁接法”“纸片嫁接法”“玻璃嫁接法”“光影嫁接法”“借位嫁接法”“电脑嫁接法”等，玩法各异，效果各具趣味。

3. 拓展性问题：“还可以怎么玩”

学生学习了新技法，要能够举一反三，触类旁通，在不同课程内容中能够运用，跳出定势，丰富表现形式。教师筛选了课程内容，进行技法关联，让学生思考“这些作业还可以怎么玩”，示例参见表 4-1。

表 4-1　镜子画和教材关联

教材	教学内容	媒材新玩法
第一册	字母设计	镜面嫁接法
第三册	动漫宝宝	纸片嫁接法

（续表）

教材	教学内容	媒材新玩法
第五册	汉字设计	镜面嫁接法
第六册	图形的联想	玻璃嫁接法
第七册	眼镜的设计	电脑嫁接法
第八册	时钟造型设计	玻璃嫁接法
第十一册	小小果壳箱	纸片嫁接法
第十二册	奇思妙想	玻璃嫁接法

通过多种作品的效果比较，师生总结出三种镜子画的创作思路。第一，点睛式设计。充分考虑设计的对象，从修饰的角度进行设计，或从幽默的角度进行解构，突出趣味和巧妙。第二，扮演式设计。可以为自己设计动漫伙伴，或影视剧角色形象。第三，营造式设计：着重从背景入手，营造主题场景等。随着新玩法的不断涌现，学生玩出了新作品，玩出了新名堂。

“镜子涂鸦”虽是偶然，但教师善于抓住教学中的生成性课程资源，针对学生感兴趣的话题进行综合探索，在问题情境下，把解决问题的主动权和选择权交给孩子。教师要相信，儿童就是大师，在自由快乐的心境下，就会释放出丰富的想象力和无限的创造能力，提升综合解决问题的能力。在教学实施中，教师进行着知识“迁移和关联”管理，引领学生举一反三，丰富创意表现。通过“镜子涂鸦”这一新技法的问题式推进，实现了深度学习。

五、第五策 渐进式学习指导

渐进式学习就是以某个知识为起点，重构由易到难的学习进阶，启发学生不断地深化知识和技能，不断地攀登学习的新高度的一体化学习指导方式。

（一）“图→创→文化”的渐进

由基本的图形为基础，创作“不一样”的图形，最后走向具有“文化高度”的美术佳作。“蝶为媒”主题教学中，教师以“蝶”为原点，开展三个阶段的渐进式学习：(1) 初建图式阶段。学习《蝴蝶书签》，带领学生观察蝴蝶标本，了解造型特点。出示蝴蝶的折纸，立体嵌插，剪贴等不同表现形式，带领学生创作形式多样的蝴蝶书签，让学生对蝴蝶的外形和结构有深刻的认识；(2) 变化图式阶段。进行《蝴蝶飞飞》的创意设计，带学生对世界各地奇特造型的蝴蝶进行观察，通过联想、添加、美化、改编，进行创意造型设计，创作出心中蝴蝶的新形象；(3) 丰富图式阶段。开展《蝴蝶窗花设计》学习，欣赏蝴蝶窗花作品，感受蝴蝶纹样对称、均衡、统一、变化等美感。创设庄周梦蝶，梁祝化蝶等文化情境，带领创作文学作品中的蝴蝶窗花。这次的蝴蝶作品已经超越美术的本身，而沉淀为一种文化，扎根在学生心灵。①

---

① 刘永永：《有机整合 适性拔节——小学美术课程一体化实施研究》，《中小学教材教法》2021 年第 8 期。

（二）“知→情→义”的渐进

从感知形象入手，创造独特情感的作品，并走向背后意义的建构，学生的创作从一般的作品向艺术作品飞跃。浙美版小学美术第十册11课《弯弯的小路》，讲述课程的理解和学习的循序推进。①

1. 破题意，立重点，感知路之美

细细推敲课题《弯弯的小路》，这几个问题需要注意：第一，为什么前面加了“弯弯的”这个定语？第二，怎样画才能画出“弯弯的”纵深感来？第三，小路怎样“弯”才好看？结合课题的推敲，确立的重点为：“让学生学会表现具有美感的弯弯的小路”。于是小路的“迂回”之美、“藏露”之美、“变化”之美等特点孕育而生。在学习中，教师把小路和体操的丝带、飞天的丝带作比较，让学生充分感受小路的美感。

2. 破想象，立难点，创造情之路

有位教师让学生通过想象画小路，以为比写生简单，其实恰恰相反，这次“想象”作业却比“写生”的难度更大：“写生”时眼前有实景可以参照，前后上下关系、地面与景物的关系都很清晰，而“想象”无法呈现细节。本课的难点是：“景物与路连接，景物遮挡关系的表现”。在教学中，教师带领学生探索新的材料，由浅入深突破难点：

① 刘永永：《谈“破”与“立”的思考——例谈创意性解读教材》，《中国美术教育》2015年第2期。

（1）探究透视。出示小路图片，通过拆卸路边的风景，让学生理解透视现象。

（2）添加小路。用彩泥写生小路，表现透视。见图 4－9。

（3）情感表达。解读霍贝尔的《树间村道》，知道“一切景语皆情语”的道理。引导学生添加景物，表现“心中的情路”。见图 4－10。

图 4－9　不同形态的路

图 4－10　课堂作业《丰收之路》

3. 破内涵，立精神，感悟路之义

解读美术现象背后的意义能够促进学生生命境界的提升。

让学生讨论“路是什么”这个问题。路是一条连接起点和终点的轨迹，是迈出努力的步伐通向成功的线路，小路弯弯曲曲是一种自然美，人生之路曲折迂回是毅力之美。道路艰辛并不可怕，贵在持之以恒的决心。希望同学们记住：成功之路充满曲折，脚踏实地才是出路。

（三）“读—构—创”的渐进

在读懂传统文化的基础上，建构新的美术作品来传承文化，最后通过打破、解构、重组的方式进行文创，表达新的精神和意义，达成传承和创新的学习目标。

《我们“布”一样》是浙派名师赴贵州黔东南凯里市执教的大单元课，以苗族纹样为切入点进行优秀民族文化的教育。课程以“蜡染诉说着苗族人的浪漫故事和精神追求”的大观念来生发课程，以“苗族蜡染文化的文创行动”为核心任务组织教学：第一课《布藏天书》重点是“读纹样”，围绕蜡染作品《洪水滔天》来“讲故事”，认识苗族蜡染中动物纹、植物纹和几何纹三大类纹样，梳理“多形组合、以密为美、图必有义”的东方式浪漫，创作浪漫的新纹样。第二课时《布布留痕》，重点是“构纹样”，欣赏苗族蜡染，把纹样转化为蜡染作品，讲述心中的新故事。第三课《布同凡响》重点是“文创”，解构和重组蜡染图案，制作成传统和现代交融的背包文创作品，表达苗族青年的审美追求。见图 4 - 11。通过渐进式学习，强化对本族文化的认同，建立本民族的文化自信。

图 4 - 11　学生课堂文创

六、第六策 关联式学习指导

关联式学习是指通过复习、回忆、链接、补充等教学手段，指导学生进行知识的前后衔接，引导学生对原有的内容、材料、技法、情感、文化等美术方式进行前后贯通，不断创生新的表现方式的过程。

《喜上添“花”》是四年级单元教学，教师始终以“关联”为核心进行学习引导。

1. 关联生活

婚俗文化是中国人的生活文化，里面有浓浓的生活气息，展现人们对美好生活的追求。学习传统剪纸，就要回归生活，在生活中感受美。

(1) 音乐和美术对接。播放音乐《金蛇狂舞》，烘托喜庆气氛，让学生尝试用1—2种颜色表现喜庆感觉？讨论“中国红”。

(2) 生活视角看婚嫁。观看短视频《十里红妆》，深入感受婚庆文化的服饰、嫁装、氛围的美。

(3) 体会婚庆的内涵。婚俗景象的华丽与壮观是毋庸置疑的。不管从大场面到小物品，处处彰显着中国人对生活的讲究。父母为了女儿，用尽一生积蓄为女儿置办最华丽的嫁装，这是中国家庭浓浓的爱！

2. 关联技巧

教是为了不教，让学生学会学习是教学的归宿。唤醒学生自主学习的意识，用已掌握的知识和技巧来解决问题，是自主建构学习方法的重要途径。学生通过技巧的链接来探索新知，获得审美体验。

(1) 折。启发学生回忆第三册《手拉手好朋友》，第四册《折剪蝴蝶》，第六册《巧折巧剪》的对称剪法，观察双喜的结构特点，学会正确的折法。(2) 编。还原双喜剪纸作品，进行口诀创编。(3) 试。学生尝试剪双喜，找出不成功的原因，鼓励完成剪双喜。(4) 悟。联系第二册《窗花花》，第三册《剪纸欣赏》剪纸纹样，回忆传统纹样“吉形吉意”的手法。

3. 关联设计

关联《正负图形》的设计思路，设计双喜字的“负形”，可以让图形具有新的思想，新的寓意。“口”的联想、添加、替换、双关等设计让双喜喜上加喜，达到知识技能和思维的增值。

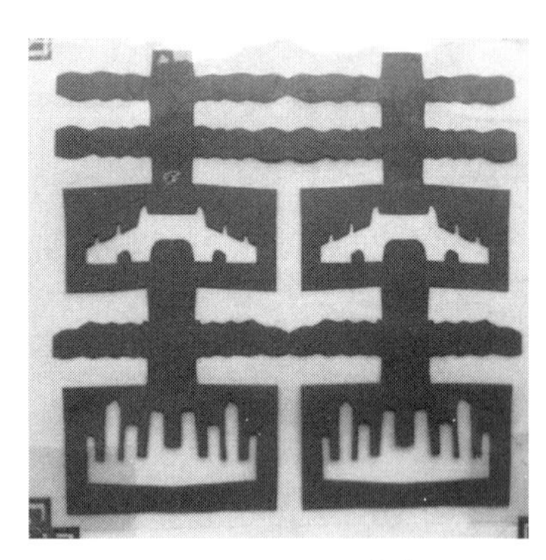

图 4－12　《泗门喜事》

作品《泗门喜事》如图 4－12，万安桥是泗门镇的象征，而如今泗门已经成为卫星城市，高楼大厦拔地而起，日新月异。优秀作品的赏析，不仅可以让学生明白剪创意喜字的技能技法，重要的是学习如何将生活元素组织表现在具体作品上，以达到隐喻、象征的目的。

4. 关联情感

创作是表达情感的重要方式。激发积极的学习情感一直是提升学习效率，培养创新思维的利器。课堂创作中唤醒、保持、升华学生良好情感，是艺术表现的有效手段。学生可以表现心中的喜事，例如姐姐的婚礼、同学生日晚会、比赛获奖等，结合负设计，剪出有含义的喜花，以此表达祝福。课堂上，教师把每组的作品贴在透明塑料膜上，挂在教室中间，营造喜庆氛围。学生互相欣赏，相互看见，进一步激发学生学习的兴趣。

在拓展环节，又联系全册教材中各类剪纸，进行知识关联，举一反三、触类旁通。在广泛的文化情景中认识美术，超越了一般剪喜花的传统方式，学习成为“思维体操”。关联式学习加强了知识的综合，让学习者心智自由，达成审美创美的课程目标。

一体化学习指导策略还有很多，上面的六种策略是相对比较成熟的操作，或是在美术核心期刊中发表的课例，或曾在省内外公开教学，还有些是省级获奖的美育课例。这仅仅是抛砖引玉，不管是否算得上优质课和精品课，还是要读者自己定夺。步入课堂，如同走入超市的感觉，琳琅满目。不过，还有常规课的海洋需要我们去遨游，那里的天地或许会更加广阔。

第三节　美术主题式单元教学课例

这一节从公开课中走出来，来关注常态课如何实施主题下的单元教学。常态课中，美术教师不用受各种外在条件的制约，这是一体化教学的主阵地。这里开始，我们开始讲平常的教学故事。

正因为常态教学的宽松氛围，我们可以大胆尝试进行主题下的单元教学，于是就有了常态课的“主题式”单元教学。和公开课的区别在于，首先，长短结合的单元教学是连续的课程学习。其次，围绕“主题”，让学生经历学习历程，少则2—3课时，多则10多课时。再则，教学比较灵活，教师可以根据学生需要重构课程内容，可以把课堂搬到校园、田野中去，让学生接触自然，享受美术学习的快乐。一百年前的美术课是怎样的呢？泗门镇中心小学创办于1902年的“诚意”学堂，有一张老照片记录着100多年前美术课的场景（图4-13），那时候的教师就带领学生在大自然中上美术课，这种接近自然，亲近生活，生发课程的意识和理念，对今天封闭式的美术教学来讲，让人肃然起敬，有许多可贵之处值得借鉴。

图4-13　1920年的写生课

关于常态课的课程整合还有几个问题需要澄清：问题一，教材的每一课不能全部纳入主题性教学，每学期进行几个主题教学足矣，不能泛化，这个问题在前面章节中也有谈到。问题二，教学主题是否可变？主题的确定要依据教材内容、学情、资源来定，甚至和美术老师的兴趣和课程建构能力都有关联。同样的教材，由于学生和教师兴趣不尽相同，或者同一位教师面对相同的课程，也会有不同的理解，因此教学主题肯定存在异同。我们鼓励教师立足教学实际，进行个性化的主题设计，不能人云亦云。问题三，主题化教学对学科质量会不会有影响？这是一线美术教师最担心的问题。主题化教学不是改变目标，而是在目标指引下课程的重构和实施，目的是课程校本化的实施，能够更好地实现教学目标，着眼于学生美术思维的培养，关注未来发展，达成核心素养。

十年中，自由美术团队在十多所学校进行了一体化教学的实验，大家的体会是，学生在美术能力评价中合格率、优秀率均名列前茅。而且，课程整合带来了充裕的教学时间，教师可以进行课程拓展，丰富学生的美术素养。这一节，我们无法展示所有的成果，仅列举一个形象主题的单元教学课例。[①]

形象主题：《年年有鱼》单元教学

一、内容整合

四年级《年年有鱼》中的“鱼”元素既是学生熟悉的形象，又有深刻的文化内涵，在设计中运用“鱼”这个素材，学生的创作指向明确，给学生较大的想象空间，避免学生无从下手，又增加了作品的文化内涵，让作品具有形象美，文化美，实用性强的特征。因此，利用教材中的传统作为主题，进行“鱼”主题的单元教学，课程设计如下表 4－2 所示。

① 全册主题单元教学见详见网站：https：//pan. baidu. com/s/1XtbgC7MAa2Qcvg1em8UkZw，密码：6z11

表4-2 《年年有鱼》单元教学安排

课时	教学内容
第一课时	鱼纹设计
第二课时	鱼儿的节日
第三课时	水族馆安全标志
第四课时	鱼形时钟设计
第五课时	年年有余桥

二、学习目标

1. 知道“鱼”的文化内涵，了解鱼纹、徽标、安全标志、时钟、桥等相关知识。

2. 以“鱼”为元素，能设计个性化鱼纹，节日徽标、安全标志、时钟、桥等文创产品，提高设计能力和文化涵养。

3. 领略传统文化魅力，树立热爱民族文化的热情，形成“设计让生活更加美好”的意识。

三、学习指导

1. 课时一：《鱼纹设计》

(1) 基本任务：运用概括、夸张的方法设计鱼纹样，并进行个性化装饰。

(2) 学习方法：讨论法，运用图案和鱼形进行比较，展开讨论，探究古人鱼纹设计方法；拼摆法，尝试拼摆圆形适合纹样，概括鱼纹装饰的样式。

(3) 任务导学

任务一，知特点。鱼图案和真实的鱼进行比较，了解鱼纹图案概括、变形的特点。

任务二，设计鱼纹。师法古人，出示古陶鱼纹展开讨论，梳理出“概括、调换、重叠”的设计方法。运用各种设计方法，为熟悉的“鱼”设计纹样。

任务三，鱼纹装饰。组织拼摆游戏，怎样让装饰和谐、美观？学生演示，概括圆形适合纹样的排列样式：独立、对称、旋转、发散等。小组为单位，对圆盘进行仿古风格的装饰。

(4) 作业展评

黑白圆盘“鱼纹”设计，练习独立、均衡、旋转、发散等构图技巧。见图 4－14。

图 4－14　鱼纹装饰

自我评价：纹样是经过概括、夸张、装饰之后的图案，装饰性是纹样的重要特征。从课堂作业中看出，不少学生已经理解具象图形和图案的区别，学会了图案化的设计，并且打破具象思维的束缚，形象比较概括，达到了装饰性。从排列角度看，不少学生运用了“头部叠加”和“尾部叠加”这两种排列方式，使排列简洁、巧妙，具有浓郁的装饰味。从细节看，部分鱼纹融合了古人的云纹、回纹、草纹等装饰图形，加上黑白灰的处理，让整个圆盘具有复古的风格。

2. 课时二：《鱼儿的节日》

(1) 基本任务：运用徽标设计方法设计“鱼儿”的节日徽标。

(2) 学习方法：情境法，创设“鱼儿”节日徽标的学习情境，进行项目选择性设计；探究法，观察徽标结构，总结设计方法。

(3) 任务导学

任务一，知特点。观察各种“鱼文化”徽标，讨论徽标“文字”和“图形”布局，总结设计方法：结构为“上下、左右、穿插”，图形为“圆形、方形、自由形”，整体要求“和谐、简洁、巧妙”。

任务二，设计初稿。创设学习情境，出示学习项目，选择一个节日，参考“鱼”图案，进行设计稿的创作，评议。

图 4－15　鱼纹徽标作业

任务三，节日徽标创作。修改设计稿，进行徽标创作。见图 4－15 鱼纹徽标作业。

自我评价：无论是任何结构的徽标，图和文字如何巧妙穿插是本次徽标设计的关键所在，这些优秀作业根据“鱼”文化节，进行宣传徽标的设计，图形简洁，文字也进行了变体美术字的设计，学生根据自己的理解，进行设计，体现了徽标“简洁明了，巧妙穿插”的特征。本次作业中，不少学生对“鱼”形象进行个性化设计，有具象的，卡通的，也有抽象的，有细节的描述，也有概括的表达，从中可以看出学生的独特理解。在美术语言的传达上，学生又加入了自己的理解，如“画鱼”比赛的徽标，以曲线为主，体现了绘画的自由性；“钓鱼比赛”以圆形表现上鱼时候的紧张感；“折鱼比赛”的徽标，运用直线表现鱼的外形，这与折纸作品的特征一一吻合。可以这么说，这些作品都是学生独特的内心感受。

3. 课时三：《水族馆安全标志》

(1) 基本任务：运用色彩、图案和形状等标志设计方法，为水族馆设计安全标志。

(2) 学习方法：情境法，创设水族馆安全隐患的情境，学会用美术方法解决实际问题。剪影处理法，根据生活情景进行形象的概括和简化，使形象符合标志的警告、指示作用。

(3) 任务导学：

任务一，知特点。生活情景中认识各种安全标志在“色彩、形状”上的规定性，“形象”方面的多样化表达。

任务二，定初稿。设置“水族馆即将开业，定制安全标志”的项目情境，讨论安全隐患，进行安全标志“行为内容”的设计。标识在场景中的运用和解释，探究形象的剪影设计方法：黑色为主，剔除细节，肢体动态指示清晰。

任务三，设计安全标志。从同龄人作业中找问题，梳理设计中“形象”表达的注意点：以形为主、动态生动、图形饱满等。教师提供“三角形、圆形、方形”作业单，为“水族馆某个有安全隐患的地点”设计一个安全标志。见图 4 - 16：

图 4 - 16　禁止垂钓标志

禁止垂钓标志。

自我评价：安全标志贴近学生生活，在“水族馆”安全标志征集情境中，学生的思维始终在联系生活，如进门口的“禁止车辆通行”，室内“禁止吐痰”，室外走廊“当心滑倒”，水池边“禁止投物”，鱼池边“禁止垂钓”等，有了这种实际的设计需求，设计的应用功能突显出来，标识设计具有实际的意义。学生的优秀作业我们不仅看到了技法的表达，也看到了学生心中的道德之美，童心的纯洁。此次设计不仅仅是经历一次美术创意实践，也是思政课的渗透。

4. 课时四：《鱼形时钟设计》

(1) 基本任务：运用“鱼”的造型和形象组合设计一个富有创意的钟面。

(2) 学习方法：游戏法，通过追逐游戏，启发指针的创意思维；示范法，展示各种创意时钟，了解各种时钟创意设计的方法。

(3) 任务导学

任务一：鱼形钟面设计。展示各种创意时钟，探究钟面设计的各种方法，如图形分割法、图形重组法、图形缩放法、新材料运用法、仿生法等。以自己喜欢的鱼形为钟面，添加时针，用剪贴方式变成创意钟面。

任务二：设计创意时针。以第一次练习作业“剪贴鱼”为原型，设计具有情境的时针与分针，进行“鱼形时钟”的创意设计。见图 4-17：鱼形钟面。

自我评价：时钟创意设计的题材非常宽泛，本次学习以

“鱼”为元素进行创意设计，就显得容易把握。可以从钟面进行变化和组合，设计成荷花、美人鱼、音符等时钟，可以从时针的角度进行设计，如大鱼追小鱼，龟兔赛跑，让钟面富有戏剧性。还可以从钟面数字进行设计，有些简化，有些替换，有些夸张。正因为这些细节的变化，让时钟设计变得有趣。

图 4 - 17　鱼形钟面

5. 课时五：《年年有鱼桥》

(1) 基本任务：运用立体造型的方式，创作一座具有文化内涵的家乡小桥。

(2) 学习方法：直观演示法，教师演示桥的制作步骤，让桥站立起来。实践操作法，小组合作运用泥塑方法表现一座有思想意义的桥。

(3) 任务引学

任务一：知结构。讲述家乡“万安桥”的故事，了解桥的结构。演示不同结构的桥，开阔造型思路。

任务二：知方法。教师示范桥的制作过程和细节的塑造方法，主要运用泥条和泥片让桥能够站立起来。

任务三：创古桥。添加“鱼”的元素，为家乡的桥赋予美好的愿望。布置任务：“心中的古桥”，让桥造型独特，具有文化内涵。展示学生作业，启发思维。见图 4 - 18：泥塑桥。

图 4－18　泥塑桥

自我评价：桥是江南水乡的代名词，是家乡独特的文化符号。用泥塑的方式创作心中的桥是一件深得学生喜爱的事情。用泥板作桥面，用泥块做桥墩，用泥条做桥栏，用自己喜欢的造型装饰桥身，用刻画的方式进行装扮，让桥的造型不断地丰富和生动。学生们将鱼文化融入创作，或许是整个鱼身，或许只是截取鱼的一个局部，或许只用鱼来作小小的装饰，或许运用仿生法举一反三，创作了“雄鹰桥”和“展翅桥”，这些小小的改变，让桥有了自己丰富的文化内涵：年年有余、展翅高飞、和和美美。“年年有鱼桥”伫立在家乡，那是学生对家乡的祝愿，对美好未来的向往，或许也是保存故乡味道的重要图腾。学生作品的质朴，生动，把童真童趣充分表现。

四、教学反思

运用“鱼”这个形象主题进行整合教学，课程成为互相联系的整体，把“鱼”在不同情境下进行设计和表现，运用了学习内容的“小切口”，实现四两拨千斤的效果，让每一次设计的产品有了文化内涵，相比之下，主题下的作业承载的东西更多，更加感人。

很多人认为，小学生的创作要给他们更多的自由，不要对作业的内容、方式、媒材作规定，否则就会阻碍想象力的发挥。其实，经验告诉我们，宏大的主题或者宽泛的内容容易造成学生思维的混乱，选择的焦虑，让学生无从下手。而明确的作业指向，特别是具体的“形象主题”反而能够引发学生高度的关注和聚焦式的思考，提升思维的深度和作业的效度。本单元，运用《年年有鱼》发展出连续的课程学习，可以让各类产品设计切入点变小，容易操作。

通过教学我们发现，主题性课程是一个连续的教学过程，保障深度思索的时间和空间，让学习目标有效达成，于是，班级中各层次学生学习兴趣较高，得到认同的机会明显增多。但又发现，优秀学生有思维疲劳的现象，后期课程很难激发他们的学习激情。于是他们的作品，由于主题的限制，限制了优秀学生创造力的发挥。这是个两难的境地：如果丰富的内容，多元的主题，有利于优秀学生的学习，而对于普通学生而言，要求过高。如果，主题简单些，媒材简化些，受到多数学生欢迎，但会挫伤一部分学生的学习兴趣。如，第四课时“时钟设计”，个别优秀学生对“鱼”产生反感，他们宁可用自己的形象去设计，也不运用“鱼”的素材，这需要教师分层分类地指导。

总之，课程整合要慎重，决不可拿来主义，随意合并，而是要考虑合理性。在主题教学实施过程中，也不能一蹴而就，要根据学情及时调整教学内容，或回归教材进行教学，或在拓展中进行整合，减少刚性的预设，注重动态生成。有一点可以肯定，教师要从关注“教”走向关注学生的“学”，以学为中心，以学定教，以学促教，让学习在一体化教学中真正发生。

第五章
基础课与拓展课一体化

本章导读

在本章中，我们将从美术拓展课的整合开始，探讨“美术基础课程＋”的一体化。浙江省新课程改革的亮点之一是“基础课程加拓展课程”，在全面的基础之上促进学生个性化发展，要求学校开设具有选择性的拓展课程。于是，美术教师成为拓展课程的主力军之一。拓展性资源只有融入基础课程，才能焕发活力。因此，一体化教学无法回避基础课程和拓展课程的一体化。这一章，我们从拓展课程的现状、设计入手，讨论服务于基础课程的拓展课如何开发？两者如何实现一体化？

第一节　拓展性课程需解决的问题

走出美术基础课程大门，迎面而来的是更加广阔的美术课程天地，那就是课程“高铁”——拓展课程。为什么称之为“高铁”？首先，它横空出世之快，为了满足当前核心素养时代的现实需要，是领跑课改的旗帜。其次，这列高铁动力系统的强大，车头的教育行政部门的强大动力，除此之外，每节车厢都有一个动力系统，那就是学校的行政力量和教师的发展需求，保障了课程开发和实施的效率。再则，它是主要城市和地区的重要交通枢纽，它一推行，遍布每所学校，是和当前学校和基础课程并驾齐驱的课程。正因为是新的事物，在接受它的同时，肯定会激发新的讨论。我们刚完成对基础课程从碎片化走向一体化的实践，现在又生长出新的课程类别，而且不是美术教师可以选择的，是必须高质量开发和实施的课程新样态。因而，为了避免拓展性课程和基础课程两辆马车分道扬镳或者产生阻力和干扰，对拓展课程也要纳入一体化思考和实施的范畴。

一、拓展课程设计上的困惑[①]

课程资源的开发已经成为当前学校工作的热点命题。它是指基础课程之外的学生可以选择的课程，其目的就是培养全面且富有个性的未来人才。浙江省在 2016 年下半年中小学全面普及，这对多数基层学校来讲是一种全新的课程形态，需要解决的困惑很多。澄清美术拓展课程设计上的困惑，可以让我们走出误区，找准方向。

① 刘永永：《小学拓展性课程需解决的“三问”》，《中国教师》2016 年第 8 期。

1. 课程内容：是“有啥补啥”还是“缺啥补啥”?

实施拓展性课程是为了什么？这是首先要弄明白的问题，否则我们走了很远，不知道要走向哪里，走着走着就会忘记我们出发的目的。浙江省厅文件说得很明白，拓展课程就是为了学生个性的发展。那么，学生学一样自己喜欢的拓展课就是发展个性了吗？个性发展最核心的内容是什么？如果没有清楚出发的目的，学校拓展性课程开发就会“教师有什么就开什么”。

2. 课程选择：是“高档超市”还是“批发小店”?

拓展性课程与国家基础课程相比，有选择是其特点。学生第一次进行选择性学习，这是一次重大的学习革命。选择拓展性课程有两种方式，第一种是高度自由的选择，就像走进高档超市一样，你尽可以选择自己喜爱的商品，也可以一样也不选地出来。第二种选择行为是适度选择，在有限的商品面前，引导顾客进行选择，就像走进批发小店，你是有目的地购买和零售。我们理想中的课程选择应该是把学生带入高档超市，任他们尽情选择，这样做的结果是，学生全凭自己的喜好，某些商品供不应求，某些商品无人问津，有些孩子选不到课程。因此，在拓展性课程实施的初级阶段，引导小学生适度选择比较可行。

为什么适度选课比较好？首先，小学生的选择行为容易受其他同学的干扰，很少有主见，需要教师引导；其次，小学生不能理解拓展课的教学目的，需要教师分析解读；再次，每个课程都有名额限制，保证每个学生都能够选到课程；最后，提高学校拓展性课程的编班效率。

课程“适度选择”怎么选？第一选择原则是“合适”，适合自己的课程才是最好的。自己喜欢的课程是一种合适，能够发挥自己特长的或者弥补自己缺陷的也是合适的课程。第二是分层选择，选择需要对自己有所了解，对课程有所了解，否则就是盲目跟风。心理学研究表明，小学低段处于自我无意识阶段，中段逐步形成，高段逐步完善，因此低段不具备自主选择能力，中段一般具有，高段才完全具有选择能力。第三是选择一定要有结果，在指导下进行适度选择，可以调控使选择不至于过于集中，保证每个人都有选择结果。

3. 课程评价：是“自由驰骋”还是“管制测速”?

教师第一次上自己的课程，第一次可以展示自己的兴趣和特长，第一次让课堂教学与学业考试无关，教师们充满激情，在自己的自留地中尽情发挥，自由驰骋。学生第一次选择了学习内容，第一次参与走班，与来自各班的新同学一起学习玩耍，没有考试的压力，每个人都学得轻松自由。但是作为课程管理者，学校仅仅是开出了许多拓展性课程，这仍是不够的。课程理论告诉我们，没有课程评价的课程是不完整的。在师生“自由驰骋”的同时进行“测速限载”，需要课程评价的介入。

评价是评定价值的意思，评价的目的是价值增值。拓展性课程评价就是对拓展性课程进行价值判断，提升教学效果的行为。拓展性课程内容的探索刚刚起步，来实施课程评价确实难度很大。我们认为，评价始终是课程规划的重要内容之一，应该与课程计划，课程设置，课程内容等要素同步规划。也就是说，学校在设计课程的时候，评价也应该列入其中，而不是直到期末才考虑评价。

4. 课程关系：是“当好司机”还是“努力造车”？

教师和课程的关系，有人比喻为司机和汽车，教师是驾驭课程的司机。司机的天职是开车而不负责造车，造车是专职人员的职责。当前，国家课程和拓展性课程组成了学校的课程体系，教师要驾驭好的车子是哪一辆？我们认为应该是国家课程，教师大量的精力还是放在基础课程上，不能本末倒置。

但是，“造车”是无法回避的工作。为了使课程系统化，编撰校本教材是必要的。有课程开发能力的教师，学校可以鼓励他们从事开创性工作。一般教师花很大精力去开发教材，就好比要求司机既会驾驶汽车，还要会造汽车，恐怕无法承担这份重任。学校可以鼓励有能力的教师开发形式多样的课程资源，成立课程指导小组进行指导，拨付专项资金支持。

二、美术拓展课需换新颜[①]

美术拓展课程相对其他学科来讲，由于美术教师本身的专业特长和平常社团教学的基础，拓展课的开发成起步较早，很快就有了许多精品课程，进入了课堂教学的展示舞台。在感受拓展课程带来的新鲜血液的同时，一个深刻的印象就是：这两种展示课似乎是双胞胎，长得太像了，只是教学内容的区别，一个上国家教材的内容，一个上自己开发的内容，仅此而已。

这对孪生兄弟除了内容不同，其他要素也难分雌雄：第一，

① 刘永永：《拓展性课程需要换新颜》，《浙江教育报》2017年3月3日。

是教学空间相同，执教老师和学生在舞台上表演，听课老师在台下观摩；学生分组而坐，俨然是优质课展示的场景。第二，是教学结构的雷同，两类展示课都是情境导入、欣赏分析、技法示范、学生创作、展示评价和拓展延伸这六步组成，如果不熟悉国家教材的听课教师很难区分，是在执教拓展课程还是在上基础课程。第三，学习方法雷同，拓展课教学采用课件导学，主要采用师生一问一答来推进教学。第四，预设结果的雷同，教师讲到什么程度，学生就学到什么程度，一堂课把学生的问题全部解决了，学生走出课堂竟然没有问题了。第五，时间的雷同，小学 40 分钟，中学 45 分钟，按照这个时间标准来设计教学容量，一节拓展课的时间和基础课程的时间一样。

从观摩各种拓展课堂教学来看，执教拓展课非常简单，就是用国家课程的思维方式来设计自己的课程内容，就这么拿来。真是如此理解吗？基础课程和拓展性课程的目标本身就不尽相同，基础课程是为了“全面”，拓展课程是为了“个性”，目的不同的课程怎么会长得一个模样呢？美术四大领域：“造型・表现”“设计・运用”“欣赏・评述”“综合・探索”。在执教中，“造型・表现”最显著的要求是“画”形体，“设计・运用”最显著的要求是“设计产品”，“欣赏・评述”领域最显著的要求是“读图和评述”，“综合・探索”领域最大的要求就是“综合实践”，无论教师执教哪个领域的内容，教师总会尽力展现这个领域的特殊面貌，因而教学方式方法就会有很大差异，教学流程和学习成果也不尽相同。

从上述分析可见，拓展性课程与基础课程的面貌不应该是双胞胎，而是具有血缘关系的独特个体。出现教学似曾相识的现状，主要的原因在于拓展性课程来得太快，课程改革以来，老师都像在室内的游泳池里学习游泳，有些根本还没有学会，现在又赶着教师到自然水域或大江大河里去游，教师大多还没有做好充分的准备。教师开发拓展课程犹如造一辆新车，若车未造就，就要讨论驾驶车的技术问题，未免过早了。即使少数美术老师已经造好了车，但在没有可以借鉴的教学模式之下，也只能按照原来的驾驶习惯来操作。但是，我们不能习惯成自然，不能不思考这些问题：拓展课的课堂教学应该有哪些鲜明的特征？这是无法规避的问题。

拓展课的面貌可以是这样的设想：首先，学生对拓展性课程要有选择权。学生可以选择此课程，也可以不选择这门课程，教师尊重学生的选择，课程学习不是教师强加的，参加展示课的学生不应该是行政班，而是自愿选择学习这门课程的学生。其次，从拓展性课程的初衷是培养学生个性的角度来分析，拓展课的价值取向应该是“兴趣主导的审美创美技能的习得”，保证学生动手创作的时间，提高效率，拓展课程的学习才能培养学生个性的可能。再次，教学时空可以灵活多样。教学时间上可以长短结合，不必拘泥于常规教学的时间，教学地点也可以是博物馆、图书室、工作坊等场所，让学习内容更加直观，学习情境超越学校时空。最后，教学流程不必拘泥于常规流程，突出学生的自主感悟、实践内化、强化工具和材料意识。教师根据学习内容和目标，直截了当地开展教学，避免教学流于形式，拖泥带水。

拓展课应该怎样实施？学界没有很好的定论，我们大家可以一起构想，一起描绘它独特的面貌。当然，拓展性课程给了教师更加自由的课程内容的同时，也受时空的限制，教师也只能戴着镣铐跳舞。但是，无论何种内容的拓展课展示，应该保有它本来的面目。这样做了，才符合本次课程改革的精神，才能让拓展性课程具有蓬勃的生长力。

三、美术拓展课换了新颜

美术拓展课的课堂应该是什么样的？怎么做才能有拓展课特有的面貌？通过几年的探索，我们可以从拓展课的目标、内容、过程、途径四个方面加以改变。

1. 教学目标可以更加单纯

目标决定着课的面貌。美术老师一辈子都在思考：如何投好这三维目标的“三分球”，于是，任何的只要和课堂教学相关的课程，都会陷入“知识与技能、过程与方法、情感态度价值观”的目标定势。教师们都习惯于投“三分球”，殊不知，在基础课程的层面上提出拓展课，好比是让篮球运动员在学习之余，再学点足球、羽毛球、乒乓球丰富情趣，而我们拿着足球、羽毛球、乒乓球，还在那里拼命地练习三步上篮。会造成什么？造成三维目标主导下的拓展课和基础课成了克隆兄弟。对此，在不同场合，我也咨询过资深专家。我们认为，美术拓展课应该允许老师去投“两分球、一分球”，教学目标可以做点加减法，教学目标解放了，课的样态也就改变了，让美术拓展课堂成为她自己的味道。

2. 教学内容亦可以“无形”

课程需要教材作为重要载体，一听到精品课程，大家脑海中马上闪现的是一本本精美的拓展课教材，我们认为，这是拓展课内容呈现的一种有形的方式。没有教材的拓展内容是不是拓展课？一种把国家课程校本化的内容，很难编成教材，但这是经过教师加工过的、基于基础课程的拓展内容，这些教学内容是“无形”的，可能是一节课，可能是一个活动，可能是一次小制作，它没有教材、没有体系。我们认为，这些内容也是拓展课程的一种形式，对于发行教材需要专业部门的审定，不能随便编印教材。

例如五年级《田间小路》是由《弯弯的小路》生发出来的课程，教师重组内容，根据学情大胆创编，尝试运用彩泥来表现小路，深受学生的喜爱。因而我们可以打破常规，对基础课程的目标、重难点进行重新架构。

3. 教学过程可以更加开放

拓展课程的实施提倡长短课，这是从教学管理角度提出来的。从实施来看，可以有长短课之分，比基础课程 40 分钟的课更加自由、开放。从形式上讲，教师可以选择多种教学资源，教学方法可以更加开放。

如在执教《小木偶　大舞台》中，打破原来的课型，采用长短课结合的形式，围绕“慧”这个主题，前 40 分钟，讲解木偶“构造之慧”，接着 30 分钟邀请非遗传承人指导表演，体验“展演之慧”，最后 20 分钟，美术教师带领学生设计木偶，激发“创作之慧”。90 分钟的课程，让学生经历了一场深度的民间文化之旅。

4. 拓展课程和基础课整合实施

有了自己的拓展课程，那么，使用拓展课程的途径是什么？哪一个途径更加便捷有效？这是拓展课程能否受美术老师欢迎的前提。一般而言，拓展课可以单独开设，其他好的途径还有吗？我认为，拓展课程和基础课程整合实施更加具有生命力。理由有三点：第一，减轻备课压力，撰写两门教案变成一门；第二，丰富课程内容，更能激发学生的求知欲；第三，互为促进，产生整合效应，既达成基础课目标，又完成拓展课任务，哪有不受人欢迎的？

美术拓展课程需要解答的问题还有很多，随着时间的推移、理念的学习和实践的加深，许多困惑在逐渐解开。“课程设计上的困惑”主要是在拓展课程实施的初期，大家对拓展课的认识还处在混沌状态。“拓展课需换新颜”是拓展课程实施中期，比较基础课程的课堂样态而产生的新思考，是对拓展课程新样态的探索。“拓展课换了新颜”是拓展课程探索多年的结果，在行动中悟道，必然想通了不少问题，但是，又会有新的困惑产生，然后又去摸索解决，然后再次释道再次困惑，探索教学的乐趣莫过于不同阶段的循环之中，让课程和教师在螺旋的往复中不断增值。

第二节　一体化美术拓展课程开发

拓展课程是美术教师独立开发的课程资源，美术拓展课程加了“一体化”的前缀，有三个问题要解决：第一，是和谁一体？第二，是怎么做到一体？第三，一体化之后好不好？第一个问题是课程走向的问题，第二个问题是实施方法的问题，第三个是课程评价的问题。课程开发要和课程实施、课程评价同步考虑。

一、 美术拓展课程一体化的理由

首先来看拓展课程走向的问题。一体化美术拓展课是和美术基础课程有关联、又有区别的课程。作为国家的基础课程，从某种角度上看，其规范性和科学性是不容置疑的。基础课程的目标、结构和内容可以作为拓展课程开发的重要参考，拓展课程可以以基础课程为范本，尽量做到规范、科学。拓展课程和基础课程的主要区别是，课程内容的相对独立性和实施的选择性。美术拓展课程“一体化”就是拓展课程和基础课程的有机整合和自然生发，实现课程目标的双赢。“和谁一体”的问题就是要确定课程的整体框架和走向，一体化拓展课程可以和基础课程紧密相关，和基础课程整合实施，从而达到教学的“便捷与美好”。因此，一体化美术拓展课程就是和基础课程深度关联的课程，其联系如表 5-1 所示：

表 5-1　一体化拓展课程和基础课程联系

维度	联系
课程要素	包括纲要、计划、教科书、教学参考资料、微课资源等
课程价值	共同指向美术核心素养目标，培养创造性人格

(续表)

维度	联系
课程目标	三维目标，突出“知识和技能”目标的个性化
课程内容	前置性内容：作为基础课程的前置性学习或学习铺垫 关联性内容：可以作为基础课程的教学资源 延展性内容：基础课程拓展、提高的学习内容 巩固性内容：作为基础课程技能巩固的学习内容
教材结构	教材体现视觉性、趣味性、实践性、人文性
课程实施	相互迁移：拓展课迁移基础知识，基础课融入拓展内容 注重生成：教学中根据学情生成新的学习内容
课程评价	根据目标建构评价指标，教学评一体化

表5-1的对照可以看到，一体化美术拓展课既有拓展课的独立性，也有和基础课程的关联性。我们认为，基础课程是最主要的教学资源，美术拓展课只有和基础课程紧密整合，才能焕发强大的生命力。如果把美术基础课程看作“X”，美术拓展课程看作“Y”，两者整合的课程就是“M”，一体化拓展课程就是“M＞X＋Y”，其成效明显大于单个课程。因此，美术拓展课程的价值取向仍旧是“一体化”。

二、美术拓展课程开发的误区

在拓展课程刚刚起步的阶段，美术老师都很兴奋，因为有专业基础和个体专长，开发一门拓展课没有多大困难。但是编撰出来一看，问题很多，主要问题如下：

1. 内容太随意

美术教师把社团的教学资料进行汇编和整理，编印了授课教材，而对课程目标、课程计划、课程资源、课程评价等要素没有进行思考和设计，课程内容的随意性很大。

2. 内容不规范

拓展性课程参考的渠道很多，如高校专业培训教材，画册、摹本、应试类书籍，有些是参考网络上的资源，有些借鉴是质量不高的资源。没有统一的版式和规范等，结构不规范性。

3. 内容太生涩

美术教师编撰的拓展课的内容单凭自己的兴趣和专长，都有成人化的趋向，如《中国山水画教程》《做陶艺》《学画工笔画》《剪纸》等，这些课程如同美术专业的教材，推广和普及有一定难度。

4. 课程取向偏差

美术拓展课一旦列入教学工作，美术老师就单向思考教学问题，造成美术拓展课和基础课的严重割裂。拓展课虽然有着个性化的培养目标，但是仍旧是以基础课程的“全面”为基础。从这个角度来思考，美术拓展课的价值取向应该是美术基础课程的有益“补充”“延伸”和“辅助”。

三、一体化美术拓展课程开发策略

在现实教学中，造成了美术拓展课开发质量不高，实施困难的弊病，最主要的还是拓展教学没有和基础教学形成合力，浪费了大量的教学资源和学习精力，为此，有必要讨论一体化拓展课程的具体操作。我们以浙江省拓展性精品课程《叶子的故事》为例。从设计、研发、深化三个方面，谈美术一体化拓展性课程开发和实施的有关问题。

（一）设计阶段：厘清课程基础性问题

在拓展课程设计阶段，要注意以下五方面的问题：

1. 概念归属

要设计拓展性课程，必须要搞清“课程”与“教材”的关系。“课程”与“教材”都是解决“教什么”的问题，但两者仍旧有区别。“课程”是一个系统的概念，是一个回答了“为什么教、教什么、怎么教、教得怎样”等诸多问题的集合。“教材”仅仅是体现“教什么”的具体载体，它是“课程”体系中的一个部分，与课程计划、教学模式方法、参考资料、教学资源、教育技术等都属于“课程”范畴。可见，设计美术拓展性课程是一项系统工程，编撰教材仅仅是重要任务之一。

2. 课程理念

课程理念是课程的理论依据和价值取向，是课程的核心精神，课程的“初心”。很多老师开发拓展课程没有深入思考课程的理念是什么，直接就研发读本，就会造成方向不明确，走着走着就会忘记当初为什么出发的问题。课程内容可以千变万化，可以顺势增减，但是核心的理念是不会更改。如浙江省精品课程《叶子的故事》的课程理念表述如下：

小小落叶，大千世界。美术教学就好比播种，教师播下一粒小小的种子，在精心呵护下，种子会发芽，长叶、开花，最后嬗变成大树。自由美术又好比造房子，有了稳固的地基，然后砌了墙、有了房顶，成为房子，再后来又慢慢地添加了家具，变成了一个温馨的家。生成性教学就是不断增值的教学，拓展课程就是那颗种子，教师的职责就是播种，种子不需要很大，小一点更能够扎根。

3. 目标规划

教学是一种目标规范下的生成性活动，教学活动脱离了目标就会成为无的放矢的低效活动。设计拓展性美术课程需要“目标先行”。课程目标是指美术拓展性课程“为了什么”“做到什么程度”“学生有怎样的发展”，只有搞清楚了课程目标，才能衍生出教学内容、课程计划、美术教材等整个课程系统。不少美术教师在开发课程的时候，没有确定好课程目标就着手编制教材，有些老师编好了教材再去思考目标，这种探索方式是有逻辑缺憾的。

如何思考美术拓展性课程的教学目标？我们认为，从知识与技能、过程与方法、情感态度价值观三个方面进行考虑。但是，拓展性课程的目标要别于国家美术课程，不要重复基础课程中的教学内容。开发者可以研读国家目标，梳理“知识、技能、情感”的目标内容，然后根据学生特点，再确定自己的课程目标。

4. 起点设定

“课程起点”是指根据教育对象的基础而设定的课程起始点。起始难度要根据教育对象的特点来设定，而不能光凭美术教师的主观臆断。小学阶段一般可以按照低段、中段、高段三个学段来设置课程的起始点。每个学段的学生已经达到什么程度了，教师可以对每个学段的美术教材进行整体梳理，避免与国家课程重复。更重要的一点是，要充分考虑课程面向的教育群体的特点：如果课程是面向少数优秀学生的，那么难度可以增加；如果课程是面向大多数学生，其中也包括潜质生，那么,以基础课程为起点比较符合多数学生的实际。

5. 风格定位

风格是指事物的整体面貌和特征。课程的设计阶段还要对课程风格进行定位。课程风格的组成要素很多，如读本风格、读本形式、装帧风格、材质风格、资源形式等等。其中，“读本风格”是整个课程风格的表征，反映了课程面貌。因此，风格的定位是课程设计阶段的重要细节。

风格一般取决于三个方面：首先是可读性程度。基础性教材“面孔冷峻严肃”，版面整齐统一，以图为主，要读懂教材的内涵和外延需要专业眼光，对学生来讲可读性不强。拓展性教材风格既有教材的严肃性，又具备读本的趣味性，如此风格的材料，更加适合学生自主学习。其次是呈现的形式。现代课程与传统的课程最主要的区别在于呈现形式多样化，教材不仅局限于纸质、也可以是电子教材、亦可以是微课、视频、多媒体课件、资源库等。资源呈现方式充分运用现代教育技术，才能焕发新的活力。再次是装饰风格。小学拓展性读本装饰以“活泼生动”“形象唯美”的风格为主，卡通化、动漫化、情境化、故事化都是学生喜爱的形式。

（二）研发阶段：整体策划和个性设计

课程研发就是把课程全面呈现的过程。课程研发要符合课程编写的逻辑顺序。

1. 课程计划

计划是实践的预设与规划。课程计划是对实现课程目标所制定的具体性操作规程，是课程目标的实践指南，是编制拓展性课程的纲目。美术教师制定课程计划应该在充分理解课程目标的基础上，根据学期教学总课时量，来规划“教什么”这个问题。课程计划就是教学实施计划，应该具备“教学内容”“课时目标”“课的类型”“课时量”等这些要素。如《叶子的故事》的《课程纲要》如下：

（1）课程概况

《叶子的故事》一共有15课内容，每课有五个部分组成：“根叔叔的话”，阐述内容和目标；“根叔叔说美”，表述知识性目标；“根叔叔授招”，讲述技能技法；“根叔叔大舞台”是作业建议和作业展示；为了突出教材的可读性，增加了“根叔叔讲故事”栏目。本套课程资源大致框架如图5-1所示。

（2）课程总目标

以树叶为表现对象，不断尝试各种美术表现形式，学习线描写生、拓印、版画、国画、水粉画以及结合各种刻印的表现手段，拓宽美术知识与技能，传承叶子文

课程目标
叶子文化传承
表现技能拓展
形成环保素养

课程设计
计划：60课时
课型：学习辅导
课型：教学渗透
评价：展览互评

隐性四领域

造型表现：60%

设计应用：27%

欣赏评述：6%

综合检索：7%

片片小叶大世界
绚丽多彩的叶
点出来的叶
染出来的叶一
染出来的叶二
卡通的叶
印出来的叶
折出来的叶
拼出来的叶
树叶贴画
叶的刻画
我眼中的叶子
铅笔彩绘叶子
大树长叶了
摄影家眼中的叶

图 5-1　《叶子的故事》教材框架

化；体验学习活动的乐趣，获得对美术创作的持久兴趣，获得亲身参与实践的积极体验和丰富经验；坚持学生的自主选择和主动探究，发展对知识的综合运用和创新能力，为学生个性充分发展创造空间。让孩子享受愉快的学习生活，培养热爱生活、保护绿色的情感。实现“个个能审美，生生会创作，人人有梦想”的育人目标。

（3） 教学计划表：（略）

（4） 教学和评价建议：（略）

2. 课程结构

课程之所以具有“庄重”的气质，就是它具备完整、统一、精炼的结构。一般的读物不能完全称之为教材，就因为它们只具备个性而没有共性，只是文字或图片的堆积而没有提炼精华。综观国家各个版本的美术教材，都具有结构统一、排版精美、图文精练的特点。美术拓展性课程既要有教材的特征，也要体现个性自由。结构分两个层面，首先是隐性结构，每课内容始终贯穿“美术现象是什么、为什么有这种现象、怎么表现这种现象、学生做成什么样子”的内容逻辑；其次是显性结构，每一课呈现的版块必须统一，顺序、数量基本一致。

3. 图标设计

课程内容的呈现不是独白式的，不是死板的知识演示，而是与读者进行交流的载体。这种互动需要更加活泼的版面形式，如“说一说”“想一想”“同桌交流”“温馨提示”“请你参与”等。这些小栏目需要相应的提示性图标，“小小的图标”其作用不仅是丰富视觉，装饰版面，引起注意，更重要的是帮助师生及时理解教材。因此，在拓展性课程编撰过程中，对栏目图标要进行统一设计，避免造成视觉混乱，影响整体风格。

《叶子的故事》研发中，我们设计了 8 种栏目常用图标。下一级的栏目图标，允许教师自行创造。这样一来，保障了课程在统一的风格下又拥有诸多变化。如表 5 - 2 所示。

表 5 - 2 《叶子的故事》常用图标

目标	想一想	说一说	知识之窗

（续表）

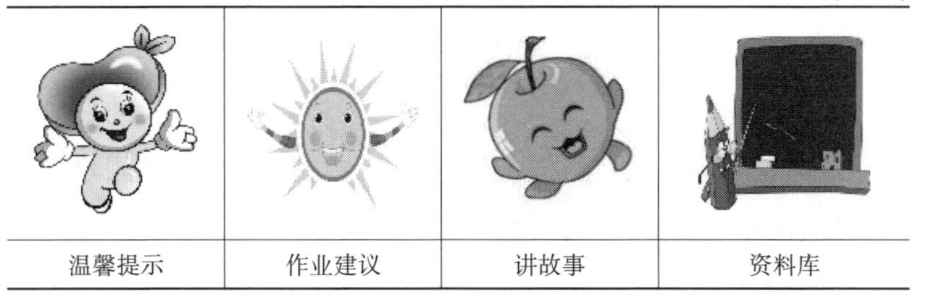			
温馨提示	作业建议	讲故事	资料库

4. 文字规则

文字的编辑影响着课程的质量。除了编辑要求外，作为艺术类拓展性课程的开发，对文字的要求有以下几点：首先，图文的比重。美术是视觉艺术，大多数美术教材都应该突显视觉性，以图为主，文字为辅。美术拓展性课程中“图象”是大量的，文字要精简，起到画龙点睛的效果。其次，语言的表达。“知识类的陈述”要改变那些深涩、难辨的专用词汇，转化成描述性的儿童化语言，预防学生阅读障碍。“行动指向类的语言”在清晰地表达行动内容和要求的同时，多运用“请你”“试试看”“温馨提示”“相信你”等协商性、建议性的人性化词汇，少些“必须”“一定要”“注意”等命令口吻或没有感情色彩的陈述句。再次，文字的装饰。文字不单纯是文学作品中的表达符号，它应该具有图像的视觉功能和审美功能。装饰上要做到“有文必有图”，教师可以适当运用文本框、艺术字体、花边、图片等素材，通过重叠、穿插等方式，使文字具有美感。

（三）深化阶段：修正和调整

研发完成的课程需要“养”一段时间来验证、调整和润色，这样一来，课程才能逐步成型，走向成熟。深化阶段的目标就是把课程“养”完善，需要经历以下过程：

1. 集体诊断

诊断是寻觅谬误，判定价值的过程。集体诊断就是课程研发人员以及专家一起讨论、观摩课程，通过对话共同拟订修改方案，提升课程质量的过程。集体诊断一般在初稿完成之后进行，参加人员由编委会成员、专家组成员组成，围绕课程规划进行集中展示和诊断。集体诊断是静态的修改方式，通过交集式的对话来生成共识和修改方案。集体诊断的好处是：第一，设计者和教师的对话，即课程设计者的意图有没有很好地贯彻落实；第二是教师间的对话，即有没有值得借鉴的地方；第三是教师资源的对话，即“我的课是否符合逻辑，还需要哪些改进”；第四是专家和编委会的对话，通过专家评述把握课程方向，提升课程理念。

2. 教学验证

形成了比较完善的课程体系，并不意味着课程开发工作的结束。一个成熟的拓展性课程修改是一项长期的实践性任务，静态的诊断是否合理，需要动态的教学实践来验证。如果一个课程没有经过现场教学的检验，那么这个课程肯定存在很多瑕疵。诸多经验告诉我们，无论计划多么完备，理论多么完美，在实际操作中总归要作适当的改变和调适。通过实践之后完善的课程才会日趋成熟。教学验证的第二个功能就是积累完善课程资源，如教案、课件、微课、示范作业等，这些课程资源是课程的组成要素，只有通过实践和积累，才能完成一个完整的课程体系。

3. 汇编设计

一门拓展性课程是诸多子课程的集合，而汇编成册是美术教师重要环节。如果课程修改基本完成，就可以策划课程的汇编。可以将课程计划、学业评价和教学内容融合成一册，师生就能非常便捷地获取课程规划、教学内容和教学评价等重要信息。除此以外，完整的课程资源内容一般包括封面、编委会、前言、教学计划、目录、教学内容、学业评价、后记等。拓展性课程《叶子的故事》就是按上述顺序设计编排，方便美术教师熟悉课程全貌。[①]

4. 校样整理

课程开发的最后一个环节就是校稿。校稿的重点一般有三个方面：第一是知识点，是否有错误或产生歧义；第二是文字，包括语病、编辑、标点、表达等；第三是图片和排版，图片清晰度、版式美感等。校稿教师的选择，必须具有认真仔细的态度，扎实的专业基础，并且有一定装帧经验的优秀教师担任，以保证校稿工作的成效。

（四）实施阶段：课程内容相关联

一体化美术拓展课程成稿之后，对课程内容进行整体梳理，特别是拓展课程和基础课程的联系点进行整体把握，厘清拓展课和基础课程内容在知识、技能之间的前后联系，分清前置性内

① 浙江省精品课程《叶子的故事》教材详见网站：https：//pan. baidu. com/s/1m6GC0ij2NvuhKcM6kyj-Fg，密码：lezs

容、关联性内容、延展性内容和巩固性内容，有助于拓展课程和基础课程一体化实施。

如精品课程《叶子的故事》以“叶子”为视觉形象的课程内容，和基础课程有相当高的关联度。其中的《点出来的叶》是基础课程《奇妙的点彩画》的前置性资源；《叶子的刻画》可以作为基础课程《剪纸》单元的延展性内容等。拓展课是否是前置、关联、巩固或延展？主要是依据教师使用的方式，如拓展课《叶子拼摆》可以是基础课程《色彩教学》前置性学习，也可以是基础课程《三原色三间色》教学的延展性活动和巩固性评价的资源。

到此为止，美术一体化拓展课程的开发步骤已经基本完成，作为一线教师的课程，虽然没有国家课程的严谨性和科学性，但是做到相对规范、完整、实用是最基本的要求。当然，拓展课的呈现形式是多元的，除了读本、课件、教案、微课等常规物化载体之外，可以是一次主题性学习活动，可以是一次体验性游戏，也可以是一个美术活动空间和场所等，无论何种课程方式，肯定和基础课程的学习有着某种关联，我们在课程设计和开发的同时，要看到这种暗合，为丰富课程资源服务。

第三节　拓展课和基础课一体化实施

美术拓展课的初衷，就是促进学生个性化学习，丰富课程资源，拓宽学生艺术视野。从课程量的角度看，美术拓展课程会不会加重学业负担？学生都有持久兴趣吗？学生没有兴趣了怎么办？学校有重新选择的机会吗？新的课程样态给教师带来的是活力还是负担？备课是不是又多了拓展课教案？学业评价会不会给教师新增了紧张感？这是教学现实的真实追问。假如美术拓展课带来的更多的是负担，那么，谁愿意长期实施？如何解决这一对矛盾，需要课程实施的一体化。

一、美术拓展课的现实境遇

在经过几年轰轰烈烈的拓展课程开发的热潮，我们又回归理性的冷静。在时间流中，有些依旧存在，有些自我调整，还有些选择的是悄无声息地退场。时间可以证明一切，在拓展课程教学中依然可以获得验证。一位资深的教研员曾提出质疑："我们区域开发拓展课程走在前列，评选出了各级精品拓展课程，编印、发行了十多套美术拓展教材，但是现在真正还在使用的课程有多少？"重视课程开发而忽视课程实施，已经逐步让美术拓展课在一线学校走向了瓶颈。

一线美术教师同样有这样的境遇：学校课程开设了美术拓展课，学生也选到了感兴趣的课程，已经形成课程改革的良好氛围。这一切按照计划在运行，但是几轮教学之后，师生对美术拓展课的热度在下降，有些在逐渐退出，课程改革逐步陷入"过火之后的冷却"的困境，改革的持续性问题一直困扰着我们，这不得不引起我们的思考。

美术拓展课"与理想的矛盾"，其现状如下：

第一，拓展课程难以对广大学生产生持续的吸引力。小学生选择课程具有从众性和随意性，单凭直觉居多，基础参差不齐，不少学生开始兴趣很浓，到后来敷衍学习，造成学习效果不佳，这和美术社团学生存在很大差异。教师不能剥夺学生自由选择课程的权利，于是学校在选课过程中就运用“条件和门槛”对学生进行限制，甚至是教师在后台暗箱操作，所谓择优录取，其实形同虚设，这有悖于教育公平，存在很大的争议。

第二，学生的学习动机有偏差。不少学生认为，基础课程是第一位的，拓展课的学习充其量就是“来玩一玩”“来看一看”或“一起凑个热闹”而已，因此，学习态度没有端正，学习行为怠慢，学习效果可想而知。这种学习心理在学校师生、家长中长期存在。在基础学科和拓展学科二元思维的主导下，要改变这种厚此薄彼的观念，至少现阶段很难转变。

第三，教学计划和课程安排存在差异。美术拓展课程是教师自行研发的，有些拓展课一学期完成，有些需要一学年完成，有些是几个主题性教学，几个月就能完成，因此，拓展课的教学时间是个性化的。而学校管理则不然，选课、实施、评价有统一的时间界限，不能因为一门课已经完成就立马进行选课的调整。于是，两者教学进度的矛盾造成两种弊端：一是有些课程在学期中间已经完成了学习任务，等待学校第二次选课，后半学期已经无所事事；二是有些课程需要长期实施才能有成果，有时还没有完成教学任务，就面临着学校第二次选课和组班。这些弊端目前很难解决，因为，拓展课的选择是面向全体学生的，学习对象的重组必须要统一组织。教师的拓展课教学和学校的课程实施不一致，增加了拓展课程的“随意性”，让美术教师叫苦不迭。

第四，美术拓展课评价效能有局限。相对基础课程而言，美术拓展课程的评价结果在师生心中的分量显然较轻。无论拓展课的评价指标、评价过程、评价方式、评价反馈都做得非常扎实，家长对拓展课的评价和美术基础课程的评价重视程度不一样。拓展课是延伸性学习，基础课程更加全面、科学，学习结果往往是学生学习的重要成果。

二、 拓展课程一体化实施的理由

当然，我们非常赞成美术拓展课程独立设置，拓展课纳入学校课程计划这是贯彻落实课改精神的重要举措，而我们也必须正视美术拓展课实施的无助。我们认为，造成美术拓展课举力维艰的原因很多，其中一个重要的原因就是，在二元课程背景下，美术拓展课程与基础课程联系不紧密，也就是说拓展课程是延展的课程，与基础课程无关，这就造成学生敷衍了事，学习动机下降。因而，割裂拓展课程和基础课程的教学有诸多弊端，美术拓展课程的实施要和基础课程相互融合，即课程教学一体化。两者要互相关照，资源互通，整合实施，方能达成课程目标的双赢。这里讲的“一体化”实施，不是否定拓展课单独开设这种做法，而是在现有的课程计划范围之内，教学理念要从二元课程观念转变为一体化的教学理念。课程内容选择、教学设计、教学过程中做到整合实施。

美术拓展课程和美术基础课程可以“整合实施”的理由是：第一，两者的最终目标都指向核心素养的培养，基础课程以全面的美术知识和技能为目标，拓展课以个性化学习为指向，最终要达到的是“创造性人格”的培育。第二，两类课程都面向全体学生。拓展课虽然有学生自主选择的环节，但是从保障学习权利的角度看，它和基础课程一样，都要“全纳”不同层次的学生，两者的学情基本一致。第三，美术知识和技能的一致性。美术拓展课程虽然内容千差万别，技法层出不穷，但都是“美术”的范畴，作品的主题、知识、技法、原理、方法和基础课程之间总能找到某种血脉联系，这种知识技能的共通特征是链接课程的基础。第四，共享课程资源，引发学习迁移。基础课程为拓展课提供丰富的课程资源，拓展课程是基础课程的有机延续，为开阔师生视域、触发新思维、引发学习迁移起到促进作用。

美术拓展课程和基础课程一体化实施是课程实施的新思维，我们不必再去纠结课程的设置问题，不用单独讨论一类课程如何实施，而是从课程整合的角度去实施，这给二元课程结构提供了一体化的方向，特别是保障美术拓展性课程的持续实施，建立了新的保障。现在，我们可以讨论“如何一体化”实施的问题了。

三、如何实现“一体化”

拓展性课程和基础课程一体化实施不是取消拓展课，也不是在基础课程中腾出时间来上拓展课，而是在两类课程实施过程中做到有机整合。我们既要做课程结构性的调整，做更少的事情达到课程目标，也要关注一体化中的课程自然而然的增值，或许生长出了新的课程内容和创意，或许生成目标的增量。因此，在一体化课程实施中，有时候要分清你我，有时候可以不分彼此，最后达到共同的教学目标。如何操作，介绍三种途径。

（一）有形之融合

有形，顾名思义就是可见。美术拓展课程和基础课程直接整合实施，整合的课程都是显性化的。它有两种形式：

1. 拓展课整合基础知识

在拓展课程教学中，融合基础课程的内容，在实现拓展课程目标的同时，实现基础课程的目标。例如。在为山区五六年级复式班执教美术课，考虑到山区学生当地美术资源，执教拓展课《叶子拼摆》，开展了一次整合式的教学。示例见图 5 - 2。

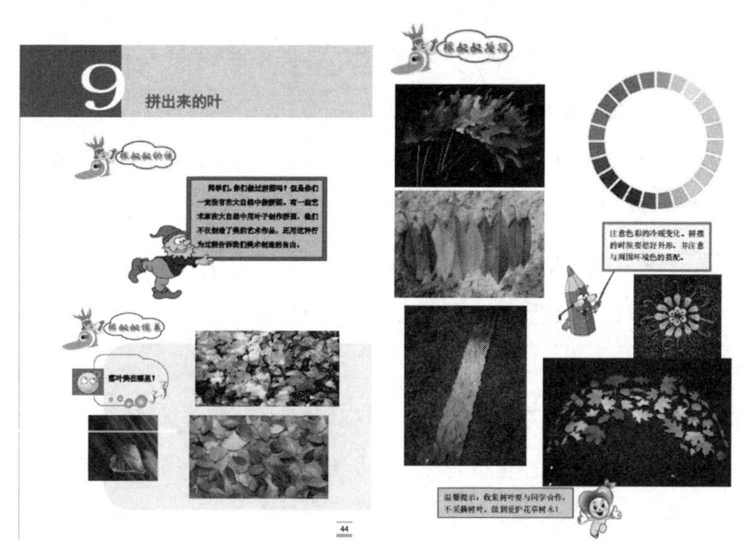

图 5 - 2　拓展课程第九课《拼出来的叶》

本次送教的内容是在浙江省美术精品课程《叶子的故事》第九课《叶子拼摆》。本课整合基础教材《色彩的世界》的知识，学生通过叶子“冷暖渐变”的拼摆游戏，体验行为艺术的乐趣，激发学生利用身边事物美化生活的兴趣。

（1）游戏

山区孩子第一次上公开课非常紧张，我编撰了一个故事：你们的学校被称为云端上的学校。昨晚老师做了一个梦，有一位老人腾云驾雾而来，给我说了你们班同学的好多名字，许多名字很“高大上”。今天我先来验证一下这位神仙说的是否正确。如果说对了和我握个手。教师报着25位学生的昵称，课堂中终于有了会心的笑容，教师故意读错的名字，引得学生哄堂大笑。

（2）尝试

如何让山区的孩子从被动学习转变成主动学习？我认为要注重生成，让学生不断地经历“尝试——释疑——再尝试”的学习过程，才能培养真正的学习能力。为了解决难点，预设了三次小任务。

① 画一片心中的树叶

彩绘一片心中的叶子是第一次小练习。在辅导中发现，学生用彩色笔涂色非常拘谨，在规定时间内完不成任务。看到孩子们努力地赶画，我最终选择了等待。等待是一种生成，是对个体的尊重，换来的是孩子完成优质作品之后的快乐体验。

② 拼摆树叶造型

像艺术家一样运用“冷暖渐变”拼摆叶子造型是本课的难点，在复习必要的色相渐变知识之后，我直接给每组四十多片彩叶让学生拼摆造型，自己解决问题。学生终于发现了症结所在：先要把叶子按色彩渐变进行分类，然后拼摆就会有序。“先学后教”是对个体潜能的唤醒，是平等的心灵对话，是对生命的敬重。

③ 主题性作品创作

创造图形并且赋予图形以意义是美术表现的有效方式。主题就是学生的思想融入，与作品对话，最后传情达意的内在思维。像艺术家一样思考，这是培养学生高级思维的最终目标。第三次主题创作是对思维的考验，学生不可避免有诸多差异，有些还是需要教师进一步交流，不断地语言鼓励，启发学生对图的思考。在辅导过程中，教师运用学生的语言，唤醒创作思维，尊重学生的原创。

（3） 激情

教学不是甄别，而是发展，帮助山里的孩子建立自信是评价和拓展环节目的所在。

① 觅优点

作业很简单，但我们不要小看这些“简单”，因为量的积累就会铸就未来的“大成功”。我们决不能用成人的标准去衡量，教师要读懂孩子，千方百计地找到优点去表扬，让学生知道有人看得懂他们的作品，或许今天的表扬在孩子心中已经播下了未来的种子，今天“不那么优秀”的作品可能成就未来的成功。让学生围绕“我们的作品有哪些优点”这个问题进行讨论。最后，我动情地说：“你们的作品和我的学生一样精彩，没有任何差异。你们的朴实善良，让你们的作品更加感人，请你们记住，真诚是最美的！”

② 传真情

课堂要打破时间和地域的界限，不断增加内在的体量。把泗小学生的叶子和山区学生作品融合一起，成为一件新创作，让学生体会这件穿越时空的作品的内涵，鼓励学生为集体创作取个题目，于是《融》《心愿》《梦想》的主题孕育而生。见图5-3。

图5-3　集体作品的交融

③ 思意义

最后，我问学生：今天的学习有什么用？通过讨论，让学生知道大山是一座座蕴藏着丰富的美术资源的宝库，需要我们去发现。到了秋天，当落叶缤纷的时候，收集落叶，在校园里拼摆美术作品，我们也可以像艺术家一样装扮大山，美化自然！

2. 基础课中融入拓展课

基础课程倡导课程资源的开发和利用，美术拓展课程就是可利用的课程资源。在美术教学中，整合拓展课程，不仅丰富课程资源，给教师带来诸多启发，使全体学生享受个性化的学习。我校在美术教学实践中，和浙江省精品课程《叶子的故事》进行整合实施。因为拓展课切口小，贴近学生生活，操作简便，给基础课程带来了许多新鲜的资源。以三年级为例，基础课程和拓展课程自然融合，生成符合学情的内容，如表 5-3 所示：

表 5-3 基础课程和拓展课程的整合内容

美术教材	《叶子的故事》	一体化教学内容
三上《绿色家园》	《折出来的叶子》	《折叶子　扮家园》
三上《图形联想》	《片片小叶　大世界》	《树叶的联想》
三上《门票设计》	《印出来的叶子》	《印印叶子门票》
三下《砖石上的雕刻》	《叶的刻画》	《树叶雕刻》
三下《花鸟小品》	《染出来的叶子》	《兼工带写创小品》
三下《正负图形》	《我眼中的叶子》	《会说话的树叶》

例如，在执教三年级下册《砖石上的雕刻》，教师整合拓展课《叶的刻画》，以“树叶”为元素进行浅浮雕的学习，结合树叶纹理刻画的技法，指导学生在平面陶泥上进行浮雕表现（见图 5-4）。学生学习任

图 5-4 树叶浮雕课堂作业

务指向明确，操作简便，达到学习目标。

（二）无形之延伸

无形之谓无相。无形不是什么都没有，“无形”的理解重点是“无”，“无”是“不刻意的”“没有预设的”的意思。基础课程和拓展课程的一体化可以是预设的、计划的，就是“有形的融合”。“无形”就是“不经意而生成的一体化课程”，它可能是零碎的生发，可能是一次意外的发现。它是基础课程自然生发的内容。这种生发也是美术拓展课程的另一种存在方式。它没有专门的教材，也不是课程的系统，而是一个环节、一次体验、一场活动。当学生经历了这种学习，就达到了课程的自然增值，即课程拓展。

1. 主题延续

教师关注课堂生成，根据学生的需求，在同一主题下进行课程的二次延伸。这个课程内容不是预设之内的，而是突发的需求和设想，不是基础教学的二次重复，而是拓展的真正实现。

如五年级下册《校园手绘招贴》的教学，教师带领学生设计“美食招贴”，学生根据自己喜爱的美食进行招贴字书写、版面的设计，深受学生的喜爱。课余，一位学生问我：“老师，我在卖衣服的商店柜台上看到过一种可以立起来的广告，它的底座是三角牌，把打折优惠的信息写在上面，这个算不算是招贴?”我说：“是呀！这是招贴另一种形式，叫立体招贴。”这位学生如有所悟地说：“哦，立体招贴比较有趣，爱心美食节中我打算创作这种招贴!”简短的交流给我一种教学的灵感，美术招贴设计能不能再上一节课？能不能延续基础教材进行拓展性的整合？带着这些思考，我进行了《立体招贴》的教学拓展。

（1）明确任务

教师把教室周围布置成老街的场景，要学生招揽“顾客”。学生各抒己见，有的说打个大型广告，有的说设计一个招贴，有的说用媒体广而告之。教师出示立体招贴，明确设计目标，为美食设计制作个性化的立体招贴。

图 5－5　立体招贴

（2）发散思维

教师运用微课示范“可乐”立体招贴的制作步骤，让学生总结立体招贴的构思过程。教师重点示范标题和杯体的组合方法（见图 5－5），鼓励学生去想，“还可以怎么做”“还有什么新的想法”等问题。

（3）场景展评

在情境的指引下，两人一组进行创作。把设计作品放摆在自己喜爱的商铺面前，把老街打扮成商业街市。接着，让学生围绕“你觉得哪家商铺生意会更加兴旺”为话题进行交流。教师不断地启发学生“还可以怎么改变”。师生在良好的交流氛围中共享设计的快乐（见图 5－6）。

图 5－6　场景中的立体招贴

《立体招贴》是基于基础课程的自然延续，这种延续具有偶发性和生成性，既达到基础课程的巩固，又达到学习的增值，并且生发出新的拓展性课程，使美术基础课程和拓展性课程教学浑然一体，达到无声地双赢。

2. 媒材更替

更替是基础课程和拓展课程一体化的途径之一。它分为完全更替和局部更替。完全更替是重新设计课程，属于课程研发的范畴。局部更替不是把教材内容全部进行替换，就是在保留教材要求的前提下，重点对作品的表现方法、表现媒材、表现形式等方面进行创新，既为达成基础目标而教学，又融入各种拓展性的表达方式，达到“似曾相识”而又“独树一帜”的教学境界。

如浙美版五年级下册《映日荷花别样红》属于“综合·探索”领域，教材是运用国画或折纸表现荷花之美，这是传统媒材的表现技法。教师在不改变内容的前提下，替换了传统媒材，运用超轻彩泥来塑造荷花，采用仿铜画的形式来展现荷花的古典之美，教学取得了良好的效果，让学生经历了一次美的视觉盛宴。①

彩泥替换了宣纸，泥塑替换了绘画，加上仿古的色彩，学生的课堂作品焕然一新。基础课程的媒材拓展，丰富了表现形式，拓宽了创意视野，让美术学习目标得到增值。如图 5－7 所示。

3. 空间浸润

空间文化是一种无形的课程，学习空间幽雅的环境，独到的

---

① 陆世英：《当荷花遇上泥——超轻泥仿铜浮雕〈荷花〉教学的尝试》，《中国美术教育》2018 年第 2 期。

图 5-7 古意的荷花作业

文化布置，赏心悦目的书画作品是会说话的墙，可以形成浓厚的学习场，让学生在无声的、耳濡目染中学习和提升。

泗小艺术长廊把功能教室和艺术文化浓缩在一个特定的空间，让学生每天在美好的空间中穿梭，让艺术的营养逐步渗入学生的心田。学校营造了优雅的艺术长廊，将国家教材中古今中外的名家名作挂在墙上，学生品读长廊，犹如穿越千年的美术文化，这是学习时空的延续和拓展美育浸润的方式。长廊有个性展示区，让学有余力的学生展示艺术才能。在学习了《色彩的世界》，教师拆下已经褪色的作品，让学生认领作品，一起讨论如何用色彩进行修补？鼓励学生大胆用色，用自己的画笔来修补名作。这时色彩知识得到应用，学生在实践中享受的是艺术表现的快感。就这样，褪色的作品让一届一届的学生修补，长廊的面貌不断地在发生变化，学生的美术技能在长廊中充分展示，彰显着不同的个性和创意。见图 5-8。

图 5-8 学生修补墙绘

（三）校本化

无论是基础课程还是拓展课程，不是每一课教材内容都可以顺利实施，过去的教学方案面对新的学生也有可能行不通，这就需要校本化。比如《悠悠老街》一课，教材中的老街是外地的老街，不是学生的街市。《江南民居》是徽派建筑风格，学生目睹的是农村集镇，遵照教材就无法上课。怎么办？那就需要对教材进行校本化的处理。美术课程校本化就是教师根据实际需要，通过选择、改编、补充和拓展等方式对教材进行二度开发，整合本土资源，使其更加符合学生认知水平，它是一体化课程的一种样态。

校本化是一体化教学落地的必然诉求：原因之一是学生发展水平与设计者的要求是不一致的，课程实验对象是一个大群体，是基于心理学研究的普遍性成果作为评估依据。而教师面对的是三四十个孩子，有其自身的特点，为了课程的具有针对性，需要对课程二次开发。其次，课程相对稳定，但是社会对人的要求在不断提高，教学资源在不断变化，这就需要课程也要作相应的调整。可见，课程校本化是符合现实教学的需要，符合课程发展的客观要求。

例如，执教浙美版六年级《祖国美景知多少》一课，教材要求学生用相机进行取景，学习构图方法，学会图像的表达。而执教对象都是外来务工子女，学习基础薄弱，带相机来学校根本不可能，教师不能遵循教材来教学。该校有余姚七千年河姆渡文化遗址，教师可以利用本土资源，对基础教材进行二次开发，设计一节《印象古渡》。

第一步，唤记忆

教师利用学生注意力的盲点，进行1元、10元、20元纸币上景点的竞猜游戏，介绍值得中国人骄傲的自然风景，开拓视野。

第二步，知构图

以杭州西湖“三潭印月”为例，用风景照和“1元”上的版画作对比，探究艺术家取景的用意，掌握取景的基本方法，体会近景、中景、远景的层次美感。

第三步，探方法

(1) 项目情境：出示“七千元”的记念纸币，让学生讨论：如果让你添加河姆渡的风景作品，你会如何取景？学生根据图片进行讨论。

(2) 感受构图：学生探索三种取景方式的表现力：仰视构图，视觉冲击力强，体现雄伟和厚重；平视构图，景物层次感强，突出浑厚质感；俯视构图，让画面具有更多的表达内涵。

(3) 趣味示范：教师示范三张作业，从面面俱到（见图5-9），到删除次要的“小树”（见图5-10）作比较，更加突出雕塑的主体，接着进行黑白灰的处理（见图5-11），让画面鲜活起来。教师展示三个阶段的调整过程，让学生理解取舍和表现的重要性。

图5-9　面面俱到

图 5－10　突出主体

图 5－11　黑白灰表现

第四步，古渡抒情

学生选择喜爱的古渡图片进行表现，把自己对河姆古渡文化的理解画成线描作品，在师生展评中完成“古渡记念大钞”的设计竞赛。

实践证明，校本化这种“无奈改变”，恰恰更加符合学情，让教学目标有效达成，这恰恰是“明智之举”。校本化是一种“课程优化”，它创生了一种基于基础课程，又整合拓展的一体化课程内容，在教师潜移默化的教学中，实现了既“达标”又“增值”的目的。

本节提到的“有形融合”“无形延伸”“校本化”都是基础课程和拓展性课程整合的三种途径，也是一体化拓展课程实施的三种样态。在教学中，还有更多的途径，如内容的交替，课内外的深度对接和融合等，一体化方式是多种多样的，本节的教学案例也是一种实践，能够说明一体化拓展课的操作思路。一体化教学的天窗似乎已经打开，让我们可以抬头看看更加广阔的天空。除了基础课程和拓展课程的一体化之外？我们似乎可以提出更多的一体化的公式。接下来，我们将步入一体化的自由时空。

第六章
美术项目学习一体化

本章导读

学习好比教师带领学生来到一个未知的黑暗的房间，教师为学生打开“探照灯”还是“自然灯”?“探照灯”的特点是明亮、集约，光束指向目标清晰，学生可以沿着光束到达目的地，其他地方全部黑暗不用顾及。“自然灯”正好相反，能够照亮房间的每个角落，但光束的指向性没有“探照灯”这么明确。选择哪种光源好呢?“探照灯”式的学习，不能看到周围的风景，是应试教育下的学习。美术学习需要打开是“自然灯”，让学习过程和学习结果具有无限的可能。美术教学既要注重“课内学”，又要注重“课外学”，项目化学习是课内外一体化的学习方式，是大概念下多种学科、多种思维参与的学习，是关注过程，关注人的发展的“自然灯”下的学习。美术学科项目化学习如何理解？如何依据学科特质开展项目化学习？这是本章要讨论的问题。

第一节 指向素养的一体化学习

前面讲了一体化课程目标、一体化课程内容、一体化课堂教学，我们好比建构了一体化学习的“安置小区”，教师造好了“安置楼房”，按部就班地安排学生入住一体化的“安置小区”，里面一切都是现成取得。这不是一体化学习最理想的方式，安逸的“安置小区”有其缺陷。一体化学习的理想方式是，学生不满足于现状，唤醒学生主动地学习，主动地管理自我，主动地把“安置小区”改造成“高档别墅”，最终发展自己。于是，我们要把视角转向学生的学习方式，美术“核心素养”为价值取向的项目化学习是怎样一种学习？一体化思维下的学习和传统学习有怎样的区别？让我们转向学生视角，来讨论新的美术学习方式。

一、美术学习是自由生成的过程

创新是美术的灵魂，创造性人格的培育是美术学习的价值追求。创新和创造必定是个性化的学习，必定是自由的心智过程。美术学习就是一个自由生成的过程，自由生成是美术学习的本质所向，学生只有在自由开放的学习场域中，才能打开审美创美的心灵，才会自由地表达个性与创意，获得体验与感悟，逐步养成创造性人格。因此，一体化学习的最佳状态不是封闭的传统学习方式，更不是按部就班的预设性学习，而是一个“心智自由”的学习过程。

二、 素养习得是学习的崭新诠释

学习的实质是个体在特定的情境下，经由练习或反复经验而产生的行为或行为潜能比较持久的改变。“持久的改变”的结果如果仅仅指向的是知识和技能的养成，那么，就会造成现实中的三种学习方式的困境：第一，是虚假学习，学生坐在课堂上配合教师教学，假装听懂了，不断点头，没有任何问题；第二，是机械学习，死记硬背考试相关的理论知识，其实对内容没有兴趣，很少思考知识间的前后联系，不会迁移到新的情境之中，知识很快就忘记；第三，是竞争性学习，学习成为你输我赢的竞争，同伴之间“同舟共济、协作对话”成为空谈，学习成为与人的发展无关的事情。这种传统指向的学习，当外部控制解除的时候，学生就失去了学习的动力和创造性地解决实际问题的能力，学生丢失的恰恰是核心素养时代最重要的学习价值——学习素养。因此，新的学习革命是学习新的诠释和学习方式的重构，学习的“持久改变”的核心指向是“学习素养”。

素养是什么？根据上海教科院夏雪梅博士等研究认为，素养不是知识和技能，而是个体在不同情境中创造性地解决实际问题的能力。这是对学习和学会学习新的诠释。真正的学习不是被动、机械地习得现成的知识和技能，也不是孤立地训练各种认知能力，而是在情境中获得生长性经验，再迁移创造性运用的过程。素养指向的学习其本质是心智的灵活转换，即“心智自由”，这与美术学习的特性相一致。夏雪梅博士这样描述“心智自由的人”：他有自己的价值准则和独立判断，能灵活地调用自己原有的知识、能力、判断在新的情境下做出更合理和有创意的决定，而不受知识的奴役和情境的限制。[①]

比如，学生学习了“包装设计”，面对生活中的精美包装袋、包装盒仍旧无动于衷，那就是对生活中的美熟视无睹，学生的美术学习只是知识的积累而没有解决实际问题的素养。面对真实情境，理想状态是“艺术化地再利用”。其实没有这么简单，在现实情境下，需要解决诸多现实问题：第一，哪些可以利用？哪些要丢弃，而不是全部收纳？第二，什么样的设计才会被家人认可？第三，怎样说服父母暂时保留包装素材？第四，新的设计会不会成为新的垃圾侵占空间？第五，寻求哪些人的帮助？还需要哪些资源？第六，我还会有哪些创收？只有解决这些现实问题，生活中“废物再利用”才能真正实现。因此，解决问题的思维和能力是一个人终身发展的关键能力和必备品格，美术学习的最终目的无非就是让学生习得这些素养。

三、项目学习是一体化学习方式

如何实现“学习素养”的学习？新课改倡导合作学习和探究性学习，他改变了传统的学习方式，让学习充满活力。但是，感

① 夏雪梅：《项目化学习设计：学习素养视角下的国际与本土实践》，科学教育出版社，2018 年，第 4—5 页。

觉仍旧只是学习方式的表层转变，而没有深入素养学习的核心地带。比如说，课堂中的虚拟的情境不能保证调动每一个学生的学习情绪；探究活动不能让每一个学生都全身心地投入，合作学习浮在表层；学习结果大多没有迁移到实际生活；学生学习的自由度、开放度和学习空间不大，思维并没有运作起来等等，这些现象仍旧和素养学习背道而驰，这需要学习方式全方位的重构和设计。

美术项目学习是一种追求学习素养方向一致的学习方式，是一体化学习。

1. 项目学习的内涵[①]

根据夏雪梅团队的研究，教育领域的项目化学习可以追溯至美国实用主义教育家杜威的做中学，由杜威的学生克伯屈（Kilpatrick）首次提出，简称PBL，是Project Based Learning的缩写。国内有诸多名称，如“项目化学习”“项目学习”“基于项目的学习”等，其实都是同一学习方式。近年来随着全球范围内素养研究和实践的深入，项目化学习作为培育素养的一种重要手段得到新的发展。

（1）巴克教育研究所（Buck Institute for Education）的论述

关于项目学习的概念界定是非常多的。巴克教育研究所（简称BIE）阐述得比较详细：学生在一段时间内通过研究并应对一个真实、有吸引力的和复杂的问题、课题或挑战，从而掌握重点

① 夏雪梅：《项目化学习设计：学习素养视角下的国际与本土实践》，科学教育出版社，2018年，第6—9页。

知识和技能。提出项目化学习的八大黄金原则：

①重点知识的学习和成功素养的培养；②解决一个具有挑战性的问题；③持续的探究；④项目有真实性；⑤学生对项目具有发言权和选择权；⑥学生和教师在项目中进行反思；⑦评论与修正；⑧项目化学习成果的公开展示。

（2）托马斯（Thomas）、康德利夫（Condiffe）等研究论述

托马斯、康德利夫等人对高质量的项目化学习的特征又提出以下要素：

① 素养目标。项目化学习增加了学生接触、探索大概念的机会。学生通过项目来学习重要的观念、概念、能力，培育态度和价值观的素养目标。

② 驱动性问题。项目化学习是通过驱动性问题黏合在一起，驱动性问题使整个项目活动保持持续性和一致性。

③ 持续探究。项目化学习是持续探究解决驱动性问题的历程。包括调查、知识建构和问题解决，可以是设计、决策、发现问题、解决问题、建立模型等，这些探究都是围绕驱动性问题逐步深入。

④ 全程评估。评估保证项目化学习的质量和素养目标的达成。评估包括对项目学习成果的评估，也包括对探究过程、实践等进行评估。

（3）上海研究团队的研究论述

上海教育科学研究院夏雪梅博士和团队，通过多年的实践探索，对项目学习的内涵界定为：学生在一段时间内对与学科或跨学科有关驱动性问题进行深入持续的探索，在调动所有知识、能

力、品质等创造性地解决新问题，形成公开成果中，形成对核心知识和学习历程的深刻理解，能够在新的情境中进行迁移。他们对项目化学习的关键要素和特征说明如下：

① 项目化学习指向核心知识。项目化学生要学生学习的是核心知识。核心知识是学科概念、学科能力，也可以是与学生成长、世界运转密切相关的知识。

② 创设真实的驱动性问题。真实性是项目化学习的一个重要特征。真实项目是指学生解决这个问题的思路在现实生活中可以迁移的，即使在一个虚拟的情境中学生也能够体验到的真实，强调思维的真实。包括学术性项目、虚拟情景项目、真实的生活项目。

③ 项目化学习是用高阶学习带动低阶学习。项目化学习指向高阶思维能力，一开始就用具有挑战性的问题创造高阶思维情境，激发内驱力，明确任务，创造一个真实的作品。在完成作品的过程中，进行低阶学习，识记信息，巩固理解信息。

④ 将学习素养转化为持续的学习实践。项目化学习要锻炼和培育的是学生在复杂情景中的灵活的心智转换，是一种包含知识、行动和态度的学习实践，而不是按部就班完成探究的流程。学生对问题的探究和解决，都需要在项目化学习过程中转化为学生有意义的学习实践，凝练为素养。

综上所述，项目化学习的高频词汇，主要涉及“核心目标”“驱动性问题”“高阶思维”等，美术项目化学习基于项目化学习理论，要素和内涵如表 6 - 1：

表6-1 美术项目化学习各要素及内涵

项目化学习要素	美术项目化学习内涵
核心目标	跨学科核心概念、美术学科核心概念、美术学科目标
问题驱动	本质问题、真实的驱动性问题
高阶思维	高阶认知策略为主，带动低阶认知
探究实践	长期的、持续的、多样化的审美探究和创美实践
成果发布	发布真实的美术学习成果
学习评价	探究过程和实践的评价、学习成果评价

由表6-1可见，对于“美术项目化学习”，我们也可以给出一个操作性的定义：学生以核心目标为学习导向，围绕真实的驱动性问题情境，进行持续地探究和实践活动，在学习中根据实际境遇不断生成学习策略，最终解决问题发布学习成果，形成对核心知识或概念的深刻理解，学会学习，养成素养的学习历程。

比如，上面讲到的“包装盒如何变废为宝”这个研究性学习，学生把包装盒带到课堂，在教师的指导下变成各种立体造型。这个学习活动有驱动问题，也有大量的美术作品成果展示，学生积极性较高，教学的效果很好。而这是学习素养视角下的项目化学习吗？问题是在哪里？在这个学习中学生产生了自由探索的心智了吗？儿童经历了持续探索、创造出新的意义和知识，在情境中发生迁移和转换了吗？

这个研究性学习中，“做立体造型”已经在学习开始就被设定，学生对问题情境没有经过分析和判断的过程，解决问题的各种可能性已经被切断，这是普通的技能练习，不能等同于项目化学习。仔细分析这个问题情境，就会发现这个驱动性问题在现实中具有各种各样的可能性，每种可能性会指向不同的解决路径，也会产生不同的结果。在真实的生活中，很多问题就具有这样的特点。对问题本身进行分析和考量，准确地界定不同的问题，才真正考验一个人的思维。“包装盒如何变废为宝”成为项目化学习，其实不仅仅是美术学科问题，也可以看成是跨学科的问题，其实问题的实质是“如何进行材料的二次利用”。要解决这个问题，应该进行问题分析：第一、包装盒的材质是什么？这些材质的特性是什么？第二、每种不同的材质，二次利用的方法是什么？最佳方案是什么？第三、我们利用现有的工具和条件能够怎样实现二次价值开发？我们需要寻求哪些帮助？如果没有资源怎么办？第四、包装盒从美术角度进行创造，需要考虑哪些环境因素和实用性，才能不至于又成为学习垃圾？第五、包装盒二次设计的产品价值有多大？第六、从这个学习中你还可以用这种方法解决其他类似的问题吗？

在这个项目化学习中，学生经历的是和“纸盒做立体造型”完全不同的学习过程，他们不是以做“立体造型”为目的，而是反复观察、思考、论证、讨论、实验、决策、创见，获得分析现象、解决问题的不同方法。每个学生的心智得到充分的自由与解放，最后的学习结果达到多元化和个性化，让学生对“材料”这一核心概念有了更加深刻的理解。

2. 美术项目化学习是“一体化”的学习方式

比较是突显特征的最好方式，理解学习的特征有助于我们更加深刻地理解项目化学习的本质。而比较的角度不同，学习特征的描述也会不一样。美术项目化学习和一般的课堂学习作对比，两者有以下不同：

（1）目标一体化

美术项目化学习围绕一个学科核心目标或跨学科概念进行项目设计和学习的实施，学生经历持续的探究和实践，为的是深刻地理解、掌握这一个核心目标，项目化学习的目标具有唯一性，一个核心目标统领整个项目化学习。比如，上面围绕“材料”这个核心概念，组织“包装盒如何变废为宝”这个项目学习。而课堂中的探究性学习，服务于“三维目标”，可能是为了达成知识目标，可能是技能目标或过程方法目标，也有可能是为了达到某个教学目标而做的铺垫。项目化学习的目标是聚焦的，而常规的美术教学具有多个具体目标。

（2）问题一体化

驱动性问题是开展美术项目学习的核心要素，这个项目化学习就是对驱动性问题的分析、寻求解决驱动性问题的途径和方法，最后展现解决驱动性问题的学习成果，驱动性问题使得整个项目保持持续性和一致性。“包装盒如何变废为宝”这个项目学习中，为了解决这个驱动性问题，师生共同分析、探究和解决了至少六个“材料再次利用”的小问题，这些问题均由驱动性问题派生出来，为的是不断接近解决问题的实质。而常规探究性学习中，提问的维度是根据教学目标而定，问题可以有联系也可以是跳跃性的。项目化学习的核心问题只有一个，要解决的核心问题也只有一个，驱动性问题把美术项目化任务整合在一起。

（3）实践一体化

持续地探究和实践是项目化学习的重要特点，学生有大量的自主选择、非监控的探索时间。这些学习实践不是孤立的，而是围绕驱动性问题层层深入，最后解决问题。项目化学习可以分割成几个“解决小问题”的探索阶段，但每个阶段都指向核心问题，也就是说，项目化学习的探索和实践的“持续性”都是用一致性的问题进行串联，是一体化的。如上面“包装盒如何变废为宝”成为项目化学习的探索过程，学生围绕六个阶段性问题进行逐步探索，就是为了达到解决驱动性问题而努力。而我们平常的美术课堂探究活动，一般都是为了解决某个知识点或达成不同的教学目标而进行的实践活动，每次探究活动是间断的而非持续的，或是局部环节的探究而不是贯穿学习始终。

（4）结果多元化

项目化学习注重的是学习时空的开放，学生心智的自由，学生自行分析“挑战性的驱动问题”，对问题就会有不同的理解，就会生发出不同的解决路径，产生多元化的学习结果。项目化学习的成果注重的是学习的生成，而非教师的学习预设，鼓励学生有个性化的探究方式和成果展现。因为，项目化学习中学生运用的是高阶思维，如问题解决、创见、决策、调研等，这些都是超越事实的抽象思维，而不是以信息收集、组织、存储、巩固等低阶思维下事实性、程序性知识的学习为主导。如，“包装盒如何变废为宝”的项目化学习的公开成果，可以是美术类成果：立体造型、装置艺术、学习用品设计、装饰品设计、建筑模型设计，也可以是劳动技术产品：做成生活收纳柜、日用灯具、喷绘翻新、玩具道具，亦可以是综合性报告：生活垃圾去向的调研、包装盒材料的种类研究、材料二次加工的科学方案等成果。

项目化学习“一体化”特征，除了上面四个方面，还可以在大概念下的学习、学习内容的整合、学习评价的一致性等方面得以体现。“一体化”的本质特征是“有机整合，自然生发”，项目化学习的目标、内容、问题、实践等都是有机的整体，最后的学习成果“生发多元”。整体的、统一的、结构化的、自然生发等都是美术项目化学习的本质特征。因此，美术项目化学习是“一体化的学习方式”。

3. 美术项目化学习的类型

依据上海教育学科研究院夏雪梅博士等对项目化学习的研究，依据美术学习的特点，美术项目化学习的课程样态一般可以分成以下三类：

（1）美术微项目学习

这是适合美术课堂的项目化学习类型，是指美术教师为学生提供的 15 分钟—20 分钟的探索性任务。它和一般意义上的项目化学习的核心价值趋向和设计思路一样，不同的是在一节课中很难完成任务，通常只选取其中的驱动性问题、探究性实践等这几个要素，美术课堂由“教”为中心向“学”为中心的变革。

如在进行《美食招贴》教学中，学生围绕“怎样的美食招贴具有最佳的信息传递功能”这个驱动性问题进行探索、实践，这就是课堂中的微探究。课外对某个主题进行小探究也是微项目化学习，如“对蒙娜丽莎的微笑谈谈看法”这个课外作业，学生利用网络学习，结合自己的感受形成对作品的个性化解读。微项目化学习的优点是灵活、简约，不足之处在于挑战性、深刻性不足，学生不能系统地理解核心概念。

（2）美术项目化学习

一般意义上的项目化学习就是这类学科的项目化学习。主要是以关键概念为目标，指向学科的本质，在此学习过程中或许会涉及其他学科，也会运用其他学科的知识作为支撑。但是，从核心知识的提出，到挑战性问题的解决，以及最后成果和评价的指向，都是对学科关键问题，体现对学科本质的理解。在这里，美术学科的核心知识或者是学科概念的理解是项目化学习区别于一般性学习的分水岭。美术核心知识是什么？一般指视觉艺术的美术语言和形式法则，如色彩、线条、和谐、风格等。一般的美术课堂也会涉及这些美术知识，但都是和基础知识、基本技能掺杂在一起，而项目化学习就是以视觉艺术的核心概念为目标选择内容、设计教学、组织探究，最后的学生的成果是对核心概念的多元化解读，而不是以陈述性知识、巩固性知识的身份出现。

例如，进行“知名艺术馆讲解员招聘”项目学习，学生根据《国外传世名作》和《中国非物质文化遗产》这两课，以“招聘”的情境介绍中外两件作品。这个项目学习主要围绕“文化差异”这个美术核心概念开展，用6课时完成这个学习项目，如表6－2所示：

表6－2　“讲解员招聘”项目学习安排

课时安排	项目化学习探究和实践
第一课时	1. 理解驱动问题；2. 进行项目学习的自我设计；3. 自学教材，构思解决问题的策略

（续表）

课时安排	项目化学习探究和实践
第二、三课时	1. 根据收集的资料，组内进行分享；2. 根据描述、分析、解释、评价等方法对美术作品进行评述；3. 撰写演讲稿
第四课时	1. 组内演讲选拔；2. “世界艺术馆讲解员招聘”模拟招聘；3. 学习评估
第五课时	1. 设计网络展览或收集中外名作展览；2. 进行“中外美术作品”现场讲解；3. 学生撰写“观展”体会、交流
第六课时	1. “中外美术作品谁比较好”的辩论活动；2. 师生总结

美术项目化学习是课内外联动的一体化学习，其优点是问题探究深入，学生的高阶思维能力得到培养，解决问题的综合素养逐步养成。值得注意的是，项目化学习时间较长，综合的知识较多，学生的参与程度随着学习的深入差异进一步拉大，这是与常规学习有很大的区别。

（3）跨学科项目化学习

真实的情境问题，其实很难从一个学科的角度来思考，绝对单纯的美术学科项目化学习也很少见，总会融合其他学科知识来综合地解决问题，这就是跨学科项目化学习。跨学科项目化学习是学科项目化学习的升级版，是以跨学科核心概念或能力为目标，指向真实情境中的问题解决。它通常需要学生整合不同学科的知识和能力，共同来探索和解决驱动性问题，体现对不同学科领域的知识的整体理解。

跨学科项目化学习虽然有不同学科的参与，但是仍旧是一体化的学习方式，其整合的要素就是“跨学科概念”。“跨学科概念”和“学科概念”的不同之处在于，它超越学科概念，是各学科共同的知识和能力。“跨学科概念”没有统一的规定，但是都高于学科概念。如“美”这个概念，并不是只有美术学科讲“美”，有数学的“美”，有道德的“美”，有音乐的“美”，美的法则有共通之处，亦有不同的诠释。比如说，“爱”就是跨学科概念，每个学科都有“爱”的主题，只不过不同学科的表达方式和手段不同。艺术用视觉作品来表达“爱”，文学用故事来表现“爱”，数学的“爱”可能更加理性等。

举例来说，“数字插画的创作”就是跨学科项目化学习。“插画创作”是美术学科的学习，“数字”是信息技术学科的学习，“数字插画”的传播还需要融入音乐、语文等元素。很明显，学生要解决“如何传播数字插画”这个驱动性问题，需要多学科知识和能力的融入，美术学科要解决“如何收集素材进行插画创作”，信息技术要解决的是“平面或动态数字插画如何制作”，音乐和语文要解决的是“如何让画面更加动情”。这个跨学科项目的核心点在于“责任”这个跨学科核心概念，学生通过学习，理解的是“疫情期间的社会责任和担当”。

除了上面三种常见的项目化学习类型，国内研究团队还提到其他形式的项目化学习样态，其组成要素和设计思路其实都是和学科项目化学习相仿。从目前新课程改革的进程来看，项目化学习在中小学还是以小步尝试为主，原因在于项目化学习的课程背景需要课程的综合设置，而目前分科为主的教育情景中，教师还是习惯于传统教学。但是，项目化学习一定是学生未来的重要的学习方式。

4. 项目化学习和其他学习样态的区别[1]

新课程改革以来，对学习方式的研究产生了诸多新的课程和学习形态，常见的有主题性学习、翻转课堂、基于问题的学习、探究式学习、STEAM 课程学习等。项目化学习有自己的核心理念和追求，与上述学习样态有所区别，我们通过和其他学习方式的比较，不是甄别哪种学习方式更好，因为每种学习都有优缺，而是更加清晰地看到项目化学习的个性和追求，不至于在实践项目化学习的时候，让它淹没在林林总总的学习方式中。

（1）项目化学习和主题学习的区别

两者都是课程的综合，跨学科、重体验和活动的特点，在本书第四章中也着重介绍了主题性教学的实施，但是从学习的角度来考量，问题的深度不尽相同。项目化学习的灵魂是指向美术核心概念、核心知识，促进学生知识的迁移和深度理解。主题性教学主要是依据主题进行课程的整合，各个学习内容的重点仍旧相对独立。例如，“八戒”为主题的教学中，八戒剪纸、八戒皮影、八戒风筝等的设计和制作，都是运用“八戒”的形象统领各课，各课教学仍旧围绕自己的目标实施教学，而没有对核心概念进行深层次的探究。

（2）项目化学习和翻转课堂学习的区别

项目化学习重视学生持续的探究历程，通过对驱动性问题的不同解读，进行多途径的探索。翻转课堂主张自主学习，学生主

---

① 夏雪梅：《项目化学习设计：学习素养视角下的国际与本土实践》，科学教育出版社，2018 年，第 14—15 页。

要的学习工具是网络和电脑，无须有驱动性问题的分析和持续的探究。翻转课堂注重先学后教，“先学”的是基础知识的讲授，知识点短小精悍，适合碎片化的结构；“后教”仍旧再次指向学习者的基础知识和技能，并不是对真实问题的分析和解决，没有持续性的探究环节，更没有多元的学习成果。

（3）项目化学习和基于问题的学习的区别

基于问题的学习和探究性学习，都是对传统的接受式、灌输式学习的革新。它和项目化学习一样，都是以问题为驱动，注重持续的深入探究，培养学生学会学习的能力。区别在于，项目化学习更加重视产生可见的、公开的成果，引导学生对成果进行评估和分析，进一步对成果进行修订、完善，展示等，成果的后期跟进也是学习的重要部分。而基于问题的学习和探究性学习对可见成果并不强调。再则，项目化学习强调的是“跨学科概念或学科核心概念”的体验和理解，基于问题的学习和探究性学习一般重视的是对学科知识、技能获取方式的转变，而非核心概念的获取和探究。

（4）项目化学习和 STEAM（STEM）课程学习的区别

STEAM（STEM）课程学习是跨学科项目学习的其中一种，是运用项目学习的设计方法，在科学、技术、工程、艺术、数学领域进行综合设计，和其他领域跨学科项目学习相比，更多一些技术性实践和审美性实践，学习成果偏向于制作表现类。比如，上海嘉定区清水路小学实施的“机器人与未来出行”的 STEAM 课程，主要进行科技、语文、美术等学科的跨学科项目化学习，主要的学习成果为智能产品的设计、模型的搭建和创意绘画的展示，这些成果偏向于制作类和表现类。

当然，在深刻理解项目化学习之后，我们还可以看到“浅层次的项目化学习”和“非项目化学习”，主要是它们的学习或者没有核心的概念，或者没有挑战性的问题驱动，没有明确的任务，或者没有持续的研究过程，或者没有循序渐进的教学结构等。这里再次说明，美术项目化学习是在美术一体化教学中值得倡导的学习方式之一。这不是说原来的学习方式不好，项目化学习方式最好，而是为我们的一体化的教学实践，增加了一种可行性的学习样态。

第二节　美术项目化学习的设计

项目化学习而非项目化教学，两者的区别在于，教学是教师教和学生学的双边活动，突出的是教师主导，学生主体。而学习是个体的行为和变化，更加突出的是个体的自我管理。项目化学习是不是不需要教师了？从我们的实践观察，项目化学习的对象是中小学生，他们的心智还不成熟，自我约束和管理尚欠完善，学习的内容和策略需要成人的辅助。在项目化学习中更需要教师的引导，需要师生的对话和思维的启发。因此，项目化学习的质量依赖于教师对学习的设计。项目化学习的主要设计者是教师，项目化学习也是一种目标导向下的教学活动，只不过，项目化学习的目标是核心概念或核心知识，然后才是学科的基础知识和技能，学习过程不是接受，而是自主发现和持续地探究，直到解决问题。这一节，我们主要讲解怎样设计项目化学习。

一、此设计非彼设计

项目化学习的教案是怎样的？它和美术课的教学设计有什么不同？美术老师一看到模板能独立操作吗？其实，此设计非彼设计。我们先来看，2020年4月，浙江省教育厅教研室关于组织中小学“抗疫情”项目学习案例征集活动方案中，项目化学习的设计表如表6－3所示：

表6－3 浙江省中小学“抗疫情”项目学习案例征集表

项目名称	A	
主题/问题/议题	B	
核心概念、跨学科概念	C	
高阶认知	D	
学习目标	E	
学习评价设计	F	
项目学习安排	G	预期学习成果、学习成果形式

看到这样的教学设计，大家都懵了，这和常规的美术教案风马牛不相及。我们只了解“学习目标”的撰写，其他的要素都是项目化学习特有的。很显然，这是全新的教学设计领域，每个要素都难以理解，下面有必要从认知冲突的角度来解释各个项目要素。

二、美术项目化学习设计的要素

上海教科院夏雪梅博士团队的研究认为，项目化学习不是学科活动化，而是学科核心知识在情境中的再构建与创造；跨学科项目化学习不是学科的简单黏合，而是运用综合的知识解决问题，实现学习者心智的转换，创造出新的成果。[①] 有了上面项目化学习的设计表直观的呈现，我们来理解项目化学习设计的六个要素：

核心概念： 项目化学习所指向的核心知识或跨学科概念是什么？

驱动性问题： 设计怎样的真实问题激发学生的内驱力，主动投入探究？

高阶认知： 驱动性问题将引导学生经历怎样的高阶认知历程？

学习实践： 学生将在学习中经过哪些由浅入深的探究和实践？

公开成果： 学生将呈现怎样的项目化学习成果？

学习评价： 学生的学习过程和学习成果如何评估？

上面这六个项目化学习的要素，都超出了传统的美术教案设计，它是整合了学习设计、课程设计、评价设计等系统化、一体

---

① 夏雪梅：《项目化学习设计：学习素养视角下的国际与本土实践》，科学教育出版社，2018 年，第 4 页。

化的设计方案。立足美术学科的维度，对每个要素的内涵有必要再做进一步说明。

1. 美术核心概念和跨学科概念

美术核心概念哪里获得？美术教师借助美术课程标准、教材等材料，寻找关键概念或能力，确认与这些关键概念、能力相关的一系列基础知识和技能、以此达到知识和素养的兼得。一般来讲，美术学科的核心概念和核心知识来自美术语言和形式法则，如点线面、色彩、造型、肌理、形式、空间、视角、风格、和谐、统一、对比、均衡、节奏、韵味等。

跨科学概念又称大概念，已经超出一个学科的界限，在说明事物、创造理论以及观察和设计时发挥着重要的作用，是分析问题、解决问题的综合素养。跨学科素养不同的研究者针对不同的学科维度，没有统一的界定。如，IB课程在小学阶段提出八个概念：形式、功能、原因、变化、联系、观点、责任、反思；在中学阶段提出十七个概念：审美、变化、交流、社区与群体、联系、创造、文化、发展、形式、全球互动、特征与认同、逻辑、观点、关系、系统、时间与地域、空间。从列举的这些词语可以看出，每个概念在不同学科都有自己的表述或现象，它就像链条一样，把不同学科进行链接，以达到思维的综合和知识的迁移。

2. 驱动性问题设计

项目化学习是通过问题引发学生对概念的思考和探索。核心概念或跨学科概念过于抽象，特定年龄段的学生难以理解，所以要将其转化为驱动性问题更好地激发学生投入。驱动性问题就是根据学生理解水平，将学习目标转化为具有挑战性和激发性的真实情境问题，驱动性问题要具有挑战性，才能刺激学生的认知冲突，引起有意注意，激发思考，需要的支持就多。驱动性问题还要有趣，以学生亲和的方式呈现，才能激发学生学习的兴趣，学生才能无限地投入探究。

3. 高阶认知策略

项目化学习为什么要单独提出“高阶认知”这个要素？我认为，这是项目化学习要达到素养目标的需要，这是区别于一般学习的个性化的策略。教师只有一开始明白高阶认知策略，在引导学生进行项目化学习的时候，才能不落入低阶认知的俗套。高阶认知策略根据马扎诺（marzano）的学习维度框架，一般指以下六个方面[①]，见表 6 - 4：

表 6 - 4　项目化学习高阶认知策略

认知策略	具体内涵
问题解决	明确结构不良问题的目标和克服障碍的过程
创见	通过形成原创性的产品或过程以满足具体需要
决策	根据学习目标，借助推理，从几种方案中做出选择
实验	对观察到的美术现象提出解释并进行检验
调研	依据有争议的问题，收集和组织信息，澄清问题的过程
系统分析	分析美术各个要素之间的差异、联系和互相作用

低阶认知就是我们常用的认知策略，对学科知识的背景、概

① 夏雪梅：《项目化学习设计：学习素养视角下的国际与本土实践》，科学教育出版社，2018 年，第 63 页。

念和已有经验进行搜寻、组织、比较和分类，都是以教师预设为主导的常规方法。在整个项目化学习中，我们的观点是高阶认知为主，并带领低阶认知。因为，要进行问题解决、创见、决策、实验、调研、系统分析，必须要以基础知识和技能为基础的，没有低阶认知对知识的收集、组织、储存和巩固，就没有基础支撑，项目化学习成为空中楼阁。反之，低阶认知的学习中，学生无法产生思维碰撞和高层次的思考，项目化学习就失去价值。一般而言，每个项目化学习的高阶认知策略和低阶认知策略都是整合运用，高阶认知的六个策略也是互相交织，综合运用的。

4. 学习实践设计

和常规的美术学习不同，项目化学习的过程强调是“做和学”，“做中学”和“学中用”要相互交融，缺一不可，其中，“亲身操作和实践”是项目化学习实践的重要原则。这种“实践”和常规课堂中的“绘画和设计操作”不一样，不是学习观摩，也不是动手做出来就可以了，这种“制作和行动”带有思考，假设、验证的性质，是动手动脑的行动。在美术项目化学中，作为策划者的美术教师，要明确学生的学习主要要经历哪种类型的实践，才能有的放矢地进行指导。项目化学习的实践，常用的有以下五种，[①] 见表 6－5：

① 夏雪梅：《项目化学习设计：学习素养视角下的国际与本土实践》，科学教育出版社，2018 年，第 89 页。

表 6－5　项目化学习的实践类型

项目化学习实践	基本内涵	行为表现
探究性实践	当作科学家、工程师等运用一定方法和流程来解决问题	提出问题；设计方案；分析解释数据；验证结论；发布结果等
社会性实践	与他人建立彼此互相理解和共同解决问题的过程	倾听、讨论、交流、合作、书面和口头报告等
审美性实践	融入美感表现的产品、报告或设计模型等可视化作品制作过程	视觉创作、音乐创作、戏剧创作、媒体创作、设计作品等
技术性实践	运用真实工具、信息化工具、思维工具等解决问题的成果	技术操作（手工工具、软件、材料等）；图表运用（思维导图、组织图、数据表等）；媒体技术（软件、设备等）
调控性实践	对自身主动投入学习进行自我控制、反思或管理	学习热情、专注、坚持、情绪控制、计划、反思、自我激励等

表 6－5 中的五种实践，在平时的美术课堂中隐约也可以见到，项目化学习把“实践”进行分类，有助于美术教师理解各种实践的意义和表现形式。一个项目化学习，一般也不会只有一种实践方式，也是有几种实践形式一起运用。

5. 学习成果及公开方式设计

项目化学习和其他学习的区别在于，项目化学习最终是要形成公开的有质量的成果，在多样的群体中进行交流。这里的学习成果一般是指项目化学习产生的作品、产品、报告、说明等。在项目设计阶段，教师就要做好规划，针对核心概念和驱动性问题，期待学生个体、群体产生什么样的学习结果？成果标准有哪些？最低标准是什么？运用怎样的方式公开呈现出来或应用到学生的生活之中？项目化学习的成果设计应该注意点如下：

（1）指向核心概念和核心知识的深度理解

美术项目化学习的成果不仅仅是做出美术作品，更是要解决真实问题，体现对核心概念的理解，展现在项目化学习中的探究过程和深入理解，每一个学习目标中的重要概念都要在成果中表现出来，即使是报告、演讲，也不是常规的畅谈感想，而是展示自己对核心目标的深度理解。如“美食招贴设计”项目化学习的成果是美食招贴的作品，作品要体现“视觉传达”这个核心概念，学生通过手绘、变形、夸张、色彩对比、拼贴、仿真实物、美图、立体造型等各种手段，达到“视觉性”最优化的目的，而不是常规的手绘招贴设计，从而深刻理解“视觉传达”这个平面设计的概念。

（2）学习成果包括个人和团队

项目化学习是个人和团队一体化的学习，学习成果要同时考查学生个体和团队在学习中的进展，因此，项目化学习的成果包含学生个人成果和团队学习成果。在项目化学习中，很容易忽视个体或团体某一方面的成果，如果只重视个体学习，那么学生就没有合作和交流，资源的碎片化导致学习不够深入，成果形式单一；如果只注重团队成果，对个体没有要求，导致学生个体的学习质量得不到保证。

（3）学习成果也应包括学习过程

项目化学习的公开成果往往不只是要求学生“做出什么”，同时还要求学生能够经历“报告为什么这样做、做的过程是什么、遇到了哪些困难、经过了怎样的调整”等学习历程。所以，美术项目化学习的成果应该有两个层面：第一是美术作品或设计模型、草图等；第二类是设计过程文本、作品说明、ppt、学习记录单、过程性图片等。例如，“数字插画”项目化学习的成果展示中，学生把自己的插画设计成明信片送给抗疫一线的爸爸，整个过程用照片记录了下来，让整个学习历程清晰而感人。

（4）学习成果公开展示多样化

项目化学习成果不仅注重“有成果”，还要关注“怎么公开发布”。学习成果公开发布的目的：第一是检验学习成效，成果发布必定和评价关联，通过不同人群的评价来验证学习效果；第二是促进交流，学习成果发布也是学习交流和再学习的过程，通过思维碰撞，认知差异和知识互补来促进思考，完善对核心概念的理解；第三是培养学生的探究素养，成果发布和论证是科学研究的必经之路，成果如何有效发布？如何扩大学术影响力？这也是未来研究者的基本素养；第四是激发学生的持久兴趣，成果发布的过程，也是一个梳理、内省、反思、激励的过程，激发学生学习的成就感，为持久学习打下基础。

学习成果展示注重的是“公开”，公开的方式应该站在“公众的角度”来设计，要考虑参与者的年龄特征、公开场所、时间、平台、方式等因素。美术项目化学习成果的公开方式最常规的是展览，还可以是发布会、演讲、论坛、表演、辩论、现场创作、真实应用等形式。自媒体时代也可以充分利用网络平台，在公众号、网站等平台发布静态或动态的成果，达到公开形式多样化的目的。如，“美食招贴设计”项目化学习的成果，首先是运用在学校元旦的“美食节”中，活动之后，美术组在学校网站集中展示各班的优秀招贴，通过投票评选进行公开发布。

一般而言，美术学科的项目化学习成果主要可以分成两类，第一类是“强调创作和设计”的设计表现类，第二类主要“强调说和写”的解释说明类，我们列举了相关的成果发布载体，见表6-6：

表6-6 项目化学习成果分类

设计表现类成果	解释说明类成果
绘画作品、设计作品、电脑作品、模型、设计草稿、表演、动态作品等	展演、书面说明、口头报告、PPT演示、研究报告、海报、演讲、辩论等

设计表现类的学习成果是“结果性”的成果，适合美术学科的审美创美的学习特征，而解释说明类成果是注重展示“过程性”的成果，也是项目化学习的成果内容。在实际操作的时候，根据美术学习内容的特点，两者综合运用，充分发挥两类成果的特性，展现学习“结果”和“过程”的一体化。

6. 设计覆盖全程的评价

评价设计是项目化学习的重要环节，它与成果的产生、成果的汇报紧密相连。项目化学习的评价以对整个学习实践的过程性评价为主，目的是引发更加深层次的学习和理解。项目化学习的评价总体操作如表6-7所示：

表6-7 项目化学习的评价操作要素

评价目标	跨学科概念、学科核心概念、核心知识等
评价内容	学习实践过程、公开成果
评价工具	量表、档案袋
评价者	自己、同伴、教师、家长、专家等
评价方式	自评、互评
评价结果	质性评价、描述性评价

从表 6－7 可见，项目化学习的评价内容，主要是“学习实践的过程性评价”和“学习成果”的总结性评价两个方面，下面就谈谈具体操作：

（1）学习实践的过程性评价

项目化学习实践包括：探究性实践、社会性实践、审美性实践、技术性实践和调控性实践，学习实践的过程性评价就是对这五种学习实践的效果进行价值判断。这五种学习实践的评价各有侧重，各自的侧重点如表 6－8 所示：

表 6－8　过程性评价要点

学习实践	评价的基本侧重点
探究性实践	侧重于学习过程中探究的深度
社会性实践	侧重于和社会性沟通的成效
审美性实践	侧重于学习成果艺术化的思考
技术性实践	侧重于运用技术完成项目的程度
调控性实践	侧重于学习过程中表现的学习品质

在实际项目化学习中，同一个项目只有 1—2 个主要的实践类型，不必要对五个方面都依次评价。其次，评价指标和内容没有统一的格式，需要教师根据教学目标自行研制。对于美术项目化学习而言，主要以审美性实践和探究性实践为多，教师的评价量表可以进行整合。如，在“美食招贴”项目化学习中，主要以审美性实践为主，探究性实践参与的学习，评价量表参考表 6－9：

表 6－9　“美食招贴”项目化学习（审美实践和探究性实践）评价

导语：在美食招贴的设计和创作过程中你是否考虑到了审美性？是否突出了“视觉性”这个要素？在制作招贴的创作 PPT 说明中，是否进行了美化以吸引人的注意？在完成招贴的设计中是否进行了细致的研究？请给自己的表现打 5—1 分，5 分为最好，1 分表示有待努力。

（续表）

1. 我仔细考虑了作品的美观 2. 我对优秀的作品进行了收集和学习 3. 我上网和书籍查阅了招贴的背景和文化 4. 我的作品主题突出，选材与众不同 5. 我的作品的版式具有很强的形式感 6. 我的作品的色彩符合“醒目与和谐”的要求 7. 我的作品在小组中效果很好 8. 我的创作说明文本和课件引人注目 9. 我对“如何突出视觉性”有了自己的理解 10. 我能够设计其他主题的同类作品 11. 我的作品应用在了实际生活 12. 我对本次创作很有成就感
用一句话概括本次学习的收获和不足：

“美食招贴”项目化学习评价量表，综合了审美性事件和探究性实践两种学习实践的评价，主要指向审美性实践的评价。评价指标共设计了12个项目，第2、3主要是探究性学习实践的自我评价，其余的均为审美性学习实践的评价。其中，第9个指标主要是对“视觉性”这个核心概念的评价，第4、5、6三个指标主要是对“招贴设计方法”这个学习目标的评价。一个学习项目的学习实践评价要一体化，不宜操作繁复，各类指标的表述要符合学生的认知水平，不能过于抽象。

（2）学习成果的总结性评价

项目化学习的成果一般分为制作表现类成果和解释说明类成果，学习成果的评价就是对这两类结果进行评估。这也和学习实践评价思路相仿，成果评价以科学、合理，操作方便为标准，可以把两类成果整合为一进行操作，评价指标的设计要根据学习目标和内容而定，各指标赋分规则可以是百分制，也可以是等级制，指标设计的参考维度，如表 6 - 10：

表 6 - 10　总结性评价指标构成

制作表现类成果评价指标	解释说明类成果评价指标
1. 知识技能掌握程度（20%） 2. 作品艺术表现力（40%） 3. 对核心概念的理解（20%） 4. 作品关注度（10%） 5. 呈现的总体效果（10%）	1. 对核心概念解释说明的深度（40%） 2. 是否引发听众注意和互动（20%） 3. 团队参与成果发布程度（20%） 4. 报告的表现性和独创性（10%） 5. 呈现的总体效果（10%）

上表的指标设计中权重各有侧重，制作表现类成果主要是对作品质量的评判，因此，作品的“表现力”占最大比重，其次是对核心概念在作品中的体现（指标 3）和基础目标的达成（指标 1），对作品发布的成效（指标 4）也作关照。在解释说明成果评价中，对“核心概念的理解”比重最大（指标 1）也是情理之中，其次是成果发布的效果（指标 2）和团队参与（指标 3）。在实际操作中，教师可以根据实际情况灵活运用。

总体而言，上面六个设计要素共同组成了项目化学习的设计，随着项目化学习理论研究和实践的深入，还会有更多的要素参与其中。这六个要素在项目化学习的整个系统中是互相联系的，一个要素发生改变会影响到其他要素，比如驱动性问题设计的质量直接影响到学习实践和成果质量，核心概念是否准确会直接影响到整个学习。其次，这六个步骤设计并不是线性的，而是动态生成的，如果在实施过程中发现某个要素有偏差，再整体调整设计也是非常正常的。

三、 美术项目化学习设计案例

上面我们重点分析了项目化学习的六个要素，那么，美术项目化学习设计方案如何撰写？有没有统一的模板可以参照？接下来，讲讲项目化学习方案的设计。

1. 项目化学习设计模板

项目化学习设计的样板没有统一的模式，上海教科院夏雪梅博士以及团队提供的《学科项目化学习设计模板》更为细化，也值得借鉴。见表 6－11：

表 6－11　学科项目化学习设计模板

<table>
<tr><td colspan="2">项目名称：</td><td>项目时长：</td></tr>
<tr><td colspan="2">学科：</td><td>年级：</td></tr>
<tr><td colspan="2">相关学科：</td><td>相关资料：</td></tr>
<tr><td colspan="3">项目简述：</td></tr>
<tr><td>核心知识</td><td colspan="2">1. 列出涉及的主要知识点（尽可能全部罗列）
2. 提炼学科关键概念或能力（将零散的知识提炼成核心知识）</td></tr>
<tr><td>驱动性问题</td><td colspan="2">1. 本质问题（将学科关键概念转化为本质问题）
2. 驱动性问题（将本质问题转化为合适的驱动性问题）</td></tr>
<tr><td rowspan="3">成果与评价</td><td>个人成果：</td><td>评价的知识和能力：</td></tr>
<tr><td>团队成果：</td><td>评价的知识和能力：</td></tr>
<tr><td colspan="2">公开方式：网络发布（　　）　成果展览（　　）　其他（　　）</td></tr>
<tr><td>高阶认知</td><td colspan="2">主要的高阶认知策略：
问题解决（　　）　决策（　　）　创见（　　）
系统分析（　　）　实验（　　）　调研（　　）</td></tr>
</table>

（续表）

实践与评价	涉及的学习实践： 探究性实践（　　） 社会性实践（　　） 调控性实践（　　） 审美性实践（　　） 技术性实践（　　）	评价的学习实践： 探究性实践（　　） 社会性实践（　　） 调控性实践（　　） 审美性实践（　　） 技术性实践（　　）
	项目过程： 1. 入项活动　2. 知识与能力建构　3. 探索与形成成果 4. 评价与修订　5. 公开成果　6. 反思与迁移	
所需资源		

设计模板都是围绕项目化学习的六个组成要素进行设计，都是围绕核心概念和核心知识设计驱动性问题，根据问题展开高阶认知下的学习实践，评价贯穿始终，学习成果公开展示。教师可以根据自己的实际灵活选用。

2. 美术项目化学习方案

浙江省泗门镇中心小学美术组，利用网络学习平台，组建了网络美术社团，开展了“我做小老师——教你创作数学插画”的项目化学习，项目组根据项目化学习设计六个要素，精心设计项目化学习方案，边实施边调整方案，为项目化学习的开展打下基础。见表 6－12：

表 6－12　《教你做“逆行者”数字插画》项目学习活动方案

项目名称	教你做“逆行者”数字插画	时间：3 月—4 月
项目简述：本项目是“综合·探索”领域，以“美术与信息、音乐、品德”学科整合的方式，引导学生学习数字插画，感悟“爱国”情怀，滋养美好心灵。		
主题/问题/议题	1. 小卫士　大责任（主题） 2. 主题下情境下美术创作形式和交流的多元化。(本质问题) 3. 在这场没有硝烟的“抗疫”战场上，许多“逆行者”的身影让我们感动。你将如何教会更多的同学“逆行者数字插画创作”?	

（续表）

<table>
<tr><td>核心概念</td><td colspan="2">1. 核心概念——“形式”：理解美术表达“形式”的多元性。
2. 跨学科目标——“责任”：从逆行者身上学习和弘扬“责任和担当”。
3. 学科核心知识——数字插画：运用计算机制作数字化成果，包括静态插画和动态插画。</td></tr>
<tr><td>学习目标</td><td colspan="2">1. 主动探究运用数字插画的形式来表达情感，提升艺术表现能力。
2. 学会选择音乐背景和格调高雅的画面，提高音乐表达能力。
3. 学会音乐相册或简单的视频录制技术。</td></tr>
<tr><td>高阶认知</td><td colspan="2">创见、问题解决、调研</td></tr>
<tr><td>学习实践</td><td colspan="2">审美性实践、探究性实践、技术性实践等</td></tr>
<tr><td>评价设计</td><td colspan="2">过程性学习自评、阶段性成果汇报</td></tr>
<tr><td rowspan="6">学习过程</td><td>任务一：哪些“逆行者”的画面感动着我们？</td><td rowspan="2">成果形式：将素材按表现内容分门别类</td></tr>
<tr><td>学习活动：
1. 浏览“疫情”新闻、绘画作品和微信公众号，收集图片。
2. 收集、收听“疫情”主题的相关音乐作品。
3. 收集、观看“疫情”主题的微视频，了解相关制作软件。</td></tr>
<tr><td>任务二：艺术家给我们哪些表现的灵感？</td><td rowspan="2">成果形式：微课视频、插画作品向亲戚朋友发送。</td></tr>
<tr><td>学习活动：
1. 小组交流，发表心得。
2. 选择性地自学微课视频，了解插画的基本形式和手法。
3. 创作一幅疫情主题创意插画。</td></tr>
<tr><td>任务三：“逆行者”数字插画如何进行创作？</td><td rowspan="2">成果形式：电脑插画作品、电子相册、网络微课。</td></tr>
<tr><td>学习活动：
1. 运用软件进行电脑插画创作。
2. 学习使用拍图、修图软件、电子相册或视频制作软件。
3. 小组互助，编写简单的教程。</td></tr>
</table>

（续表）

	任务四：如何运用音乐、电脑技术突显插画主题？	
	学习活动： 1. 使用手机软件，记录自己的创作过程。 2. 使用电子相册制作软件，把插画编辑制作成配乐微视频。 3. 通过网络平台，邀请同伴、老师、家长欣赏点评你的作品。	成果形式：“逆行者”插画相册、微作品展览、反馈。
	任务五：你将会运用哪种方式展示成果？	
	学习活动： 1. 通过校园网、微信、QQ等网络平台发布微课。 2. 装裱“逆行者”插画作品，在社区举办线下画展。 3. 获奖作品进行编册、展示、主题展览等。	成果形式：网络发布活动画册、学习心得。

3. 学生微方案自主设计

美术项目化学习方案设计的主体是教师，学生是项目化学习方案设计的参与者和支持者。学生通过参与方案的设计，进一步明白“我要做什么”和“我打算怎么做”这两重点问题，有利于发挥学生学习的主体作用，为深入开展学习打下基础。学习者微方案设计是教师根据项目化学习方案的整体设计，在学习实践活动实施之前，引导学生进行学习导图的设计过程。学生的微方案设计是学生自己的思维导图和行动指南，不必要如项目化学习方案一样复杂，主要围绕“做什么”“怎么做”和“做成怎么样”等这些问题让学生自主设计。

如，在六年级下册进行的“知名艺术馆讲解员招聘”项目化学习实施之前，组织学生进行“我做讲解员项目策划方案”设计，每个学生根据教师提供的驱动性问题进行分析，制定自主学习的微方案。见表 6－13：

表 6－13 “我做讲解员”项目策划方案

<table>
<tr><td colspan="5">世界艺术展览馆需要招聘一名世界级的讲解员，要求对国外传世名作和中国非物质文化遗产有较深的研究，要有一定的口才，请你选择教材中的一件中外作品，研究后进行 2 分钟的演讲。</td></tr>
<tr><td>项目成员</td><td>严杭颖、诸家慧</td><td>呈现方式</td><td colspan="2">文字（√）　PPT（√）</td></tr>
<tr><td>演讲课题</td><td>《神秘的微笑》</td><td>完成时间</td><td colspan="2">2020 年 4 月 22 日</td></tr>
<tr><td>内容策划</td><td colspan="4">1. 达·芬奇的身世、生活环境。
2. 达·芬奇经历了什么，在什么环境下创作《蒙娜丽莎》？
3.《蒙娜丽莎》的魅力在哪里？
4.《蒙娜丽莎》的主人公是谁？
5. 整件作品有哪些谜团？
6. 后人对这件作品的评价有哪些？</td></tr>
<tr><td rowspan="2">制作策划</td><td colspan="3">需要解决的难题</td><td>解决途径</td></tr>
<tr><td colspan="3">1. 作品的时代背景资料
2.《蒙娜丽莎》的创作内容
3.《蒙娜丽莎》的艺术特色和评价</td><td>网络查阅
书籍查找
书籍查找</td></tr>
<tr><td>评价要点</td><td colspan="3">符合主题（ √ ）
讲解深刻（ √ ）
语言表达（ √ ）
呈现方式（ √ ）
整体效果（ √ ）</td><td>其他：
观点独到
同学爱听</td></tr>
<tr><td colspan="5">我的演讲稿（至少 400 字）（略）</td></tr>
</table>

这份项目化学习微方案是在学习实践之前，学生自行设计的探究规划，通过规划的研制，学生明确了核心任务是“中外名作的差异”，确定了以《蒙娜丽莎》为突破口，利用课件和文字的形式公开成果，属于解释说明类学习成果。为了避免撰写讲稿的盲目性，对演讲内容和解决策略进行策划，并对成果评价指标做

到心中有数，有利于提升演讲的质量。实践证明，学习者微方案的制定，大大减少了项目化学习的弯路，提升项目化学习的实效，是教师的项目化学习方案向学生学案的有效转化。

综合观之，项目化学习方案有自己的组成要素，和常规的教学方案有着本质的不同。但也需申明，这里不是贬低常规教案而拔高项目化学习设计，他们是不同的设计样态，都有可取之处。在平时的美术教学中，常规教学设计仍旧是主导的形式。项目化学习方案设计是为美术教学提供一种全新的设计理念和设计方式，在教学中两者有机融入是不错的选择。

第三节　美术项目化学习个案解析

2020 年春节，一场突如其来的新冠肺炎疫情打乱了正常教学，浙江的学生进入前所未有的“网课时代”。浙江省教育厅教研室组织教师开展“疫情下项目化学习案例征集”，从各学段、各学科领域的项目化学习成果中挑选出“100 个优秀项目化学习成果”作为示范项目。[①] 浙江省余姚市泗门镇中心小学美术组联合区域美术教师，带领网络社团的学生，开展了为期两个多月的“我做小老师——教你设计数字插画”项目化学习，跨学科学习项目成果《小卫士　大责任》脱颖而出。以此项目为例，谈谈美

① 此项目案例在 2021 年 4 月授权上海学习素养研究所入选“全国项目化学习案例资源库”。

术项目化学习的实施。

一、项目背景

项目选择是一件非常困难的事情。浙江省余姚市泗门镇中心小学美术组选择“逆行者数字插画”的学习项目，主要基于以下思考：第一，自新型冠状病毒肆虐以来，全国人民心系疫情，以实际行动贡献自己的力量，院士、医疗、部队、学校等各条战线涌现出无数可歌可泣的动人事迹。这些画面是儿童创作的最佳材料，是最好的美育资源。第二，疫情是特殊的学习环境，在人与人不能直接交流的前提下，儿童美术创作和交流在网络和数字媒体中传播，这是最好的、最便捷的方式。因而，开发新型冠状病毒战役主题课程，运用儿童视角，儿童语言进行数字插画为主要形式的学习，对学生进行美好心灵的教育。

二、学习流程

如何开展“数字插画”项目化学习，主要的步骤如图 6－1 所示。

图 6－1 非常清晰地说明项目化学习的过程：第一，项目策划与设计。虽然这是实施前的规划，但是设计方案也是不断动态生成的，在实施之前的预案到了项目化学习实施中，方案会不断被修改、推翻、整理。进一步完善课程内容、学习目标、驱动性问题、高阶认知策略以及学习路径。成立线描、儿童画、国画、电

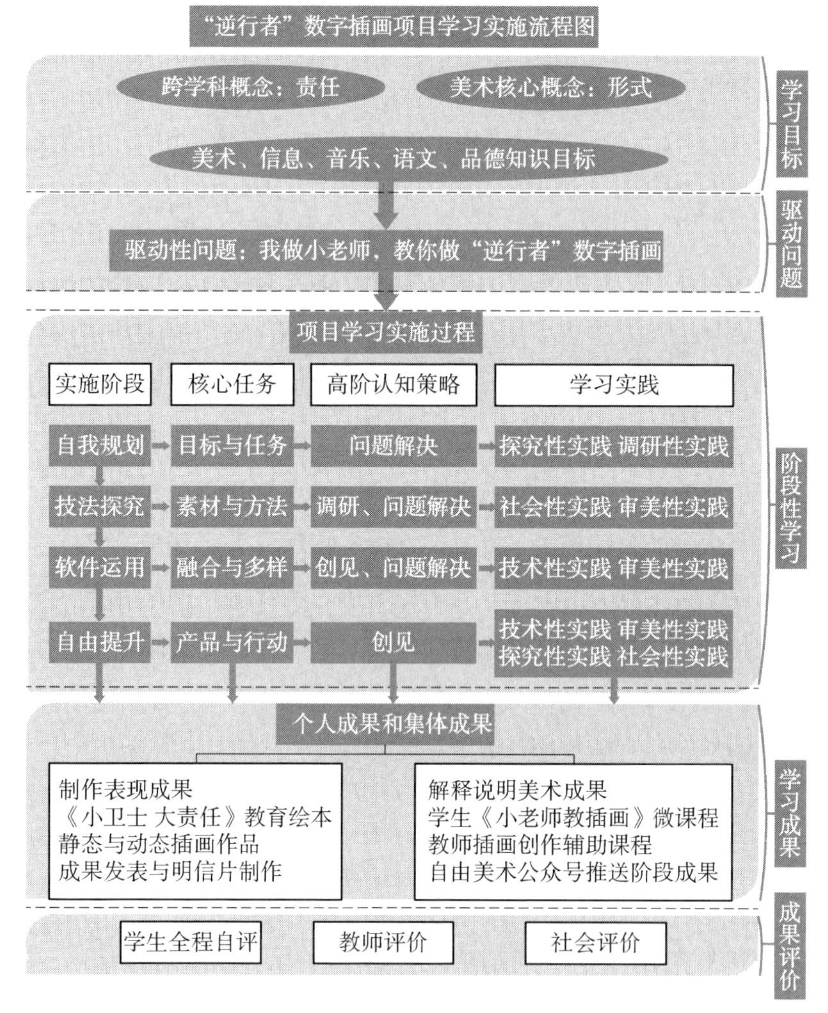

图 6-1 "逆行者"数字插画项目学习实施流程图

脑美术、综合材料等五个网络美术社团，开通授课平台，为教学做好准备。

第二，具体实施阶段。主要分为四个过程：（1）自我规划，根据驱动性问题设计"数字插画"的学习路径，交流规划、修正学习方案；(2) 技法探究，收集“逆行者”创作素材，进行艺术家是如何创作插画的探究，学以致用，独立创作插画作品，能够总结创作方法进行交流；(3) 软件运用，利用电脑软件进行静态插画和动态插画的创作，开发个性化的辅导课程，进行数字插画的交流和传播；(4) 自由提升，综合学习成果，探究数字插画多种形式的设计，物化为明信片、视频、教育数字绘本等，和同伴、校外同龄人、湖北省学生、家长进行多维度交流，达到广泛宣传和交流的目的。

第三，学习成果展示和评价。学习成果主要分为个人或团队的制作类成果和解释说明类成果，通过“自由美术微信公众号”不定期地发布阶段性成果和总结性成果，评价贯穿全程，以评促学，以学促评，水乳交融。

第四，反馈和反思。项目化学习离不开教师的辅导，教师辅导学生进行插画创作，同时，也是教师深入探究插画创作的过程和反思网络教学的过程，反思提升经验，期待好的行动的出现。

三、 学习策略[1]

本项目化学习涉及审美性学习实践和探究式学习实践，在学习过程中，也创造了美术项目化学习的独特的学习方式，这些学习方式和传统的学习不同之处在于，充分突出每一位学生“自己

---

① 项目化学习实践成果见网盘：https：//pan. baidu. com/s/1uUlpWG5wcZXm6ZNDqGxXgA

在学习，自己在探究，自己在收获，自己在反思”。

1. 网络调研式

媒体是宣传疫情的最好渠道，网络是美术创作信息的最好平台。学生通过网络转发展览信息，参观各类抗疫画展，收集感动自己的“逆行者”的照片和美术作品，按“抗疫物件”“院士风采”“医疗战士”“钢铁长城”“防疫勇士”“志愿者”“家庭卫士”“学习生活”分成八大类，共收集整理了1 000个素材图片，撰写推介文字，进行交流。

接着是研究“艺术家是怎样进行创作的”，学生选择一件网络画展中的作品进行追根溯源，通过网络调查的方式找出照片，对比创作原素材和作品，自行总结“逆行者插画”的创作方法。原来艺术家的创作不是凭空想象，而是通过“写生、替换、添加”等方法对真实照片进行创作。

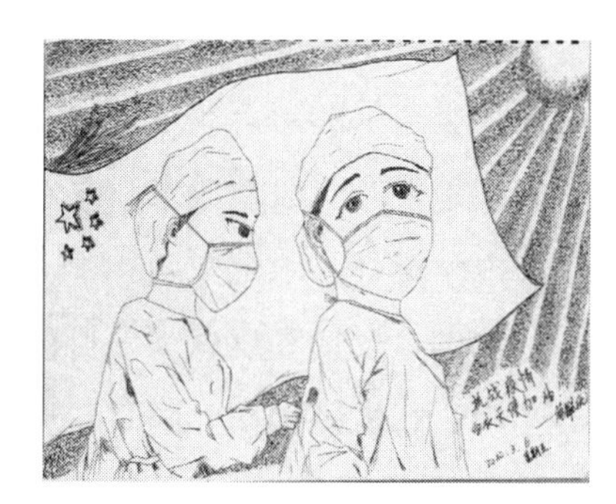

图6-2　学生创作《去前线》

2. 自主策划式

“数字插画”的学习不仅仅是自己认识插画、学会插画创作，更是要带动身边的同学也进行学习和创作。如何做一名合格的小老师，教师让学生自己策划实践方案，然后按照方案实施，把插画知识和创作技能转化为课件、视频等微教程进行发布、交流。通过自主策划，突出学习的选择性，促进学习的个性化。下面是学生的个性学习方案，见表6-14：

表 6－14　“我做小老师”项目策划方案

项目成员	605 诸家蕙	呈现方式	PPT（√）
讲述课题	《“逆行者”主题插画》	完成时间	2020 年 4 月 6 日
内容策划	讲授内容		
	1. 明确绘画主题；2. 明确绘画风格；3. 查找相关素材；4. 参考海报格式，写好主题词；5. 认真创作；6. 检查与修改		
制作策划	具体任务		时间
	1. 版式设计要好，主题词突出，要抓住重点内容		4 月 6 日
	2. 色彩与画面和主题相适合，有冲击力可以用色彩对比，唯美风格可以用柔和的色调		4 月 7 日
	3. 字体使画面富有美感，可以自己设计，也可以参考网上的字体，字体要符合画面风格		4 月 7 日

3. 话题讨论式

网络学习最突出的弊端就是单向性，没有学习互动。网络平台上的项目化学习，可以采用话题研讨的形式，围绕既定话题或者生成临时话题进行讨论，互相启发，教师不直接把知识告诉学生，而是通过教师的启发，学生的互动自然而然地得出结论，学得知识的过程。在话题研讨的情境下，学生不是被动接受，而是积极动脑发表自己的看法，分析、评价、反驳、补充对方的观点，教师如同“助产师”或“旁观者”，主要任务是主持过程、引发思考、掌控时间。

如“教武汉同学创作插画”的学习内容，教师事先预定了话题讨论的方案。

本次讨论的话题是：武汉是新冠疫情的重灾区，武汉第一实验小学的同学想以“逆行者”为主题来学习绘画，你将以怎样的方式教他们创作？根据该主题，教师预设以下几个小问题和学生交流：问题一，你做小老师去教武汉的同学，会遇到哪些条件限制？问题二，根据现有的条件，你会采用哪种方式引起对方同学的兴趣？问题三，如果你是小老师，哪些创作方法会对武汉的同学有帮助？问题四，创作的知识和方法如何呈现？问题五，还需要哪些准备、克服哪些困难？

通过话题讨论，学生自行解决"教武汉同学创作插画"的几个现实问题。学生思维活跃，解决问题的方案多种多样，学习成为学生自己的需求。

4. 微课自习式

"逆行者"数字插画创作的方法各种各样，按题材分，有抗疫物件插画、人物插画、景物插画；按表现方法分，有静态插画和动态插画；按表现手法分，有手绘数字插画、电脑插画、插画音乐相册、插画教程等。这么多种类的插画创作，发挥学生的主观能动性，教师提供丰富的"抗疫"微课资源，这些资源包括项目组教师录制的微课，教师也给学生提供区域内有关疫情内容的授课视频或链接，学生对视频课程进行选择性学习，对自己感兴趣的插画创作进行自学，并运用学到的知识和技能进行插画创作和交流，充分体现了学生学习的主体地位。

学生自学了《电脑绘画小卫士》微课，学会了"绘图软件"中的图片处理和绘画的方法，对照片进行"添加"，创作出全新的插画作品（见图6－3），深受学生喜爱，他们通过网络不断传播电脑插画，成就感油然而生。

图6－3　武汉加油

5. 同伴互助式

同伴互助式是指针对某一知识点和技术，由学生进行指导和协助的学习方式。同伴互助顾名思义就是学生辅导学生，教师发掘某方面有特长的学生做“小老师”，对其他同学进行知识、技能、创作等方法的讲解。这种学习方式的好处：第一，运用儿童的语言，适合学生的接受能力；第二，充分激发学生的学习兴趣，让“小老师”更有成就感；第三，增进生生之间的交流和协商，启发彼此的思维。

如在“音乐数字插画相册”的学习中，教师抛出话题：“谁会制作手机的音乐相册”，小徐立马回应。于是，教师把指导任务交给这位“小老师”。小徐在短短 1 分钟之内，把自己的插画作业制作成了音乐相册，并把“美图秀秀”音乐相册的制作步骤在微视频中依次说明，“小老师”不厌其烦地解答同学的电话咨询。“音乐数字插画相册”学习在愉快的氛围中进行，学生引爆了知识的导火索，创作智慧不断被激发。

6. 个性创见式

创见是美术项目化学习常用的高阶认知思维，创见首先要注重“创造”，要有创作产品，其次更要注重“见”，要有吸引人的表达方式。个性化的创见式学习就是以全新的视角来创作作品，并将诸多作品进行整体的二次设计，以达到作品展示形式和主题表达的最优化。

“逆行者数字插画”项目学习中，每位学生都积累了多件插画作品，这些作品如何以吸引读者的角度进行展示设计？为了让成果展示吸引学生观看，不把插画画展信息当成“信息垃圾”，学生在讨论中突发灵感：能不能把自己的插画用一个小故事进行串联，发挥想象力，创作一个个形式短小、幽默、老少皆宜的“疫情教育”小绘本？于是，拉开了“逆行者数字插画”项目学习成果的二次展示设计的序幕。学生以个人或合作的形式，选择优秀插画，运用PPT编撰自己的“小故事”。教师和高段学生对100多件优秀插画进行整理，根据学生创作的故事，运用电脑制图软件进行图像重组，绘制以《小卫士　大责任》为主题的连环画，图6－4：

图6－4　《小卫士　大责任》系列绘本（部分）

7. 社会体验式

项目化学习突出的是学习实践，作为审美性实践的美术项目化学习，不仅要经历审美创美的实践，也要有运用美、提升美的社会实践。社会体验式学习就是让学生走出教室、走出学校，到真实的社会场景中去观察美，体验美，丰富美和验证美，把美术学习放到社会的大课堂中，以实现美术作品实用价值，连接美术创作和生活，使学生得到情感的熏陶，心灵的洗礼，达到“以美育人”的学习目的。

教师引导学生讨论：你身边的逆行者有哪些？你知道他们的抗疫故事吗？我们怎样表达对身边“逆行者”的感激？教师鼓励

学生在保护好自己的前提下，去走访这些身边的抗疫英雄，用美术的方式表达对他们的感谢（见图6－5）。于是，学生们用自己的方式表达敬意，有的学生用电话或微信慰问志愿者，有的学生和爸爸妈妈一起做点心慰劳卡点志愿者，有的上门采访志愿者，还有的学生把自己的插画在网上做成明信片，写上自己的感谢和祝福，送给做志愿者的爸爸、做环卫工的外婆、做医生的阿姨、送快递的小哥等，当学生走出家门，踏入社会真实的场景的时候，教育的意义在现场发生！

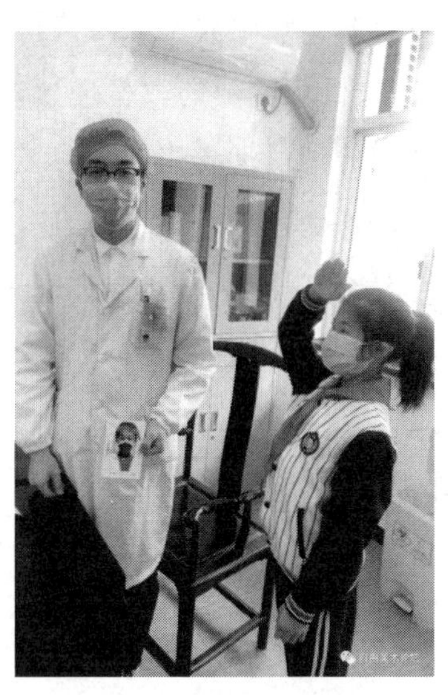

图6－5　送医生战士贺卡

四、 项目化学习总结材料的撰写

项目化学习的总结是对教学理念、学习过程和学习成果的梳理和呈现。项目化学习是一个不断深入的过程，原先的项目设计的理念会不断更新，实施过程会不断调整，学习成果会不断生成，因此，项目化学习的总结不是设计方案的翻版，而是一个完善理念和目标，对整个学习实践的二次设计，对学习成果的理性归纳和提升，也是论证项目化学习是否达成“核心概念”、怎样达成学习目标的过程材料和理论性成果。

美术项目化学习的总结文本是教师在项目化学习辅导所经历的最后步骤，也是教学成果展现的关键步骤。这个总结文本要重新设计和构思，要能够更加准确地表达项目化学习的教育理念，更加清晰地展现学生的学习历程，更加充分地呈现学生的学习结果，更加真切地阐述教和学的得失，为下步教学提供样式和参照。为了完整地呈现项目化学习的成果，总结材料一般包含以下要素：项目概况、学习目标、学习探索、学习成果、评价与反馈、成效与反思、有关附件。每个文本对于每个要素的表述也有很多差异，造成项目化学习总结的多样化，下面是项目化学习的一个样例：①

《小卫士　大责任》

一、项目名称：《我做小老师——教你做“逆行者”数字插画》

二、学习目标（同计划，略）

三、项目实施过程

（一）自我规划，预设路径

1. 入项准备

组成项目辅导组，设计项目方案，学习理论，明确分工。

2. 入项研讨

（1）开放性话题研讨：“如果你是小老师，让你去教会身边的

---

①《小卫士　大责任》项目化学习的完整素材：https：//pan. baidu. com/s/1uUlpWG5wcZXm6ZNDqGxXgA

同学创作‘逆行者’数字插画，你将会遇到哪些问题?”教师尽量要学生提出各种千奇百怪的可能性问题，不要过于干涉。

（2）梳理问题，讨论解决方案

教师梳理问题，见表6-15：

表6-15 问题梳理

相关问题	学生困惑	问题指向	解决预设
怎么画“逆行者”数字插画?	什么是插画? 数字插画是什么? 插画的内容? 网上参考行不行? 是不是要用绘画软件? 插画怎样构图?	概念 概念 素材 交流 技术 技法	上网查阅、网络课程学习、向老师请教、向家长请教、阅读书籍等
怎么向同学展示插画?	是不是用微信、QQ画好了发给同学看? 是不是只能用网络展示? 拍个视频，还有好的办法吗?	交流平台 交流方式 交流平台 视频技术 软件平台	网络平台为主

3. 调整预案

项目学习方案是动态生成的教学预设，根据入项研讨，教师更加了解学情。于是项目组教师微调本组项目方案，以合理性和循序性为原则，让方案更加符合实际需求。

（二）技法探索，我会创作插画

表6-16 “插画技法探索阶段”核心任务

核心任务	主要议题	任务成效
素材与方法	1. 分享“逆行者”感人的画面 2. 艺术家给我们哪些启示	1. 建立“逆行者”创作素材库 2. 理解插画，手绘插画、交流

1. 交流素材，建立图库

指导学生把“逆行者”素材分成院士风采、医疗战士、防疫卫士等八类，按“防疫主题”分为认识病毒、大事件、宣传防疫、敬畏自然等六大篇章，利用“自由美术”公众号建立素材资源库供学生学习。

2. 自学网课，交流方法

教师根据不同学生的特点，录制了插画基础课程9节，如《样子》《手翻书》《勇士密码》等，利用“自由美术”公众号向学生发布，学生根据自己的需要，有选择地进行网络自学，学习之后和同学交流学习心得和疑惑，总结创作方法。

3. 你创我创，感悟多元

课程自学和交流之后，学生进行“逆行者”主题插画的创作练习，根据学生不同的年龄层次，低段学生以想象画为主，中段学生以写生和想象结合为主，高段学生以写生和命题创作为主。学生随时把自己的绘画发布在班级群进行交流，互相点评，树立自信。高段学生在创作的同时，还要拍录创作分解图，撰写创作体会，或者拍成心得小视频和同学交流。

（三）数字化创作，传播魅力插画

表6-17 “数字软件运用阶段”核心任务

核心任务	主要议题	任务成效
融合与多样	1. 电脑插画如何创作？2. 能不能让插画动起来？3. 如何让其他同学也学会数字插画？	1. 学会运用简单的绘图、图片处理软件创作一幅“逆行者”电脑插画。2. 学会运用电子相册、FIG等软件创作动态插画。3. 把数字插画编辑成小微课和同学交流

1. 谁是手机高手

手机能不能画插画？谁是手机绘图的高手？教师让学生研究手机上不同的绘图软件，然后和同学交流软件的使用步骤，评选出班级手机高手 2—3 名，负责解答同学们的问题。接着，学生再次自学《电脑绘画卫士》课程，运用美图秀秀、备忘录等软件进行“防疫防病毒”电脑绘画创作，作品随时发布交流。

2. 插画动起来

教师组织学生进一步研讨，插画能不能在手机中“动起来”？运用电子相册让插画动起来需要哪些准备？大家一致认为，制作插画电子相册需要两个关键步骤：第一是需要 5 幅以上的插画素材，第二是音乐相册的操作。如何解决这两个难题？学生提出的解决方案汇总如表 6－18 所示。

表 6－18 解决方案汇总

步骤一：插画素材积累问题	步骤二：电子相册软件使用
方案一：重画插画，利用手机拍摄绘画步骤 方案二：多画几张插画，凑足数量 方案三：几位同学的插画作品共享 方案四：电脑绘画的时候保存每个步骤	方案一：让会的同学拍个教程发布 方案二：查阅网络，学习软件 方案三：咨询信息技术老师 方案四：向身边的人求教

3. 师生联手创微课

项目组邀请 25 位学生一起录制微课教程《电脑插画设计》《动态插画设计》和《数字插画大比拼》，在校内外发布微课，带动更多的学生学习数字插画。

（四）孵化项目产品，用美术点亮生活

表 6-19 “自由提升阶段”核心任务

核心任务	主要议题	任务成效
产品和行动	1. “如何让武汉学生对插画产生兴趣” 2. 如何让自己的插画变成更有教育意义的画册 3. 还有哪些传递方式表达对身边“逆行者”的敬意	1.（体现综合知识目标的产品）设计“小老师”教学方案，并制作成个人发布的课件 2.（体现跨学科目标的产品）把插画作品变成数字插画绘本，让插画成为教育读本来吸引更多的人关注 3.（体现美术核心目标的产品）数字插画转变成有意义的“实物”送给身边不同的防疫人员，表达自己的敬意

四、项目学习成果与评价

（一）学生个人成果

1. 制作表现类成果

（1）主题插画 400 多件，项目核心组学生插画人均 6 幅以上。

（2）静态插画作品 100 多幅，动态插画视频、相册 40 余件。

（3）创编插画绘本小故事 30 多个，优秀插画转化成“明信片”100 多份，送给身边的“逆行者”，表达敬意，受到社会的广泛赞扬。

2. 解释说明类成果

（1）高段学生利用 PPT 制作“我是小老师——数字插画创作方法”介绍。

（2）低中段学生拍摄“我手画我心——我的创意故事”视频演讲推介。

(3) 学生进行优秀素材、插画创作说明书的撰写和发布。

(二) 项目组集体成果

(1) 以“收获”为主题,合作创编了插画数字绘本《小卫士大责任》(动态版和画册版两个)。

(2) 以“传递”为主题,将学生录制的“小老师教电脑插画”“数字插画动起来”“数字插画大比拼”三个板块的视频和数字插画进行集中展示。

(3) 以“礼赞”为主题,联合十多所学校进行优秀插画网络师生联展,展示优秀插画作品达120多件。

(4) 以“感动”为主题,将师生收集素材分成防疫战士、医疗战士、疫情物件、钢铁长城等八个方面进行展示。

(三) 公开方式

1. 利用“自由美术名师团队”微信公众号平台,发布课程和项目学习成果共13期,点击量每期在400以上。

2. 利用学校班级群,学生随时发布作品,向全校师生、家长推介学习成果。

3. 联系湖北武汉美术老师李能静,向武汉师生推介学习成果,获得好评。

4. 向《书画教育》专栏投稿,在2020年4月的《书画教育》杂志上发表,成果向全国推广。

(四) 学习评价

1. 学生对学习过程的自评,示例如表6-20所示。

表 6－20　学习过程自评表

评价指标	自评等级（1—5）
1. 我准时参加线上项目研讨	★★★★★
2. 我在讨论中发表独创的观点	★★★★★
3. 我认真倾听别人的发言	★★★★★
4. 我能够及时调整自己的创作方案	★★★★★
5. 我能按时发布自己的作品	★★★★★
6. 我在网络上和同学交流创作体会	★★★★★
7. 遇到学习困难我会自己解决	★★★★★
8. 我会认真观看网络课程	★★★★★
9. 对于知识和技能我能自学解决	★★★★★
10. 我积极参加作品成果发布活动	★★★★★
11. 我的作品引人注目	★★★★★

2. 学生对学习成果的自评，示例如表 6－21 所示。

表 6－21　“逆行者”数字插画评价表

主题突出	10（做到三点）	8（做到两点）	5（做到一点）
艺术与技术的结合，多种形式的运用	20（运用熟练）	10（运用较熟练）	5（运用不熟练）
艺术效果	20（极具感染）	10（耳目一醒）	5（感受一般）

五、学习成果附件（略）

美术项目化学习是一体化课程和一体化学习的重要方式，一体化教学如果只停留在传统教学去探究，那就失去了存在的活力。项目化学习的实施，是对传统课时观和知识观的一种挑战，让更多的美术教师去认同它，需要一个长期的过程，如果把老师直接推入实践层面，会有更多的迷茫和不适。但是，我们还是要把这种学习方式推介给读者，以期在传统美术教学的基础上适当融入和实践探索，逐步改变教师的教学方式，让学生从知识的学习逐步迈向素养培育的殿堂，这需要未来有更多的探索者一路前行。

第七章 美术作品课的一体化

本章导读

一体化课程和教学实践了很多，我们到底取得了哪些成果？有哪些理论或实践的经验？这就需要“教学反思”，一般性的“反思”没有预见性，不是一体化思维下的“反思”，一体化“反思”是将“课堂”和“研究”深度融合，然后自然生发出理论成果、设计成果、作业成果、资源成果等一系列可预见的综合结果，于是“美术作品课”孕育而生。一体化教学播下的是“小小的种子”，收获的是更大、更多的教学成果。如何开展“教和研”的一体化是本章讨论的重点，相信会给更多的教师带来惊喜。

第一节 现实的困境和理想的状态

我们暂时离开美术课堂，去讨论教学和研究一体化的问题。

“全面统筹”“综合育人”是课改深入深水区的新常态，这要求教师要成为课程的开拓者和教学的研究者。钱伟长先生说：“教师必须搞科研，这是培养教师的根本途径”。这就要求我们树立“教学中研究，研究中教学”的理念。[①] 钟启泉教授立足系统论的视角，论证了教师进行研究的现实意义，作为教师要研究课程和课堂，不能割裂理论与实践。[②] 系统论给我们揭示了“教研合一”的重要价值。而在美术教学实践中一直存在“课堂无研究”和“成果不落地”两张皮的现象，让教师疲于教学，恼于研究。

一、 教学和研究需要一体化转向

美术教师的理想状态是，教师上了一节公开课，不仅上了一堂优质的课，还能够轻松获得有关课的反思、研究、作品等附加成果。在这样的理想状态下，美术教师“只要做好一件事情”，就能收获“更多的教学成果”（如图 7 - 1 所示），这肯定是受大家欢迎的做法。有没有这样的方法？如果有，为什么还有不少美术教师还这么辛苦地上课，然后写作、做研究？理想与现实的差距如此巨大？我们还是要深究自身的原因。在美术教学中，教师的“教”和“研”割离的现象长期存在，主要原因如下：

---

① 章晓炀：《中小学教学和科研一体化的成效和启示》，《上海教育科研》2006 年第 7 期。

② 钟启泉：《现代课程论》，上海教育出版社，1989 年，第 183 页。

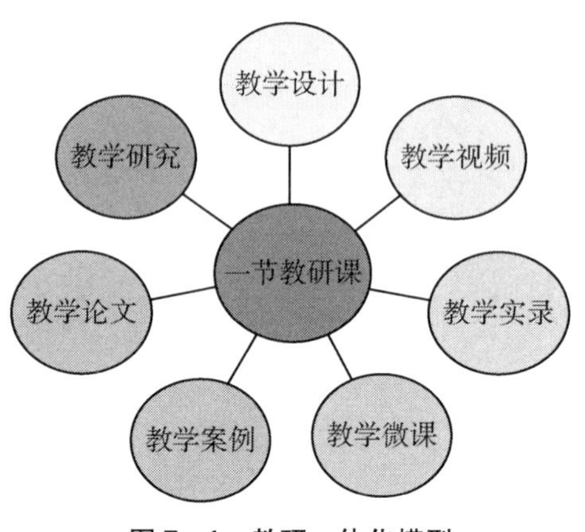

图 7－1　教研一体化模型

1. 课堂没有生发研究

美术教师每天都在进行课堂教学，有些老师每学期开出不少公开课，甚至在各级教学比赛中获奖，但课上完，研究行动也就结束了，没有继续生发，造成上课和研究脱离，不能形成较多的成果。长此以往，造成实践与研究割裂化。而对课堂教学有思考的教师，对一堂课如何形成一篇论文、生发出一项研究，还没有方法可循。没有研究的美术教学是低效的，让教师始终以重复劳动为代价。

让我们观察一下身边的美术教师，有不少优秀的教师在课堂教学层面做得相当出色，经常在省市级活动中执教公开课，有些已经在省市级优质课比赛中获得佳绩，但是，这些老师还在为论文选材、论文发表而惆怅，研究和写作仍旧是教师成长的痛点和软肋。有些教师上课很有想法，一上讲台底气十足，但是让他谈自己的创新做法、教学主张，甚至是教学思想，仍旧是一头雾水，那是因为，美术教师只是把教学看成任务，而没有把课堂教学看作教学研究来做，在这样的思维方式下，教学始终和研究无关，势必造成教师上了许多课，但没有研究成果的现象。

2. 成果没有应用在课堂

美术教师每年有教学成果获奖和论文发表，很多仅停留在理论层面，未经过课堂验证，这好比把成果放在架子上，没有真正落地。这些老师认为，教学研究就是出论文、出专著，写成报告就行，对于课堂教学也是“想当然”。这些教师一上讲台，课堂教学就没有论文这么出色，造成“理论服务实践”成为空话。

例如，在美术作品辅导方面，大多数教师都有心得体会，但是美术作业放到课堂上，就会有这样那样的问题，如难度过大、时间不足、完成率不达标、创意不够等，质量普遍不高。造成这种现象的原因是多方面的，如，参赛的作品都需要课外辅导，或者是依托校外培训机构进行。由于课堂作业和优秀作品存在不同标准，师生对课堂作业的期待值不高，造成课堂学习效率欠佳。其最关键的原因是，作业研究成果没有落实在美术课堂中，都是空架子，这就是研究成为空洞理论的佐证。

3. 教学品牌意识比较薄弱

达·芬奇一生作品众多，一幅《蒙娜丽莎》让他名垂千史；王羲之一生书写无数，一件《兰亭序》被誉为“天下第一”。和艺术家一样，一位美术教师的教学理念、教学主张、教学水平，也应该通过具体的“作品”来体现。而多数教师没有教育教学的品牌意识，重复着相同的“劳动”。公开课上了很多，或者论文获奖、发表颇丰，但是两者综合起来，在教学和研究某个层面始终存在短板，理论和实践的割裂，很难建立教学品牌，阻碍教师专业水平进一步提升。

可见，“没有研究的教学”和“没有教学的研究”，让美术教师陷入疲于上课、恼于研究、苦于辅导的怪圈。[1] 为了让教师的“教”与“研”便捷与美好，有必要对教和研的方式进行一体化转向。

二、教学和研究一体化的背景

教学和研究一体化的理念已经存在已久，随着我国基础教育改革的日益深化，尤其是新一轮课程改革的逐步实施，“教师成为研究者”的理念逐渐为人们所了解和信服。“教师成为研究者”是20世纪以来关注的“教师专业发展”的重要组成部分，它要求教师不仅仅是“传道、授业、解惑”的传统形象，也要成为一名具有探究、创新意识的研究者。国外学者是这一思想早期的积极倡导者和行动者。

教师成为研究者的思想早在20世纪初就出现了，博克汉姆(Buckingham)在《为教师研究》(research for teacher)中首次提出教师应该成为研究者的思想，他认为：“教师拥有研究的机会，如果他们抓住这个机会，他们将不仅有能力地和迅速地推进

① 林哲：《“教、学、做”一体化实境式教学探究——以美术设计与制作专业“构成基础”正形与负形内容为例》，《职业教育》2018年第11期。

教学技术，并且将使教师工作获得生命力和尊严。”著名儿童心理学家皮亚杰同样提倡中小学教师参与到教育科学研究中去。前苏联著名教育家苏霍姆林斯基也认为，参与教学研究能够增强教师工作的幸福感，从这一层面他提出教师做研究是一条幸福之路，走上研究之路将会给教师的劳动带来乐趣，上课也不致成为教师枯燥无聊的任务。[①]

国外学者在实践层面，基本经历了三个阶段，即斯腾豪斯的“教师即研究者”、埃利奥特的“教师成为行动研究者”、凯米斯的“教师成为解放的行动研究者”。英国学者斯腾豪斯（L. Stenhouse）认为，课程开发不仅仅是专家的任务，教师也应该主动参与到课程的研究和开发中，变被研究者变成主动的参与者。美国学者肖恩（D. Schon）研究出反思实践者和反思性教学的理念，推动教师成为研究者观念的发展。澳大利亚学者凯米斯（S. Kemmis）将行动研究应用于教育，提供了更好的检验与改进教学的途径和方法。

对此，我国学者研究较晚，提倡“教师成为研究者”主要成果集中涌现在2000年课程改革之后。20世纪二三十年代，涌现出一大批教育研究和改革的推动者，如陶行知、黄炎培、晏阳初等，开展了生活教育实验、平民教育实验、乡村建设教育实验、职业教育和社会教育实验。党的十一届三中全会后，涌现了大批研究型校长和教师。新课改之后，与研究型教师有关的成果愈发

① B. A. 苏霍姆林斯基：《给教师的建议》，杜殿坤编译，科学教育出版社，1984年，第62页。

丰富，各类专著和文献从理论和实践层面，结合现实情境，都有新的做法和突破。国内学者对“研究型教师”的内涵做了详细的阐述。如陆有铨认为研究型教师不仅是教育工作的实践者，还应成为教育理论的探索者，成为有反思能力和创造性的实践者。[①] 施良方、崔允漷认为，教师的新形象是研究者，他们能够将对自己教学实践的质疑和探讨作为基础，具备研究自己教学实践的信念和技能，并在实践中有意向质疑和检验教学理论，愿意接受其他教师或研究人员观察他的教学实践，并就此进行讨论。[②] 刘黎明在《蔡元培与亚斯贝尔斯的研究型教师观之比较研究》一文中提出了教师应该具有创新意识、教育情怀、宽阔视野和理论素养，还强调研究与教学相统一应该成为研究型教师的素养之一，[③] 此观点得到了我国许多学者的认同。

由此可见，能够对教学进行研究，即教学与研究一体化是现代教师的核心素养之一。研究型教师并非专门搞研究，而是在教育教学领域中，具有丰富的专门知识，掌握教育学、心理学等教育科学理论，在教育教学实践中，具备研究问题的意识和能力，富有职业的敏感性和教科研意识，将研究所得的行动策略付之于行动，更好地服务于教学工作。**简而概之，教学与研究一体化就是将“研究融入实际教学中”，并将“所得的成果运用于教学，更好地促进课堂的发展”，最终“让教师成为课堂教学与教学研**

---

① 陆有铨：《时代呼唤研究型教师》，《杭州师范大学学报》2002 年第 1 期。

② 施良方、崔允漷：《教育理论：课堂教学的原理、策略与研究》，华东师范大学出版社，1999 年，第 78 页。

③ 刘黎明：《蔡元培与亚斯贝尔斯的研究型教师观之比较研究》，《河北师范大学学报（教育科学版）》2012 年第 2 期。

究的表率者和排头兵”。

在如何培育“研究型教师”的问题上，学界在新课改之后也大量的实践研究，认为教师自身的科研素养欠缺和研究意识缺失是不能顺利开展研究的主要因素，使教师难以对教学中出现的问题保持敏感，因而他们不会将教学研究与日常教学实践相联系，使得研究与教学脱节。为了改变这一现状，我国学校比较常见的做法如下：第一，教师培训进修，通过培训学习教育理论和科研方法；第二，教学科研，帮助教师确定适合的研究课题，并做辅导；第三，成立教科室，专门成立负责教师教育科研的教科室，在开展教研活动中对科研能力薄弱的教师进行指导；第四，反思与合作，教师反思教学中存在的问题并通过互相合作来共同解决；第五，学术交流，通过学术自由和学术交流，提升科研意识以及学习习惯的养成；第六，自我更新的教师专业发展，教师建立自我剖析的档案，制作自我引导学习准备量表和继续学习调查表，学会记录关键事件，经常与自我保持专业对话；第七，社会支持系统和学校制度建设等做法。

那么，沉浸在“研究型教师”培育制度下，教师会研究自己的课堂教学吗？身边的中小学教师出了哪些理论性和实践性成果呢？好像成果很少。因为，教师经历的多数是理论层面的培训和辅导，在实践层面，面对自己的一节课，如何转化为研究的成果？或者，一篇优质的论文成果，如何用教学来验证？很多老师都没有想到还可以这么做。那么，教和研具体怎么落地呢？教师最需要的是一把操作“钥匙”。且有一个重要的前提是，不能太麻烦，理想的状态是“做一件事能够获得更多的教学成果”。这不是贪婪！

三、教学和研究深度融合

教学和研究深度融合是对教师提出的专业要求，实践多年，作为一线的美术老师似乎大多只触摸到事物的边缘，没有触及核心的操作方法。在这里，教学和研究深度融合不是一句口号，而是需要拿出实实在在的操作策略。自由美术团队通过长期实验，提出“作品课”的一体化方法，整合课堂和研究，把研究融入课堂，把课堂作为研究的素材，一节美术课或一个问题研讨可以最大可能地生发出各种教学成果，实现教学和研究的一体化。

美术“作品课”的内涵和具体做法将在本章第二节中具体展开，这里还需要提前做个比较，理解“作品课”和其他教研方式的区别，走出“换汤不换药”的错觉。

首先，“作品课”不同于“研究课”。我们倡导“作品课”把研究融入课堂教学，和“研究课”有联系也有区别。常见的“研究课”是针对某一教学问题，开展课堂实践来解决问题，形成教学经验的课。解决问题和形成经验是“研究课”的价值取向，而“作品课”的目的不仅于此，还在于“一节美术优质课”能够生发出许多高度关联的教学成果，如论文、观点、作品、微课、课件等系列成果，这些成果需要课前精心谋划，课后长期研修和有意识地生发。而“研究课”的教研关注点是改进和提高课堂教学效果，对于后期需要生发怎样的附加成果并不十分注重。

其次，“作品课”不同于“教研课”。一般的美术教研活动主要的方式是，围绕教学主题开展有关课堂教学的成果展示，以传播课堂教学中的新理念，改进教学中的操作问题为主要目的的教研方式，常以“上课加评课”的模式实施。而“作品课”也有上课、评课的过程，但主要的目的要么是公开验证已经取得的理论成果，要么是通过专家引领和思维碰撞催生出更多的教学成果，达到“教有研，研有果，果必公开”的理想境界。

再次，“作品课”不同于“课题研究”。“作品课”需要对一节课进行深度研究，形成论文或案例，但不是“课题研究”中的一个课例。“课题研究”具有立项、开题、论证、实施、结题、评估的规范和程序，“作品课”的研修不需要经历这种程序。“课题”也有“课堂研究”的内容，课题研究中的课例是围绕课题目标而进行的研修成果。而“作品课”对一节课的研究主题，开放度比较大，关注的是标新立异，美术教师可以从自身关注的角度多维度地立论和论证，然后进一步生发其他各项教学成果。“观点的新颖性和成果的生发性”是“作品课”的价值追求。

“作品课”为载体，教学和研究深度融合的教研方式具有以下意义：

(1) 加快美术教师专业成长。美术教师一方面把课堂教学看作研究，在课堂中积累经验，反思问题，形成成果。另一方面把理论学习和研究成果在课堂中进行验证，不仅提升教学理论水平，还不断提高课堂教学能力，同时获得一系列的教学成果，促进教师又好又快地成长。

(2) 让教师掌握精准研究的本领。引导教师研究评价、研究课程，研究学生、研究课堂，让研究基于学生、源于课堂，找准教学的实际问题，在教学中不断解决问题，让课堂成为实实在在的“解决问题，生成各种教学成果”的场所，剔除游离于课堂的研究和“空洞的假研究”。

（3）促进学生艺术核心素养的养成。艺术核心素养的养成是建立在扎扎实实地落实每节课的教学目标的基础之上的。教师用研究的视角备课、上课、辅导，为的是更加高效地达到教学目标，促进学生创造性人格的最终养成。

现在，我们已经拿到了教和研一体化操作的入场券，即将步入“作品课”的操作场所，或许接下来的阅读之旅会让你会心一笑，也有可能让你兴奋不已，你会发现，原来我们还可以这样做，其实我们早就可以这样做了！

这不是贪婪，而是事实！

第二节　“作品课”促使理想落地

教学理想状态是：做一件事情就可以解决“教学和研究”的诸多问题。而现实的情况是，美术教师的教学和研究都是碎片化的。公开课就是把课上精彩为目的，与研究无关。教学研究只是关起门来阅读和写作，与课堂教学也无关。老师们获得的成果要么只是教学的，要么只是科研的。美术教师辛辛苦苦磨课、上课，没有考虑到还要获得更多的成果，哪有“一箭多雕”的美事？美术“作品课”就是让这种理想落地。

一、美术“作品课”内涵解析

“作品课”这个词语既陌生又熟悉。熟悉的是“作品”和“课”这两个词，而“作品课”是暂时的提法。什么是“作品课”？**作品课不是单纯的一节公开课，而是以问题为先导，由公开教学和问题研究进行有机整合，自然生发系列教学成果的综合体。**具体表现为，基于实践和研究的基础上，公开课展示，相关论文（课题）和学生课堂作业等能够被公开发表或获奖，并且生成设计、微课、课题等多项成果。[①]

这里强调的是三个关键词：第一，是“有机整合”。“一课一研”或“一研一课”在自然状态下的高度融合，教学因问题而设计，研究因问题而付诸课堂实践。美术教师的课堂教学既是对问题的研究，也是对问题的印证。第二，是“自然生发”。自然生成是发展的最高境界，自然即水到渠成、自然而然、无拘无束，而非外在的压力，人为的做作。“自然生发”各种教学成果是基于预设，更是注重生成。第三，是“综合体”。带有“课”的概念，很容易使人误解为“一节公开课”或“一项课题研究”。而“作品课”既不完全是“一节课”，亦不全是“一项问题研究”，而是包括“公开课”“问题研究”“论文案例”“学生作品”等诸多成果的“综合”。“成果的综合性”就是“作品课”区别于其他

---

① 刘永永：《有机整合　适性拔节——小学美术课程一体化实施研究》，《中小学教材教法》2021年第8期。

教研成果的最大特征。

美术“作品课”具有以下特征：第一，具有美术性。美术教学的特征是指向艺术核心素养下的视觉性、趣味性、实践性、人文性的课堂教学，最终是培养学生的创造性人格。第二，具有综合性。突显理论和实践双重特性，“课堂”和“论文”是成为教学“作品”的基本标准，它还囊括各项教学、教研成果，是综合性的成果体。第三，具有同一性。课堂教学和教学研究“解决的问题”是一致的，教学以问题为起始，课堂是解决问题的实践，研究来自课堂上，是课堂的深化。第四，具有延展性。“作品课”生发出优质教学和优质论文，接着再次生发成果，形成成果的连锁反应。

二、美术“作品课”的结构[①]

美术“作品课”之“课”，包括基础课程的“课”，拓展课程的“课”和研究性学习的“课”。教学是学校的中心工作，也是教师的中心工作。观察课堂、分析课堂、研究课堂是教师的工作重点。我们倡导的“作品课”，落脚点在课堂教学，由“课”生发成果，我们不做无“课”的成果，即“一课一研”和“一研一课”的一体化。因此，美术“作品课”构成的要素有三个：问题导向、优质教学和优质论文。其结构如图7-2：

---

① 刘永永：《有机整合　适性拔节——小学美术课程一体化实施研究》，《中小学教材教法》2021年第8期。

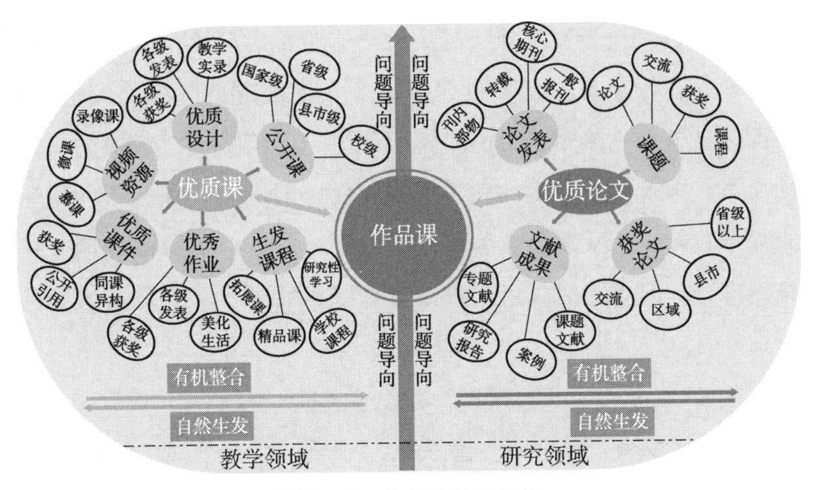

图 7-2 美术作品课结构

图 7-2 显示，美术“作品课”具有“一体两面”的结构，“一体”指“问题导向”为统一体，“两面”是指教学领域和研究领域两个层面。“作品课”集中了课堂教学、教学研究为一体的成果，是教师对教学高标准追求，最终让每个师生获得成长。

1. 问题导向是整合的纽带

问题导向是指课堂教学除了达成学科目标之外，为了验证问题假设，得出新的结论的过程。这些“问题”包括在美术教育教学中需要澄清、说明和解释的教学理论、教学方法和策略等，“问题导向”让“研究思维和方法”自然而然地根植于课堂教学和反思中，教学和研究就会指向共同的“问题”目标，实现“一课融一研”或“一研带一课”的一体化。

2. 优质课是解决真实问题的课

“作品课”中的优质课和常规意义下的优质课都是公开的教

学活动，都是代表着教师或区域教学水准的教学实践。而两者最大的区别在于，有没有带着“解决真实问题导向”的烙印，“作品课”公开展示的重要目的是解决问题，并形成问题解决的探索性文本，以此生发更多的教学成果，而一般的公开课注重的是达成教学目标、落实重难点和课堂设计的本身，对于教学问题分析是否深刻，问题是否解决，教研主题是否突显，一般没有后期的要求。

3. 优质论文是课堂的理性思考

优质论文是“作品课”重要的组成部分，是实现教研一体化的重要佐证。这里的“论文”和一般的教学论文都是在通过论据论证观点，而“作品课”的论文假设在课前，验证在课堂，形成在课后，是和教学设计、实施、评价有机整合，同步展开的过程，是“作品课”的一个重要指标。论文“为课而写”，是弥补“教学缺憾，积累教学智慧”的理想实践。而“作品课”的“论文”需要“优质论文”，那么“优质”的评判标准是什么？除了文本符合常规论文要求之外，我们的要求是论文能够公开发表或权威机构的认证。

4. 综合性成果是预设下的美丽生成

教和研的有机整合产生整合效应，自然生发出“教学”和“研究”的综合性成果。如“课堂教学”生发出“公开课、教学设计、教学视频、课堂作品、优质课件、课程资源”等成果；“问题研究”可以生发出“获奖论文、发表论文、专项课题、文献成果”，这些成果继续生发出下一级教学成果。这些成果的数量和质量不是盲目获取的，每项成果都是需要教师精心谋划，需要身体力行才能实现，因此，“作品课”是“教和研一体化”的完美结果。

三、 美术“作品课”的标准

美术“作品课”是教和研的成果的综合体，如何评价这个“综合成果”，需要对“作品课”的评定制定一个评估标准。我们根据教学成果层次，分为“一般作品”“示范作品”和“品牌作品”三级。“作品课”的评价要素和指标如表 7－1 所示：

表 7－1　美术“作品课”评定要素和指标

<table>
<tr><th>分类</th><th>公开课指标</th><th>论文指标</th><th>其他成果</th></tr>
<tr><td>品牌作品</td><td>省级及以上公开执教</td><td>论文（案例）在核心期刊发表；省级一等奖或全国二等奖</td><td rowspan="3">○相关课题立项获奖
○教学实录获奖
○录像课获奖
○课件获奖展示
○微课获奖展示
○慕课开发展示
○学生作业发表获奖
○开发拓展课精品课
○开发研究性学习
○新添学校课程
○案例各级交流
○其他文献成果
○其他教学成果</td></tr>
<tr><td>示范作品</td><td>大市或跨县市区公开执教</td><td>论文（案例）在 CN 报纸杂志发表；大市一等奖或省级二等奖</td></tr>
<tr><td>一般作品</td><td>在县市区或跨区域公开执教</td><td>论文（案例）在县市区论文评选中获一等奖或二等奖</td></tr>
</table>

从表 7－1 可见，美术“作品课”的评价主要指标是“公开课”和“论文”，这两者的是相互联系的，“公开课”是“论文的主要依据”，是“论文的课堂实践”。“论文”是“公开课的理论文本”，是“表现公开课”的文字创作。评价指标的建立，可以

帮助我们更多地理解“作品课”的内涵，帮助美术教师进行教研操作。这里还需要说明几点：

第一，美术“作品课”有层次类别。

美术“作品课”根据“课和论文”的级别，分为一般作品、示范作品和品牌作品三级。“作品课”的分类主要依据是教学成果的影响力，分别是县市级、大市级和省级及以上级三级。这样由低到高的分层分类，可以帮助美术教师进行个人教研目标的规划，让不同发展阶段的教师看到清晰的目标，而不至于搞“一刀切”，促使教师朝着高标准去努力。

第二，“作品课”的成果均有公开性。

“一课一研”和“一研一课”是美术“作品课”的重要特征，而能够冠于“作品”或者“代表作”的成果，必须是公开的。教学成果公开的方式很多，我们以“公开课”“发表和获奖”来评判。首先，教师要有“公开教学”；其次，要公开发表“写课的论文”，平时的随笔或心得也不能作为评价作品课的依据；再次，“课”和“论文”要同时公开，只有一个要素公开，不能评定为作品课。为什么要有这么严格的要求？那是因为“作品课”作为教师的代表作品，或是具有专利和知识产权的教学成果，必须经得权威部门的专业认定。

第三，各类教学成果要有一致性。

美术“作品课”是问题导向下生发的教和研的成果综合体，这里反复强调的是“问题导向”，只有在统一的问题导向下的教学成果，才能达到成果的同一性，在实践层面才得以让理想落地，达成“一箭双雕”和“一箭多雕”的教学理想。每一级作品课生发而来的公开课、论文、案例、微课、拓展课等教学成果，都是以同样的“问题”而自然生成，具有高度的一致性。如果课和论文、案例等成果没有联系，仍旧是传统的教研思维下的零散的成果，这就违背一体化教学的初衷，哪怕论文都达到公开发表的要求，也不能称为“作品课”，因为成果的综合体应该具有一致性。

四、美术“作品课”的操作

在前面的讨论中，其实已经道破了美术“作品课”的操作方法。依据评价指标，大家也会很自然地进行自我反省：我有作品课吗？我的作品课是哪个类别的？如果没有作品课，我的问题在哪里？我将作哪些改变？这里是开启教研一体化的大门。

课堂教学和问题研究的综合是生成“作品课”的基本途径，而美术课堂是一系列教学成果的生发地。[①] 教学问题在课堂解决，理论在课堂得到验证，然后生发各种成果，“问题”是教学和研究的链接点。“作品课”的生成是以“问题”为基本导向而展开的印证过程。研究问题为导向的“作品课”教研如何操作？

“问题导向”是美术“作品课”生成的核心问题，是公开教学的起始。这里的“研究问题”，主要是指需要探讨的教学理论问题，课程实施问题、教学方法、教学技巧、媒体运用等问题，

---

① 尹少淳：《文化·核心素养·美术教育——围绕核心素养的思考》，《教育导刊》2015 年第 9 期。

是教师进行课堂观察、分析和探讨的驱动性问题。如，探究的问题是“新材料如何有效使用”，有了这个问题导向，教师的设计、课堂观察、教学策略、作品评价的视角就会聚焦到“新材料使用”这个驱动性问题上。这个问题又会引申出多个观察点，对执教者来讲，可能关注的问题是：

1. 这节课我要使用哪些新材料？新材料的选择的原则是什么？

2. 新材料在课堂中如何出示最佳？

3. 学生对新材料的使用会遇到哪些安全或技术问题？

4. 学生能完成本次作业任务吗？

5. 新材料的情境下作业主题和要求需要作哪些调整？

6. 如果学生过于兴奋将怎么调控？

7. 最能体现作品效果的展示方式是什么？

8. 本次学习我要传达给学生的理念是什么？

对于观课者来讲，就会站在不同的立场进行思考，依据自己的思考来观察课堂，进行自我分析。观课者可能关注的问题是：

1. 这位教师作业材料的选择是否合适？如果是我，我会怎么做？

2. 学生对新材料的创作是否感兴趣？主要原因是什么？

3. 这位教师把新材料的特殊功能完全展现出来了吗?

4. 新材料的创作对突破教学重难点是否有效?

5. 学生对新的创作方式是否适应? 如果是我，如何调整?

6. 教师的哪些做法值得学习，哪些做法值得商榷?

7. 教师的哪些资源对我有启发，我将如何融入自己的教学?

8. 新材料的使用对我的教学有哪些启示?

当执教教师和观课教师有了这些问题的预设，大家的“教和听”的实践就会和平时不一样，将研究的思维植入教学实践于一体。这些问题的最大价值还会在课后继续深化，诸多问题是教师自身或同伴之间进行交流、分析、共享和反思的“焦点”，也是由课生成论文和研究项目的“生发点”。在良好的教研情境中，教师有了深刻的实践体验，自我表达的内驱力就会被激发，教师在自信的心境下，完全有能力把教学的得失、思考、观点进行整理成文，于是就有了“研究课的论文”，教师还会接纳专家、同伴善意的建议，自觉地把教学设计、微课、课件、课堂作业等进行优化，不经意之间就生成了多个教学成果。最后，经历其中的教师就会快乐地说，上公开课是一件快乐的事情!

作品课的操作，可概括为三种策略:

1. 问题导向的整体设计

在课堂教学中，“问题解决”为核心点，分成课前、课中、课后三个实施阶段，主要方法如下：

（1）前置问题

开展美术公开教学之前，要明确“研究什么”，这是教和研的目标指向，这个主题不仅是课堂要解决的任务，也是课后反思的问题。前置性主题一般是教研活动的主题，也可以是未解决的“小困惑”。前置性主题范围很广，可以是课程架构的问题，如课外资源如何整合、教材重构的合理性等；可以是教学方法的探索，如导课有效性研究、学程如果实施、提问的艺术、多媒体运用是否合理等；可以是学法辅导，如激发创意方式、作品多元展示、媒材运用等；还可以是教学行为研究，如教师语言的艺术性、提问的效度、预设和生成的处理问题。

（2）课堂验证

课堂中教师的授课，学生的学习，师生的互动、学习的结果等，课堂中发生的一切是师生成长的印记，稍纵即逝的瞬间恰恰是“作品课”的鲜活源泉。因此，在美术课堂教学中要收集好与解决问题相关的一切佐证。第一，课前明确分工，细分课堂观察的角度和要求。第二，结合现代媒体，多角度全程录像，专业相机抓拍镜头，观察软件图文并茂。媒体的录制和摄影需要专业人士操作，因为能够捕捉到精彩的瞬间影像能够提升成果表达的艺术性。第三，授课教师即时反思，根据课堂进程不断调整，观察者即时记录观课心得。收集课堂材料，为总结成果和提升做准备。

（3）反思深化

反思是验证问题解决质量、梳理有效方法、形成理论成果的重要方式。课后反思的形式多样：可以是同伴交流，摆出课堂事实，发表个人观点；也可以是专家点评，从专业角度聆听专家的鉴定，进行自我反观；最重要的是个人梳理，教师要收集各种课堂观察的资源，包括视频、图片、听课笔记、评课录音、课堂作业等，分门别类地进行分析、整理和保存，一节公开课形成一个由教学设计、课程资料、课件、微课、录像、作业集等丰富的资源包。教师根据课堂观察、教师点评和自己的感悟，进行“主题”式反思，有理有据地进行论文、案例的撰写，积极投稿、参赛，然后举一反三，生成各种业务成果，让一节课的价值最大化。

2. 公开课转化成论文

“课的论文”就是以一节公开课作为研究对象和佐证资料，围绕某一论点展开论证的过程。这是比较常见的文章写法，与一般的学术论文比较，具有“切口小、可读性强、易于把握”的特点，是深受广大一线美术教师认可的一种写法。

(1) 以一节公开课为依据

“写课”的论文方法很多，但它不同于课堂实录，也不是课堂案例。课堂实录是课堂的全程记录，详述“师生”的全部对话和行为过程，帮助我们看到课的全部细节。教学案例是针对课堂的某个成功或失败的情境，分析原因，提出改进策略的文章，一般的结构是两部分，即“情境描述＋案例分析”。而我所说的“写课”论文有立论、论据和论证的过程，而不是课堂实录的对话记录，也不是教学案例的现象分析。它和一般的教学论文也有区别，一般的教学论文可以写课，也可以写另外的题材，而作品课的“论文”写的是自己的公开课。一般的教学论文的论据可以是多节自己上过的课或听过的课，而我所说的“写课”论文只写一节自己的公开课。

（2）问题导向下五步结构

一节课怎么写成一篇论文呢？第一，确定主副标题。根据研究问题，提出题旗帜鲜明的主标题，突出中心论点。副标题切口要小，提示教学内容，一般用“以＊＊教学为例”的措辞。第二，拟定分论点。围绕中心议题，依据课堂提出几个小观点，斟酌行文标题。第三，寻找充分的佐证。分析课堂观察中的记录，选择能够印证论点的实录、图片、视频等材料。第四，思考通顺，下笔成文。“提出问题”部分一般表述开课前的想法，分析课程内容。文章的分论点论证中主要是“分析问题”和“解决问题”，有理有据地开展论证过程。第五，修改和投稿。以多种形式修改，达到文思通畅、自圆其说。研究报纸杂志的要求，虚心求教，大胆投稿。

如，教研活动之前，教师根据“小学美术基础课程中生成性资源如何开发”这个问题导向设计主题教学，执教了《西游风筝设计》。课后，收集了过程性的图片资料、学生作业照片、视频、评课等资源，提出“课堂拓展环节是珍贵的课程资源”这一论点。文中提出三个分论点：尊重经典下“形”的重塑、情境演绎下神情表达、多元融入下的美育渗透。在三个分论点之下，运用公开课的教学实例依次进行理论论证和事实论证。[①] 成文之后刊登在《中国美术教育》杂志。

（3）清晰的行文结构

论文内容可以千变万化，但是论文结构清晰是第一要务。[②] 文章的结构都要清晰，主要指三个结构：整体结构、外在结构和内在结构。

第一，整体逻辑须清晰。写课的论文一般性的结构是怎样的？通过论文和教案的比较，来说明“写课论文”的整体面貌和写作技巧，见表 7－2：

表 7－2　教案和论文的关系

教案	论文
教案题目	主副标题、论点
教材分析、学情分析、目标、重难点	研究背景：为什么要这么做
教学过程的标题	分论点：过程高度概括成具体做法
教学过程、课件、微课	论证过程：用实例论证分论点
师生互动、学生作品	教学成效：用事实论证教学成效
教学拓展、教学评价	教学展望或后续研究

可见，教学论文的结构和美术教案有联系，一般的结构由五部分组成，分别是：研究背景描述、提出论点和分论点、论证操

① 刘永永：《由“课堂尾巴”生发的拓展课——小学五年级〈西游人物风筝〉教学实践研究》，《中国美术教育》2019 年第 5 期。

② 刘永永：《美术生成性教学》，浙江人民美术出版社，2015 年，第 174 页。

作方法、说明教学成效、提出研究展望。其中，“论点和分论点”是文章的灵魂，虽然文字简略，但需要美术教师长期斟酌，既要求新颖，又要求合理，同时还应具有语言的节奏美感。“论证操作方法”是文本最关键的部分，要有一定的理论高度，又有事实依据，做到言之有理，行文流畅。“背景分析”和“研究展望”文字简洁，表达完整，具有“画龙点睛”的成效。

第二，外在结构有条理。外在结构是文章的骨架，骨架搭建得好不好影响文章的美感。文章的外在结构主要由分论点和操作策略组成，这是文章最外层的脉络体系。一般来讲，外在结构有两种行文方式，第一种是横向结构，各个部分都是并列关系，如，几种教学方法的论述，论述的时候没有主次之分。第二种是纵向结构，每个部分是递进关系，有很强的逻辑性，不能前后颠倒。如，现象、原因、对策这三者就是纵向关系，不能前后混乱。横向结构和纵向结构哪种行文结构好？其实没有优劣之分，最主要的一条原则是一文一结构，不能纵横交错。

另外，作为分论点和策略的语言表达不能很随意，要精心雕琢，做到语序一致，字数基本相同，阅读时朗朗上口，具有节奏之美。例如，美术教师朱菲菲以宁波公开课《剪雪花》一课为例，撰写了论文《激发与保持小学美术学习兴趣的策略探究》公开发表。[①] 该论文标题摘录如表 7－3：

① 朱菲菲：《激发与保持小学生美术学习兴趣的策略探究——以浙美版〈剪雪花〉一课为例》，《中国美术教育》2016 年第 3 期。

表 7－3 《激发与保持小学美术学习兴趣的策略探究》结构

一级标题	二级标题
一、交流欣赏，体验认知之趣	1. 其乐融融把谜猜 2. 诗情画意把雪赏 3. 千姿百态觅雪花
二、互动演示，感受实践之趣	1. 留痕巧助——“折”之趣 2. 独辟蹊径——“画”之乐 3. 翩若游龙——“剪”之妙 4. 画龙点睛——“添”之奇
三、拓展总结，分享作品之趣	1. 求同存异展个性 2. 集体赏析共评议 3. 巩固教学来拓展

从三个一级标题可见，文章的主体分成三个部分，三个分论点是按纵向结构布局全文，从“认知——实践——拓展”这三个教学流程论证“激发学习兴趣”的有效方法，行文结构清晰，符合课堂教学推进的基本逻辑。二级标题是论证分论点的具体化操作，也是按照纵向结构进行表述，让我们看到了教学的细化流程，因此，整篇文章达到了结构清晰的要求。我们再看作者的语言表达，句子工整对称，内容高度概括，具有节奏的美感。如，一级标题都是“做法＋目的”的结构，又能紧扣“兴趣”这个论点，达到紧扣题意的目的。二级标题中成语和四字短语的运用让语言更具形象性和艺术性，如“留痕巧助、独辟蹊径、翩若游龙、画龙点睛”等成语，将复杂的语义和语境生动形象地表达出来，又不失美术教学激发学生创意的本质。因而，文章受到了编辑的青睐，成为教师的代表论文。

第三，内在结构须夯实。“课的论文”和教学实录、案例分析等不同类型的文章的突出区别在于“论”，论什么？怎么论？

论得怎样？这是论文的内在结构的问题。内在结构是文章内隐的逻辑结构，什么是内隐的逻辑？主要集中体现在“论述”问题的逻辑上的循序性和深刻性，即为什么？是什么？怎么做？做得怎样？“写课”的文章要成为高质量的论文，文章的整体和局部都要做实这四个逻辑问题。见表7－4：

表7－4　教学论文的内在结构

内隐结构的逻辑	指向论文内容
为什么	探究和实践的背景、意义的阐述
是什么	关键概念的解释、观点的阐述
怎么做	解决问题的模式、方法、策略等
做得怎样	操作成效、成果评价、探究展望

常见的问题是，教师对整篇论文的内隐结构是比较关注的，而对分论点中对的表达与论述就显得薄弱，这就造成语言的浅层化，没有“立论、议论、讨论”的过程，文章的严谨性就很难保证。以下是笔者发表论文中的片段：

示范中动情

示范是美术学习中直观有效的教学手段，教师通过对媒材的运用、构图斟酌、技法展示等过程，将艺术品的形成过程展示给学生，从而获得更为丰富的审美经验，激发对艺术作品的欲望。教师顺应情境的角色示范多种表现方法：先依据骨架确定脸型大小，接着可以运用材料粘贴，可以绘画表现，也可以两者结合，最后添加唐僧帽，选择服饰。为了拓宽人物各种表情的表现方法，我用网络表情包启发学生。情境之下的示范，把风筝绘制的技能激发镶嵌在生动的情境之中，吸引学生主动地投入到学生中来。在教师的示范过程中，不断地给学生创造视觉惊喜，激起了学生心理期待，学生在观察示范的思维是涌动的，想象使技能技巧的学习笼罩上诗情画意和无限乐趣，让自由想象和积极情感深度交融。

上述片段体现了文章的内在结构。首先讲述了“示范是什么”和“为什么要示范”，接着对“怎么有效示范”作详细说明，最后论述了“示范产生的有效结果”。其实，这样的论述在全文处处可见，每一处的讨论都是围绕“是什么、为什么、怎么做、做得怎样”等问题展开，因为有了这些精彩的小片段，论文才显得深刻而感人。

（4）动人的视觉佐证

论文中的图片不是关键因素，而对美术学科来讲，“图”也是重要的表达，美术论文要“图文并茂”。“图”是视觉的语言，和文字结合在一起，成为浓缩的、概括的文字，许多要用大量的文字来表达的情景，用一张图就可以全部解决，图对文字起到锦上添花的作用。美术论文中的“图”至少有这么几类：一是图表，一般指表格和统计图；二是学习导图，是指重要课件的图片、思维导图、学习单、板书图片等；三是场景照片，是指反映教学过程中的师生活动的图片记录；四是成果图片，一般多指学生优秀的课堂作业的图像，反映课堂教学取得成效的佐证。

美术论文对“图”的要求是非常高的，像素、清晰度是对所有图片的要求。而美术论文的附图，必有构图、角度、光线、突出主体等专业要求。图表、导图、作业图这三类图相对简单，只要技术得当，后期制图也能够出效果。这里重点强调的是具有真实性的场景类图片的操作和选择。场景照片在文章中附图不多，但是影响着论文的整体效果，好的场景照片要用特写的角度，抓住瞬间的人物神情，清楚地表达现场操作细节，这样的场景照片给人强烈的现场感受，具有生动的叙事功能。如图7－3这张照片捕捉到的场景，摄影师抓住了学生一打开材料包瞬间的兴奋表情，把学习的快乐生动地表达出来，此图并非摆拍，作为教学论文中作业创作的附图，得到普遍的认可。

图7－3　课堂瞬间

3. 由论文转化课的方法

不少科研能力较强的美术老师在写作方面会有很多成果，而让他们上一节课就犯难了。如果，教师知道论文就是教学主张，上课是一个验证主张的过程，那样理解之后，他们的想法就会不同。先有研究论文，然后用课堂验证，也是“教研”一体化的方法。有了研究论文就有了教学理论成果，要真正让人信服“个人思考的价值”就得用课堂教学来验证，于是，就有了论文转化而来的研究性课堂。

论文如剧本，可以有多个剧目，多个场景，而课堂有目标、内容、时间等规定性，很多时候不能全部演绎，只能验证论文的某个“观点”。因而，论文向研究性课堂的转换主要有以下方式：首先，要选择合适的论点。根据学情和教学内容，确定需验证的观点或教学主题。其次，主题性教学设计。根据主题对目标、重难点重新预设，对教材内容进行重构，确定合适的教学方法。接着，公开验证。通过公开教学的形式，展示理论成果。最后，反思修正。课堂是为了检验想法，课后要听取各方建议，完善教学观点，形成独特的教学主张。

如论文《小学拓展课程需要解决的“三问”》发表于2016年《中国教师》杂志，文章围绕“拓展课开发优化策略”提出三个观点：课程内容要依据学生需求进行校本化；学生选择课程要自主选择和分层指导相结合；课程开发方面要量力而行。[①] 为了验证自己对拓展课程开发和实施的想法，验证“课程资源校本化”这一理念，我对六下《中国非物质文化遗产》一课内容进行校本化的设计，开发《小木偶大舞台》课程，整合了美术和综合实践学科的资源，两位美术教师和一位综合实践老师一起备课、磨课。2017年3月3日，在宁波市生成性教学研讨活动中，向来自全国各地的300多名美术教师展示研究成果，课后反思《拓展课需换新颜》在《浙江教育报》再一次推广。

美术“作品课”的起点没有固定的模式，可以从“课”开始转向论文，然后生发各种成果；也可以从“论文”开始设计“公开课”，再生发教学成果，亦可以从“某项微课、拓展课程”开

① 刘永永：《小学拓展性课程需解决的“三问”》，《中国教师》2016年第8期。

始，然后有公开课，有论文，再有各项成果，这些过程都是可行的。前提是，美术教师有没有一体化的意识和思维来设计教和研的过程，并付诸教学行动。

质言之，教和研的一体化是老话新说，是我们团队的教研导向。理念提出容易，但落地艰难，主要原因是教师研究意识和方法的缺位，这需要长期磨炼与反思跟进。教科研一体的道路是师生共同成长的必经之路，应该融于我们的生命和血液之中。

其实，我们都是可以改变的！做一件事可以获得更多的教学成果，这个理想并不遥远。

第三节　美术“作品课”成果摘录

美术“作品课”是一体化教研的理想，为什么还要加上“理想”两个字，因为对于大多数美术教师看来，还是有难度，一是要有机会上公开课，特别是执教高级别的公开课机会特别少，二是要写成论文，能够在美术核心期刊上发表也是“仰望星空”的事。虽不能至，但心向往之。我重点强调的是，运用一体化的思维方式去实施教学和研究，你会获得事半功倍的成效。这一节以“成果摘录”的形式对教学“综合成果”进行说明。

一、《美食招贴》作品课

1. 成果一：团队应浙师大美术学院邀请在浙江台州执教《美

食招贴》。

2. 成果二：课的论文《应用指向的设计作业生成之策》发表于2017年第一期《中国美术教育》。

3. 成果三：教学设计《校园美食招贴弹性设计》获得浙江教学设计一等奖；微课《立体招贴制作》获得县市级微课一等奖。

二、《西游风筝设计》作品课

1. 成果一：在县市教研活动中公开展示，通过网络直播方式向全省美术教师直播。

2. 成果二：课的论文《由“课堂尾巴”生发的“拓展课”》发表在2019年第五期《中国美术教育》。

3. 成果三：生成《名著的光华》主题性教学系列课程，在浙派名师教研活动中进行发布。

三、《小木偶　大舞台》作品课

1. 成果一：在宁波市核心素养下美术生成性教学研讨活动中执教《小木偶　大舞台》。

2. 成果二：论文《美术创课：让思维培养真正落地》获得浙江省美术教学成果一等奖。

3. 成果三：论文《一种易被遗忘的整合》发表在2019年第五期《中国中小学美术》上；相关论文《拓展课需换新颜》发表在2017年3月3日的《浙江教育报》上。

4. 成果四：录像课《中国的非物质文化遗产》在浙江省平台网络直播，教学设计获得浙江省教学设计一等奖；《泗门的小木偶》录像课在余姚电视台“名师课堂”栏目直播；《美育谈》应邀走进966广播台“教子有方”栏目。

5. 成果五：宁波市核心素养下美术生成性教学研讨活动中，10多位美术教学专家、特级、名师分享了自己的美术教学主张，帮助我们深刻理解美术教育教学的最新理念和发展动向。

四、《叶子拼摆》作品课

1. 成果一：在宁波市教研活动中，为五六年级复式班学生上拓展课《叶子拼摆》，带领学生经历了一次刻骨铭心的美育之旅。

2. 成果二：讨论拓展课的论文《小学拓展性课程需解决的“三问”》发表在2016年第三期《中国教师》杂志上，为送教课程的设计提供理论支持，课因文而生，文因课而实，这是理论付诸实践的教学范例。

3. 成果三：拓展课程《叶子的故事》评为浙江省拓展性精品课程，多次应邀参加省市级交流和论坛。

这样的案例还有很多，至此，我们已经完成了探索美术“作品课”的观光之旅，大家也会不自觉地自问：我好像也有公开课，我是否也能这样去做？如果大家有了这样的思想冲动，那么我的讲述就是成功的。其实，课堂教学和教学研究好比是人的左腿和右腿，在专业发展的大道上我们为什么跑不起来？

为什么跑不快？请低头看看你的双腿，是不是都很壮实？我们只有把左腿和右腿练得平衡了、有力了，就会跑得更快、更远！一体化的思维又似一对翅膀，有了翅膀，一有机会，定会腾飞而起！

第八章
美术学业评价一体化

本章导读

一体化美术教学开展得轰轰烈烈，我们必须对所做的工作做一个总结、梳理和评判，以期有更好的行为出现，这就需要讨论评价问题。所谓“评价”就是“评定价值”，是指“衡量人物或事物的价值”。教育评价是教育教学活动的必要环节，它是指通过系统地采集和分析信息，对教育活动满足预期需要的程度做出判断，以期达到教育价值增值的过程。[①] 教学评价是美术教学的重要阶段，是指以目标为依据，通过一定的标准和手段，对美术教学活动及结果进行价值判断，具有诊断、反馈、导向、激励和鉴定功能。美术教学评价的基本内容包括学业成绩的评价、教学质量的评价和课程的评价，这三种评价如何体现一体化？有怎样新的操作方法？这是本章要讨论的话题。

---

① 沈玉顺：《现代教育评价》，华东师范大学出版社，2002年，第2页。

第一节　不可忽视美术学业评价

“学生的获得和发展”是教学评价的价值取向，于是，学业成效也成为教学评价和课程评价共同的评价因子，“学业评价”“教学质量评价”和“课程评价”因“学生的获得和发展”这个共同的价值取向而成为有关联的整体。因此，我们首先步入美术“学业评价”的大门。

素质教育背景下，美术对审美创美素养的形成具有不可替代的作用，美术教学得到空前的重视。但由于应试教育的影响，一看到“学业评价”就冠于“应试教育”的帽子，于是，长期以来小学美术教师对“学生学业成绩”的看法不一，认为美术不用“测试”，一“测试”就成了应试教育。那么，学生的学业成绩哪里获得？一般以美术教师主观判断，或以作业技能作为评判标准，学生的美术知识、美术技能以及情感态度价值观等是否达到课程目标？师生都是模糊的，这是普遍现象。

就以“美术知识”为例，学科的核心知识和基本概念是需要记忆和存储的，这是一个人审美知识的素养，而书面测试的缺失或简化，造成小学生对美术基本概念掌握不扎实，甚至是一片空白，这是对小学六年美术学习的一种弊端。再如小学生“欣赏·评述”的素养普遍不高，重要原因在于长期以来，美术教师没有把“描述作品、分析作品、理解作品、评价作品”的技能作为学业评价的内容，造成学生对名家名作缺乏必要的感悟、理解，缺乏评价的技能，当学生在生活中面对美术作品的时候，在展览馆面对艺术作品的时候，大多是无动于衷，这也是美术学习的悲哀。因此，我认为美术教师要正确理解美术学业成绩评价的内涵，科学、全面地进行学业评价，对培养学生的创造性人格具有一定的意义。

1. 美术学业评价的内涵

美术学业评价坚持素养导向，既关注艺术知识与技能，更重视对价值观、必备品格、关键能力的考查。具体主要包括三个方面：第一，美术知识领域，包括基础知识、基本概念和原理，以及基本技能；第二，智能领域，包括领会、转换、表述、分析、综合、概括、分析、综合、评价和判断等能力；第三，情感态度领域，包括兴趣、志向、价值观、态度和性格等品质。

从学业评价的三个领域来看，学生美术学业成绩的组成是综合性的评价，既要考查学生的美术知识和技能，也要考查美术现象的分析、评价和判断等素养，并要关照学生的情感态度，而不是以其中一个领域作为评价指标。那种简单地以课堂作业或一次技能测试来代替学业评价的做法有失偏颇，只有建立在全面的评价指标基础上，美术学业评价才具有全面育人的价值。

2. 一体化学业评价内容

美术学业评价的知识领域、智能领域和情感态度领域的依据，依据是国家的《义务教育艺术课程标准》，三个评价领域相对应的就是三维教学目标，见表 8-1：

表8－1 美术学业评价要点

学业评价领域	三维教学目标	评价要点
美术知识领域	知识和技能目标	美术概念、美术知识、创作原理、创作技巧、作品效果等
智能领域	过程和方法目标	作品表现、美术现象和作品的描述、分析、理解、评价、美术学习实践、学习调研、问题解决等
情感态度领域	情感态度价值观目标	美术学习兴趣、正确的文化理解、德育品质、健康的审美情趣、审美创美的价值观等

美术教师要理解学业评价内容和三维目标的关系，整体把握学业评价的内容。三维目标不仅作为教学的评价指标，也是学业成绩的评价依据。我们架构了一体化学业评价内容图，全面地罗列出小学三个学段具体的评价要点，见图8－1。

一体化课程目标就是第二章讲到的“以创造性人格培养为核心的一体化课程目标”，这是一体化课程和教学的“牛鼻子”，是一体化教学的目标，也是教学成果评价的价值取向。要到达一体化课程目标，需要达成每个学习阶段的三维教学目标。如果仔细对照可以发现，每个阶段的三维目标的内容具有承接性和连续性，可以帮助教师制定每个学期的学业评价考核指标，这样就可以减少学业评价的随意性、盲目性和片面性。

3. 美术学业评价的原则

科学指标下的评价实施，需要依据一定的行为法则，美术学业评价需要遵循以下几个原则：

（1）客观性原则。学业评价要以学生实际的“学业水平”为依据进行评估。客观性主要的要求是：第一，评价标准严格按照

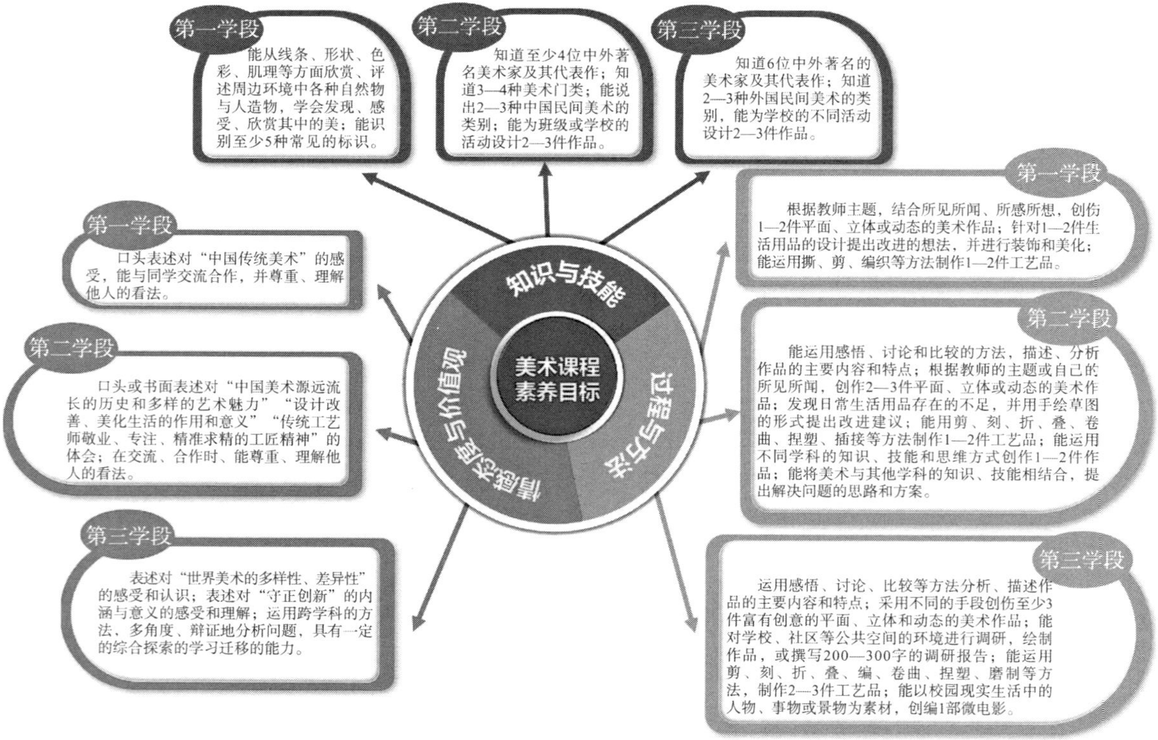

美术课程素养目标

知识与技能

第一学段

能从线条、形状、色彩、肌理等方面欣赏、评述周边环境中各种自然物与人造物，学会发现、感受、欣赏其中的美；能识别至少5种常见的标识。

第二学段

知道至少4位中外著名美术家及其代表作；知道3—4种美术门类；能说出2—3种中国民间美术的类别；能为班级或学校的活动设计2—3件作品。

第三学段

知道6位中外著名的美术家及其代表作；知道2—3种外国民间美术的类别，能为学校的不同活动设计2—3件作品。

过程与方法

第一学段

根据教师主题，结合所见所闻、所感所想，创仿1—2件平面、立体或动态的美术作品；针对1—2件生活用品的设计提出改进的想法，并进行装饰和美化；能运用撕、剪、编织等方法制作1—2件工艺品。

第二学段

能运用感悟、讨论和比较的方法，描述、分析作品的主要内容和特点；根据教师的主题或自己的所见所闻，创作2—3件平面、立体或动态的美术作品；发现日常生活用品存在的不足，并用手绘草图的形式提出改进建议；能用剪、刻、折、叠、卷曲、捏塑、插接等方法制作1—2件工艺品；能运用不同学科的知识、技能和思维方式创作1—2件作品；能将美术与其他学科的知识、技能相结合，提出解决问题的思路和方案。

第三学段

运用感悟、讨论、比较等方法分析、描述作品的主要内容和特点；采用不同的手段创仿至少3件富有创意的平面、立体和动态的美术作品；能对学校、社区等公共空间的环境进行调研，绘制作品，或撰写200—300字的调研报告；能运用剪、刻、折、叠、编、卷曲、捏塑、磨制等方法，制作2—3件工艺品；能以校园现实生活中的人物、事物或景物为素材，创编1部微电影。

情感态度与价值观

第一学段

口头表述对“中国传统美术”的感受，能与同学交流合作，并尊重、理解他人的看法。

第二学段

口头或书面表述对“中国美术源远流长的历史和多样的艺术魅力”“设计改善、美化生活的作用和意义”“传统工艺师敬业、专注、精准求精的工匠精神”的体会；在交流、合作时，能尊重、理解他人的看法。

第三学段

表述对“世界美术的多样性、差异性”的感受和认识；表述对“守正创新”的内涵与意义的感受和理解；运用跨学科的方法、多角度、辩证地分析问题，具有一定的综合探索的学习迁移的能力。

图 8-1　小学美术一体化学业评价要点

课程标准和教学目标，不能随意；第二，评价方法客观，不带偶然性；第三，教师的评价态度客观，不带有主观性和情绪性。

（2）发展性原则。学业评价的最终目标是学生的学习发展，着眼于美术教师教学改进和能力提高。学业评价的目的是鼓励学生，促进教学的手段。评价为未来服务，为改进提供方向，尊重学生人格，促进学生发展。

（3）整体性原则。评价应该树立素养导向，全面的观点，考核指标注重全面，对知识技能、智能、情感态度等全面关照。评价方式多元，防止以偏概全，以局部代替整体。

（4）指导性原则。评价在取得的结果的基础上，对于学生的长处、不足进行及时反馈，提出建设性的意见，促进学生扬长补短，不断前进。

4. 美术学业评价的类型

学业评价的类型根据不同分类标准，有不同的分类结果。常见的分类，根据学业评价的功能，一般分为诊断性评价、形成性评价和总结性评价。每一类评价方式的时间、目标和意义各不相同。

（1）诊断性评价，是指在学期教学开始、单元教学开始的时候，对学生的知识水平、能力发展的现状进行评价，又称之为“前测”。目的是贯彻“因材施教”原则，为了更好地组织后续新授的教学内容和改进教学方法，以便对症下药。

（2）形成性评价，是指在教学进程中对学生的美术知识掌握和能力发展进行的经常而及时的测评和反馈，又称之为“过程性评估”。它包括在一节课的教学中，对学生的口头提问、课堂作业与评议，以及美术小练习等，使教师和学生都能够及时获得反馈信息。其目的是更好地促进学生的学习和发展，以改进教学过程，提高教学质量。

(3) 总结性评价，是指在一个学习阶段结束或一门学科终结的时候，对学生学习的成果进行比较正规的、制度化的考查、测验及其美术学习的全面评定，又称之为“总结性评价”。其目的是复习和巩固美术知识和技能，给学生一个客观的成绩评定，为下阶段学习打好基础。

根据我们的实践和观察，以上三种学业评价在美术教学中都在实施，美术教师对学生的学业评价都能做到“过程和结果”的综合考量，而目前做得不够扎实的恰恰是美术总结性的评价。我认为，总结性测评对学生更好地掌握美术理论知识、综合地运用技能以及美术情感态度等方面具有不可替代的作用。美术评价的软肋其实在于总结性评价是否把控得当。对于夯实美术总结性评价，首先要做到认识到位，阶段性测验或期末考核是教学评价的必经环节，要严肃、认真地对待；其次，评价标准要全面，要根据课程标准对学生的知识技能、智能、素养、情感态度价值观等全面评定，不能简单地以技能代替全部指标；再次，要重视总结性评价的实施过程，要组织学生进行考前复习，考后讲评和个别辅导，突出评价的发展功能。

这一节，主要的目的是“正本清源”，对美术学业评价作一个理论梳理，主要指出的是学业评价指标的综合化，为下一步的实践操作奠定思想基础。其实，评价的一体化就是以共性指标为纽带，各种评价的相互联系实施。用一种评价来代替所有的评价是不学科的，我们所做的是以“学业评价”为突破口来逐步推进整个教学评价，以达到一体化的目的。

第二节　一体化美术阶段性评价

学生的学业评价如何操作？这是个老话题，只要美术教学的存在，就要求对学生学业进行评价。上一节讲道，诊断性评价和形成性评价均在美术课堂中完成，属于过程性评价，在这两类评价经过课改的深入，在促进“学生的获得和发展”的评价目标方面，做得相对好些。而美术总结性评价是学习后期必须进行的终结性评价，在实践层面距离促进“学生的获得和发展”还可以有一些改进，在明确全面的学业评价指标的基础上，有新的载体和方法落地尤为重要。

一、美术总结性评价存在的问题

总结性评价往往和“应试”画上等号，于是，学校把小学课程分为两类，一类是考试科目，如语、数、英、科；第二类是考查科目，如音、体、美、信等学科。美术属于考查科目，学校和美术教师对美术总结性评价缺乏必要的认识和研究，在实践层面存在诸多问题，具体概括如下：

1. 美术总结性评价缺乏制度保障

对于学校业务管理部门来讲，总结性评价的工作重心一般放在考试科目，学校对教师的业绩评价也以考试成绩为主要的参考依据，社会对学校的评价也如此。于是，对考查学科的总结性评价缺乏必要的制度监管，甚至是放任不管，造成任课教师、学生、家长对考查科目的总结性评价在认识上缺位，操作上随意。

2. 美术总结性评价重技能轻理论

美术学科的“技能”是学科的本位，会画画和会设计是最显性的成果，美术教师在组织美术总结性评价时，以一种技能测验的评价方式来代替学业成效，这明显是以偏概全的做法，美术的学业指标是一个综合体，要围绕课程目标和学业质量标准制定全面的评价内容，除了技能实践，还有欣赏、评述、问题解决、情感、态度、价值观等理论指标。美术总结性评价是对学生进行全面的评估。

3. 美术总结性评价的“度”难以把握

总结性评价的时间一般都在期末阶段，这个阶段是师生复习任务最繁重的时期，美术测验的加入，就会加重学生的学业负担。再加上有些美术教师对美术理论没有精心选择，没有控制好理论的数量，学生机械记忆负担过重，效果不佳，滋长了学生的厌学情绪。“度”的把握是一种艺术，“过度”和“不足”都达不到评价的理想状态，都会把评价引入不良的境地。

4. 美术总结性评价缺乏操作规范

美术总结性评价的功能不只是有一个“学业成绩”，还应该促进学生的发展，不只是得到一个“终结性结果”，还需要提出改进建议，促进提高。要发挥总结性评价的“发展性”功能需要有一个科学的、规范的操作流程做保障。比如，评价的频率、命题、知识巩固、测验方式、质量指标、评价反馈、分层指导等，这些要素都是学业评价需要关注的程序。

二、学评一体的美术阶段性测评

常规之下，学习和测评分成两个阶段，测评一般为课程全部学完之后的终结性评价。这种“学评”碎片化的做法不仅增加学生学业负担，更重要的是“学生的获得和发展”很难落地。主要原因是，期末美术终结性的测评之前，积累的美术理论知识量年级越高就越多，学生没有自主复习巩固的时间；测评之后，学生把精力投向考试科目，再加上假期临近，限制了学生改进的空间。为了改变“学评”割裂化的现状，我们尝试了“美术阶段性评价”的学业评价实践，取得了一定的成效。美术阶段性学业评价是美术总结评价的有效载体，可以让“测评”融入“学习”过程之中，达到“学评”一体化。

美术阶段性测评是一种过程性评价和总结性评价相互贯通的评价方式，它是把学业评价分阶段地安排在学习进程之中，运用口试、笔试、操作测验等多种具体方法，对学生阶段性的学业成绩进行评价，改进教学，诊断学业，促进学生下阶段的提高，最终培养学生美术素养的评价方式。美术阶段性测评内涵可以有以下理解：

1. 多次阶段测评代替一次学业测评

美术阶段性测评是分阶段的评估，在整个美术学科学习的进程中，教师依据教学计划，本着“复习、巩固、发现、提高”的操作原则，一学期进行多次的阶段测评，给学生自我反思和提高的时间和空间。常规的总结性学业评价一般都在学业完成之后，是对全部学习过程的检验，一次的测验结果往往具有偶然性。

2. 阶段性测评注重测试工具的严格性

美术阶段性测评的工具按照编制程序，分为标准化成就测验和教师自编测验。标准化成就测验是指学校委托专门机构或专家按照美术课程标准和教学目标，编制的美术阶段性学业检测工具。教师自编测验是由任课教师根据单元教学目标、教材内容和学业质量标准而自行设计的美术阶段性学业检测工具，是为特定的教学服务。采取哪类测试工具主要根据测试的重要程度，调研类的测验一般采用标准化成就测验工具，而教师自己的测验往往采用自制试题。无论哪种测验工具都要求学业考核指标的全面性，即美术知识领域、心智领域、情感态度价值观等全面关照。

3. 美术阶段性测评目的是促进发展

评价的最终目的是促进发展。学生的美术学业评价虽然包含定性的一面，但更重要的是“找差距，明方向，促提高”。美术阶段性测评是一个规范化的操作过程，分为测试前的知识梳理、巩固、解疑，测试之后的反馈和个别辅导。测评不是最终目的，而是让每一个学生解决知识疑难，温故知新。测评成为巩固美术知识和技能的催化剂，未来学习发展的风向标；学习成为测评的有机组成，成为测评结果的有效延伸。可见，美术阶段性测评中的“学习”和“评价”都指向了“为学生发展”，只有目标一体了，操作行为才趋向一致。

4. 美术阶段性测评是多元评价方式

美术学业评价是定量和定性相结合的多元评价，这就要求在美术阶段性学业评价过程中，既要有测验，也要结合非测验的评价方式，测验是刚性的评定，非测验是弹性的评价，特别是学生平时的课堂表现、作业态度、美术情感和综合素养等，一场测试是很难体现，需要非测验的评价方式才能更为客观地评定，如表现性评价、档案袋评价、量表调查、观察、自我评价等。一般情况下，学业评价中，测验适合“知识领域”的评价，非测验适合“情感态度价值观”的评价，而“心智领域”的评价需要两者共同参与。在实际操作中，美术教师可以根据自身的评价目的，选择最佳的学业评价方式或综合化地实施。

三、 美术阶段性测评的一体化操作

促进学生发展，改进美术教学是美术阶段性学业测评的主要目的，要达到理想的评价目的，学业评价管理尤为重要。既要有教育行政部门的整体规划，也要有学校的统一部署，在此基础上，美术教师夯实“学习和评价”的过程，充分发挥美术阶段性测评的发展功能和激励功能。如何有效实施美术阶段性测评，需要从以下途径入手。

1. 宏观层面：教育行政部门要组织规范的美术学业评估

教育行政部门要把美术学业评价要纳入学生的评价体系，科学设计学生学业评价的内容，要根据课程标准和学段教学目标进行评价指标的设计，主要包含“美术知识、心智、情感态度价值观”三个评估领域。特别是对美术总结性学业测评要有统一的操作规范，比如测评时间、测评内容、测评工具、试题批阅、结果反馈等，都要有明确的要求。只要有宏观层面的操作规划，就会形成美术学业评估的良好氛围，平衡好学业评价的“赠别功能”和“发展功能”，突出评价的促进、提高和发展的作用。

浙江省宁波市教研室每年都要对全市中学生进行一次美术学业水平测试，评价采用标准化成就测验工具，对学生的美术知识、美术技能、美术鉴赏、问题解决、审美情感等方面进行全面的评估，很好地促进了全体学生的美术素养的提高。在这个机制下，各教研室也会在每年宁波测评之前，组织全市中学生进行美术阶段性的预测，根据宁波要求进行自我评估，找出短板和差距，对个别学校和教师进行针对性的学业调研和课堂教学辅导。

2. 中观层面：学校业务管理部门要对美术阶段性测评作指导

学校业务部门要对学科阶段性评价的实施作统筹安排和业务指导，对考查学科的任课教师作业务培训，明确阶段性测评对培养学生学科素养的重要意义，树立评价为了“学生获得和发展”的价值取向，了解学校对学科阶段性测试的具体要求，如测评次数、测评时间、测评过程、测评工具、批改和反馈、评价等第、备查资料等。在测评过程中，学校定期对某个学科的阶段性测评进行跟踪调研，对照学校要求，进行测评工作的评估和调研，辅导教师进行全面的学业测评。学校要有资料意识，要注意积累测评的台账资料，包括收集复习材料、技能训练、测评试题、评卷统计等资料，建立开放的美术阶段性测试的资源库，为美术教师互相借鉴提供便捷。

学校有了阶段性评价的指导意见，美术阶段性测评工作就有了操作依据。美术教研组长，根据学校的测评要求，把测评的任务分解给每位专职教师，由一名美术教师负责一个年段的学业测评，测评完成之后向教研组汇报测评结果，教研组召开专题会议进行反馈，阶段性测评工作有条不紊。

3. 微观层面：美术教师夯实美术阶段性测评的“学评”环节

美术阶段性评价的有效实施关键在每一位美术教师的行动，教育行政部门把控的是评价导向，学校业务行政把控的是评价规范，而美术教师把控的是评价实效。评价导向和评价规范主要的视角是大数据和大样本，而每一位学生的成长，如何继续改进和发展，需要美术教师的细心辅导。如何夯实学习和评价的一体化？如何有效发挥美术阶段性评价的发展功能？我认为，美术教师要做好以下工作。

（1）美术基础知识的梳理

最基础的美术理论是美术阶段性测评的重要内容，包括基本的美术概念、美术语言，美术原理，美术文化，技能技巧的相关知识等。这些美术基础知识分散在每一课的教材和相关的资料中，美术教师要引领学生总结、梳理出美术基础知识，方便学生复习和巩固。哪些是“最基础”的美术理论呢？“最基础”指的是“学业质量标准”中规定的美术知识和技能，而由此延伸出来的其它美术知识，学生只要“了解和体会”即可，不必纳入测评范畴，否则就增加学生的学习负担。有些美术教师把《参考用书》上的美术知识、美术史都让学生识记，这就拔高了要求。因此，教师要善于鉴别教材中的美术理论，不要把所有的美术知识当作学生需要掌握的基础知识。

美术基础知识的梳理一般可以有三种方式进行：**第一，阅读批注式**，学生自主阅读所学的教材，在教材中圈画最基本的美术知识，对不理解的概念向老师或同学请教；**第二，提纲式**，教师组织学生把教材中的美术知识和技能汇总在一起，经过教师审定之后发给每个学生，节省梳理时间，方便学生复习；**第三，学习单式**，学生根据教师提供的练习单，结合教材进行摘记和练习，自行概括和总结美术知识。这种学习方式的优点在于，能够激发学生自主学习的积极性，不足之处在于比较耗费时间，需要教师掌控好课堂时间。美术知识梳理的形式还有很多，无论哪种学习形式，为了提高效率，都要在美术课堂中进行。

（2）美术基础知识的复习和巩固

把复习和巩固知识纳入美术阶段性学业评价的过程，是“学评”一体化的基本要求。美术阶段性测试的目的是促进“学生的获得和发展”。测评不是“甄别优劣”，而是促进每一位学生达到学习目标，成为“合格产品”。因此，我们宁可花大力气去夯实知识的复习和巩固，让每一位学生温故而知新，查漏而补缺，为的是更好地继续前行，这才能突显评价的发展功能。

美术基础知识的复习时间有限，内容较多，机械记忆显然效率不高，需要美术教师组织开展形式多样的当堂复习活动，来激发学生学习的兴趣，提高巩固率。有以下几种方法可以借鉴：

① 重点讲述

教师利用现代媒体，对学习阶段内美术重点知识、原理和方法进行回顾，解答学生存在的疑惑，唤醒学生的记忆。教师对重点知识的二次讲解，帮助学生建立知识的前后联系，加深对有关概念的理解。

② 你抽我答

组建复习小组，设立组长，以小组形式开展“你抽我答”的游戏，学生出题之后，其他同学进行抢答，如果组员不能回答，由出题者辅导。也可以在班级中进行，学生轮流出题，全班抢答，教师协助组织调控。

③ 寻图游戏

美术名家名作不能死记硬背，要和作品一一对应，才能提高学习的效率。对于作品鉴赏的知识，组织学生开展“根据画家找作品”的竞赛游戏，出示一位“画家姓名或作品题目”，谁在教材中找得快谁就有出题的权利，这样依次找图，直到复习任务完成。

④ 击鼓传花

采用“击鼓传花”的游戏形式，由一名学生在纸团内出题，然后闭眼击鼓，组织同学依次传递纸团，声音停止，由纸团持有者回答问题。回答正确，由此生组织游戏，回答错误需要表演节目或者重复十遍答案。

⑤ 小小讲师

把美术复习提纲按知识分成 3—5 组，每组知识指派一名学生上台讲解，讲解之后进行生生互动，解答听众的疑问，允许听众向“小老师”提问，最后评选最佳“小导师”。

⑥ 谁与争锋

教师给学生每人准备一张小纸条，要求每位学生根据学习资料在纸条上出一道题目，教师把全班学生的纸条抽乱放入统一的信封之内。接着让一名学生来抽取题目并回答，直到回答错误为止，依次进行，看谁答题多就有奖励。

⑦ 心心相印

针对绘画和设计，教师组织自由搭配成学生两人一组，根据教师命题进行讨论和构思。接着，教师给每人下发半张作业纸，要求两人背对背创作，只画一半的作品。然后集中展示，先说构思，接着拼图展示，看哪件作品组合完美就评为“心心相印”组合。

⑧ 秀秀名作

对于人物题材的名家名作的鉴赏，要求以小组为单位进行“名作模仿秀”，把作品的人物形象进行造型模仿，配上适当的服饰、道具和画框。集中展示的时候，各组再派一人进行作品介绍。

（3）自制美观多样的测评工具

美术教师自行编制评估工具是阶段性评价的重要环节，因为测试工具的质量直接影响评价的结果。一般而言，教师自行命题的步骤是：首先，制定命题标准，即确定课程目标、课程内容和学业质量标准依据的评价指标；接着，编制双向细目表，就是确定题型、题数、权重、难度和对应的细化考核指标等，这是出题的直接参照；最后，试题编制和校对、复印等。

如果是测验的评价方式，还要关注质量指标。第一，是信度，是指一次测量所得结果的准确程度，几个均衡班测验结果的一致性程度，如果没有严格按照命题标准编制试题，测量的结果就不准确，评价的信度就不高；第二，是效度，是指评价是否能测出所需要的结果。每种题型的评价目标要明确，评价指标要涉及美术知识、美术技能、美术欣赏、解决问题等全方面，这样的测量才能得到整体的素养结果；第三，是难度，就是试题的难易程度，一般要求难度要适中，试题中有基础题，提高题和难题之分。第四，是区分度，是指试题能否区分不同能力的考生水平，试题中有难易不同的题型就会有区分度，过于简单和太难，区分度就降低。

美术阶段性测试的命题程序不用太复杂，主要是根据小学生的实际情况和复习知识点进行测评工具的编制。美术教师可以从以下步骤入手：

① 根据学段选择合适的评价方式

阶段性评价方式有测验评价和非测验评价两种，根据学段学情的不同应该采用灵活的评价方式。低段学生识字量少，自控能力差，以作业、成长、观察、自我评价等非测验评价为主，测验评价为辅；中段学生学习习惯初步养成，测验评价的比重可以增加；高段学生具有一定的学习能力，自我意识逐步建立，可以以测验评价为主，非测验评价为辅。

② 根据课程目标编制多形式的题型

美术阶段性测试要依据课程目标来设计测量工具，如果教师在帮助学生梳理复习资料的时候考虑充分了，在编制试题的时候就省力很多。美术命题的内容根据教学目标三个方面，即美术知识和技能、问题解决、美术情感。根据课程目标，试题要涉及美术四个艺术实践领域的知识，在美术技能考核的基础上，至少还要有“美术理论”“欣赏评述”等相关内容。

在题型设计方面，不同的评价领域可以选择不同形式的方式，见表 8－2：

表 8－2　美术测评样题

评价的主要领域	题型样式
美术知识	填空题、选择题、连线题、判断题、辨析题等
美术评述	读图题、问答题、作品评述、作品临摹、口头描述等
美术技能	命题创作、主题创作、情境作业、临摹、写生等
美术情感	调查、心路展示、学习建议、学习心得等
美术素养	问题解决、草图设计、模式设计、情境作业、媒体展示等

③ 对试题进行解答和优化

对试题的审核和优化是纠错和提升质量的重要步骤。尤其是阶段性评估的试题，这是对学生阶段性学习的全面评定，需要有一定的严肃性和规范性。美术教师命题完毕之后，查阅错别字、病句是必不可少。教师有必要在学生测验之前对评估工具进行解答，从答题中能够发现诸多问题，如题目要求表述是否清楚、题目的答案是否存在矛盾、题面是否符合学生阅读水平、试题难度是否适中等，切不可编制完试题而不做答案。在基本规范的基础上，教师可对试题进行优化，优化的内容涉及：题量的调整、形式的变化、语言的艺术、图文的搭配、知识的补充、难度的调整、版式的统一等。总之，美术阶段性评价试题既要全面、规范、正确，又要赏心悦目，体现美感。

④ 认真组织美术阶段性评估

美术阶段性评价是学业评价的重要载体，和考试科目一样，是教学评价的重要环节，因此，只有认真组织评价活动，才能体现评价的严肃性和有效性。在测试之前，美术教师要提前告知学生测评的时间、方式，特别是要随带必备的美术材料和工具，如果是现场制作类试题，教师要准备统一的材料，避免个别学生忘带答题工具而影响学业成绩。在测试过程中，教师开考前要宣布测试的纪律，对学生进行态度、书写、时间等教育，调整好试场，营造严格、严肃的评价氛围。测试中，教师要进行巡视，及时制止不良行为，做到公平公正地对待每一位学生。如果是口试、操作为主，要调控好课堂纪律，给每个学生一个安静的测验空间。

当然，美术阶段性测验除了闭卷的形式，也可以是开卷测验的形式，还可以是小组答卷的形式，其实试题运用的方式也是多种多样，美术教师可以根据评估的目的，灵活采用开卷、闭卷或者两者结合的形式进行，但是关键是测评能够促进学生更好地掌握知识，促进提高。

⑤ 及时做好测验评改和反馈

及时评改和及时反馈能够最大限度地发挥评价的激励功能，如果评价结果滞后就会减弱学生对评价的心理预期，如果没有及时反馈，那也是不完整的评价过程，因此，评改试题和反馈要注重“及时”的原则。

美术教师要充分认识美术测验的发展和激励功能，而不仅仅是对错。因此，教师在批阅主观题的时候，要用红笔逐题批阅，批阅符号要端正，对于特别认真的同学要写上表扬性的语言。批阅主观题的时候，要修改学生的错别字，对于答得精彩之处用波浪线标出，批注表扬。对于不完整的地方，也要批注提示语，让学生再次思考修正。批阅操作题的时候，要确定统一的作业评定要求，对于优秀作业撰写激励性评语，拍照存档，对于有问题的作品，教师能够帮助修改，并撰文提出修改建议。美术阶段性阅卷是一次和学生心灵交流的过程，教师用心去评改，用情去投入，学生能够感受得到，会报以教师感激和虚心，可能那几句简单的赞扬，会点燃学习美术的情感火焰，可能成为学生学习的转折点，或许会刻骨铭心。

美术教师对美术测评结果的反馈也要讲究艺术，要本着尊重、关爱、期待的心理进行成绩反馈。试题反馈是查漏补缺，也是学习内驱力的唤醒和激发。多肯定，多表扬，特别是态度端正或进步较快的学生，要大张旗鼓地赞扬。对于暂时落后的学生，不能挖苦讽刺，耐心地讲授改进方法，相信他们通过努力会取得进步。试题反馈要掌控好时间，不能满堂灌，要留有充裕的时间让学生订正、修改、复批。允许学生对批改或教师讲解提出异议，这是学生在思考的表现，教师要保护好这些学生的质疑精神。

⑥ 分层分类做好个别学生的辅导

学生总是有差异的，这是因材施教的前提。从阶段性测试中，会发现美术潜质生的存在，美术教师要允许这类学生的存在，在课堂中要保护好潜质生的成绩隐私。要摸清这些学生暂时落后的原因，对不同学生进行有针对性地辅导和交流。对于身心有特殊问题的学生，教师要降低评价要求，鼓励为主，挖掘学习中的闪光点，长善救失。对于态度问题的学生，要帮助他们找到学习中的不良行为，进行学习习惯的教育，充分信任他们，再给他们一次改正的机会。对于有其他原因测试不佳的学生，美术教师要善于倾听学生的倾诉和辩解，和学生一起找问题的根源，明确努力方向，让学生感受到美术教师对他们的期待。

优质的评价操作是没有学科界线的，学业评价中的“人文关怀”让学习充满温度。只要评价有温度，学习就有热度，学生的提高和发展才有无限可能。美术阶段性评价是“学评一体化”的具体做法，其真正的价值不在于育人。教师做好学业评价的各个细节，才能迸发出发展的热度以及获得的温度。

第三节 一体化的个性评价攻略

美术阶段性学业评价是面向全体学生的评价，其核心是促进全体学生的“获得和发展”。让我们进一步思考，在注重全体的前提下，教师还要关注学生个体的“获得”和个体的“发展”。因此，美术学业评价不仅要促进全体学生，还要促进每一位学生。个性化学业评价是个体化的评价，是针对学生个性差异而量身定制的评价方式。个性化评价不能有统一的标准，评价指标要因人而异，不能简单地以测验为手段，而是注重学生平时的学习行为、学习态度、学习习惯、学习取得的进步等，这是量化测试难以做到，需要非测验性评价方式的评价。可见，个性化评价的侧重点是学习行为的评价，这种评价更加灵活，更有弹性，更加注重随机性和生成性。评价的时机在课堂内外，在和学生交往的一切时空中。“世界上没有一片相同的树叶”，也就是说个性化评价“没有相同的评价指标和统一的评价方式”。这节将讲述实践“攻略”，以期开启思路。

一、四颗小糖的启示

故事发生在人民教育家陶行知先生任育才学校校长期间，有一天，陶行知看到一个男生用泥块砸自己班上的男生，被他发现制止后，命令他放学时到校长室去。放学后，陶行知来到校长室，男生早已等着挨训了。可是陶行知却笑着掏出一颗糖果送给他，说：“这是奖给你的，因为你按时来到这里，而我却迟到了。”男生接过糖果。随后陶行知高兴地又掏出第二颗糖果放到他的手里，说：“这是奖励你的，因为我不让你打人时，你立即住手了，这说明你很尊重我，我应该奖你。”男生惊讶地看着陶行知。这时陶行知又掏出第三颗糖果塞到男生手里，说：“我调查过了，你用泥块砸那些男生，是因为他们欺负女生；你砸他们说明你很正直善良，且有跟坏人作斗争的勇气，应该奖励你啊!”男生感动极了，他流着眼泪后悔地喊道：“陶校长，我错了，我砸的不是坏人，而是同学……”陶行知满意地笑了，他随即掏出第四颗糖果递过来，说：“为你正确地认识自己的错误，我再奖给你一块糖果，我没有多的糖果了，我们的谈话也可以结束了。”

这是一个动人的教育故事，这四颗小小的糖果，奖励的是犯错学生的闪光点：守时、尊重、正直和知错就改，这是陶行知先生的教育艺术，用奖励和肯定唤醒学生心中的良知和善良的本性，学生在感动中自我反思，达到自我教育的目的。当这个学生走出办公室的时候，我想他一定会珍藏这四颗小糖，因为这里面是陶校长对学生真切的鼓励、期许和引领。小糖的力量在于深入人的心灵，这位犯错学生不仅会改正错误，牢牢贮存守时、尊重、正直和知错就改的良好美德，这些美德还会引爆出本性中更多的善良、勤奋、诚实、互助等美好心灵。当一个人被信任、激励、期待所充盈的时候，一切不良的思想和行动就逐渐没有了立足之地，一粒粒美好的种子在信任、激励、期待的阳光下迅速萌发、繁茂、开花、结果，美的大树从此深深地扎根心灵，教育教学从此为一个人开启一段真善美的人生。这就是四颗小糖的教育魅力。

四颗小糖有如此巨大的魔力，能够转化和激励一名学生，这就是外部的强化的结果，其转变的根源在于走进儿童的心里，再加上四颗小糖和合适的语言水乳交融，恰到好处。作为一名美术老师，我们是不是也可有自己的“小糖”？当学生进步的时候，给予肯定；当学生犯错的时候，给予提醒；当学生迎难而上的时候，给予鼓励。面对外部动机占主导的小学而言，一颗颗“小糖”在小学生眼中不是一般的东西，而是带有老师的威严和感情的特殊的媒介，于是，孩子们争着拥有它们，在力争的过程中不断端正态度，恪守规章，积极向上，勤奋学习，改变行为，最终走向成功，这就是个性化评价的力量。个性化评价更具有浓浓的人情味，因为只有它才能实现“一对一”的关注与看见。美术教师怀里可以藏着自己的“小糖”，一边分发着表扬、激励和期待的“小糖”，一边收获学生的成长，这是美好的教学境界。

二、此“小糖”非彼小糖

个性化评价需要一颗“小糖”，但不全是一颗实体的小糖，而是需要各种形式的“小糖”。“小糖”是美术教师根据学生特点和评价需要，自行设计，代表一定含义的实物、图腾、符号和标记的总称。小学阶段要根据学生的心理特点进行不同形式的个体评价，由简单的“小糖”逐步成为有特定含义的符号。

1. 不可小觑的一朵“小红花”

记得读小学的时候，班主任是一位快退休的老教师，拥有丰富的教学经验。陈老师有一双巧手，剪得一朵朵既对称又美观的小梅花。同学们都为争得小梅花而努力，都在暗地里较劲梅花的多少。陈老师把梅花贴在一张全开的铅画纸上，让我们每时每刻都看到全班的小梅花。小梅花贴了小学整整六年，同学们并没有熟视无睹或者随着年级升高而厌烦，反而成了我们小学生活的重要一部分，也成为我们小学生活的最美回忆。一次双休日作业，大部分同学都做得不认真，这让班主任大发雷霆，罚站了许多同学，包括一些班干部。而唯独表扬了我的抄写，当着全班同学的面破例奖励我三朵小梅花，这让同学羡慕不已，以后我更加努力地写作业，语文成绩也逐渐提高。后来，成为小学教师，也看到了年纪稍大的老师使用一朵朵小花的印章，感觉有点老套，没有一点点新意。真正上美术课之后发现，不要小看这一朵小花，学生懂得珍惜它，都想拥有最多的红花。时代虽然不同，但童心依旧。

运用“小红花”是低段实施美术个性化评价的不错选择。首先，这种刺激物直观形象，符合低段学生的认知水平——做得好奖励一朵大红花；其次，评价过程操作简便，教师可以在第一时间兑现对学生的肯定，评价的时效性大大增加；再次，学习的过程可以感知和触摸，我认为老师亲自制作或设计的红花比购来的红花要来得好，每一朵红花都注入师生共同的情感，代表着一个个难忘的童年小故事，可感可触，见证着学生每一步的成长。在这里，不少美术教师对此会嗤之以鼻，认为人工智能时代，评价形式和直观度在网络上可以更加精彩，用小花已经过时了。对此，我认为无论教育手段如何先进，评价中情感的融入仍旧是不可忽视的元素。教师自行设计的，自己制作的小花是真诚的情感投射，会有意想不到的效果。

2.“小红花”变成一串不同的“红花”

当学生到了三四年级，能够逐步理解各种图像或符号的含义，对评价的意义解读开始多元化，而不是像低段孩子一样简单地评判“好还是不好”“对还是错”“好人还是坏人”，开始对各种行为作初步的解释、辩解和分析。其中，最突出的一点是，学生对教师的评价一分为二地接受，当评价不公的时候，会怀疑、议论和反驳，这是自由意识和独立人格开始形成的心理表现。对这个时期的学生进行个性化的评价不能全用一朵小红花来评价全部行为，教师要变成一朵朵不同的小红花来实施精细化的个体评价。小红花可以变成不同的图形，如大拇指形、星星形、文字形、爱心型等，色彩可以丰富多彩，每一种评价符号给予不同的评价含义，如“学习态度端正”“学习进步”“上课积极发言”

“美术作业优秀”“听课纪律表率”“富有创意”等，这些评价符号把学生的学习行为标准更加细化和准确，肯定个体优势，指明改进方向，让评价突显“个体差异”。在具体实施的时候，美术教师可以把评价符号划分等级，当学生取得一定数量的评价之后，换取下一个等级的符号，让学生在获得小成功的基础上获得大成功，不断地刺激学生良性发展。

例如，在美术课堂作业个性化评价时，可以采用“贴标式”评价方式，就是赋予评价指标某种符号，运用特定的符号进行个性化的作业评价。[①] 主要过程有：

(1) 定标，就是确定评价符号。符号采用具有丰富情感色彩的图章或便利贴，并赋予特定的评价指标，如构图、色彩、明暗、造型、线条、创新、表现等，见表 8-3：

表 8-3　美术作业评价指标和要求

符号	色彩章	构图章	线条章	造型章	创新章	进步章
指标	色彩和谐	构图饱满	线表现力	形象突出	有无创意	取得进步

(2) 选标，签章的选用根据每次作业的要求而定。如造型表现类作业，可以重点选用构图章、造型章和色彩章；设计类作业，可以重点选用创新章、造型章和色彩章为主。

(3) 贴标，贴标的过程是师生共同完成评价任务的过程。每次评价前，教师先进行分工与布置，讲清每种图标的意义与评价方法。贴标完毕后，评价小组给出评价的总体意见与看法，并及

① 刘永永：《美术生成性教学》，浙江人民美术出版社，2015 年，第 74 页。

时反馈给学生。

(4) 换标，一个时期的教学单元之后，美术教师组织学生进行图章的统计，达到一定数量或者折算成一定分值的同学兑换更加精美的图章或获得一定的奖励。

又如，中段可以充分利用“档案袋”对学生的课堂作业进行过程性评价，记录学生的成长，深受学生的喜爱。档案袋以纸袋或塑料袋为原型，鼓励学生进行个性化的封面设计，让档案袋也成为一件精美的美术作品。不是所有的作品都可以进入档案袋，教师可以对课堂作业提出要求：得“A＋”的作业可以进入自己的档案袋，得 2—3 次“A”的作业也有资格放入档案袋。这样一来，给优秀作品以肯定，对于有提升空间的作品留有进步的空间。为了“档案袋”评价更加直观，可以和“小草莓”奖励进行结合，每进入档案袋的优秀作业，专人负责在显著位置贴一朵小花，师生每时每刻都很直观地看到自己的成果，积极性非常高涨。一段时期之后，带领学生互相观摩档案袋，或带回家给爸爸妈妈欣赏，深受家长好评。教师定期给小草莓数量多的学生进行表彰，班级中就会形成勤学、乐学、向上的学风。在期末，档案袋又是评定学生平时学业成效的最好依据，避免了评价的随意性和盲目性。见图 8－2。

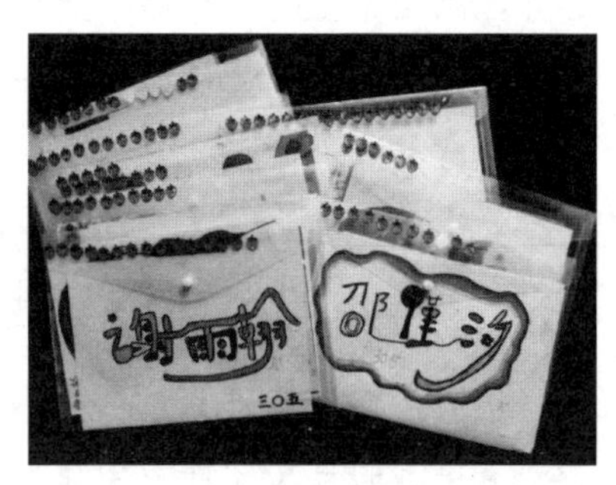

图 8－2　学生自行设计的档案袋

通过这种特殊的“小红花”，传统的作业百分制评价被激励性的个性评价所取代，学生获得的是教师的肯定和鼓励而不是模糊的评价，同时也唤醒了对更高标准的追求信心。最突出的是，一份作业一份评价，不同的评价为学生树立不同的发展目标。

3. 抽象的图式替代具象的“小红花”

“小红花”到了高段可以有更加华丽的变身，大多数高段学生已经具备抽象思维能力，自我意识基本形成，对评价作用和意义的认识逐步清晰，过于具象的评价方式不符合高段学生的心理认知，个性化的评价逐步向概念化、抽象化。一朵小红花、一个小图章等符号要进行艺术化的处理，评价的“参与意识、公平意识和民主意识”空前强烈，这是青年初期的心理特征。因此，高段学生的个体评价过程要学生全程参与，包括评价指标的设定、评价规则的制定、评价过程的实施以及评价结果的反馈。

第一，学生参与评价标识的设计。个性化评价需要“小糖”媒介，高段学生的“小糖”要既有抽象的深度，又要有艺术感和美观度。学生参与评价标识的设计，可以增加学生参与评价的主人翁态度。

例如，在五年级美术教学初期，在班级中进行“学分卡”的设计征集，要求图像简洁，有美术的特征，具有丰富的含义。许多学生积极参与，最后选定一份设计组织学生讨论，提出修改方案，进行个性化地解读，目的是理解标识的内涵，提出共同的发展愿景。

整个标识是一艘奋勇航行的帆船，预示着师生共同携手，排除万难，向美术目标前行。字母“ART”是美术的英文意思，“S”是“泗小”中“泗”的大写声母，表示“泗门镇中心小学的学子”，“眼睛”代表智慧，标识这是一次习得智慧的学习历程，红黄蓝三原色为主色调，寓意是学习美术基础，为无限可能的未来奠基。这是设计者最核心的解读，学生也会有更加多元的解释，这是一份个人设计但又共同奉献出智慧的评价标识，拥有它，就等于拥有集体的智慧，学生心中充满期待，见图 8 - 3：

图 8 - 3　学分卡

第二，学生参与制定游戏规则。“学分卡”奖励如何开展？游戏规则让学生参与制定，参与规则的制定，就是学习指标的自我建构，努力方向的自主描绘，有利于学生自我激励和自我调控。通过讨论，学分卡分成“3 分”和“5 分”两类。获得“3 分卡”和“5 分卡”的规则见表 8 - 4：

表8-4　学分卡评定指标

3分卡的获得条件	5分卡的获得条件
1. 上课举手特别积极	1. 两次课堂作业取得“优秀”等级
2. 回答了一个难以回答的问题	2. 美术作品在学校比赛中一等奖以上
3. 学习取得了较大的进步	3. 美术阶段性测评中获得“优秀”
4. 美术作业效果特别突出	4. 取得较大进步
5. 学校美术比赛中获得二三等奖	5. 参与艺术社会实践并得到认可
6. 为班级美术作出较大的贡献	6. 美术创作在市级以上活动中展出
7. 美术学习建议被老师采纳	7. 美术老师或课代表认定的突出表现
8. 帮助别人取得了创造成果	8. 美术活动受到学校领导的表彰

学分奖励制度还规定了使用办法：学分卡两年内均有效，获得的学分卡自行保管，不得转借，如有涂改或损坏均视作“保管不当”而没收。学分卡可以在专项活动中兑换学习用品，参与艺术作品的拍卖活动，向美术老师兑换一次合理的学习要求，或者抵消一次惩罚等等。学生通过游戏规则的制定，把美术学习常规要求和学业评价完美融合。

第三，多元评价和学生监督互为补充。高段学生的评价是多元化的评价，要突出学生自评、学生互评和教师评价。如果只有教师有评价权，“一言堂”的做法有时候难免会出现偏差，有失公允。因此，全员参与的个性化评价才能获得全面、公正、正确的评价结果。

如在“学分制”评价活动中，除了教师拥有奖励“学分卡”的特权之外，允许学生下课向美术老师自主申请，说明获卡理由，如果符合获卡要求，教师要补发学分卡，这是学生的一次自评过程。教师在班级中建立课代表为中心的3人“卡监组”，专门负责颁卡监督工作，如觉得老师发卡有误，可以向老师提出撤销或补发学分卡；如有学生觉得自己应该获得奖励，可以向“卡监组”提出，“卡监组”讨论通过，由课代表向老师申请协商，这是一次学生互评的过程。通过自评、互评和教师评价的权衡和整合，使学分评价方式更加公平、公正，既有刚性的规则，又富有人情味，深得学生喜爱。

第四，学分兑换有趣而有意义。学分兑换是评价的再次升华，通过兑换活动，将评价和学习、教育水乳交融。学分兑换首先要有趣，兑换的奖品不能是零食，而是以学习用品、书画作品、美术工艺品为主，并且以拍卖形式竞拍获得，要获得自己喜爱的物品，需要积累可观的学分卡，拍卖过程充满期待和欢笑，获得奖品，这是对前期学习过程的极大肯定。其次，兑换的物品要有意义，兑换的物品由师生共同提供，一般要求有意义的小物件，自己的小收藏，旅游纪念品，自己的书画创作等，这些小物品有一定的来历，经过学生自己的保管，已经有了自己的烙印，物品“拍卖”给同学，这是一种情感的延伸，一种良好交往的催化剂。

三、 个性评价和学校评价一体

学校美术教学最直接的目标是什么？就是为了达成学校的育人目标。学生的个体化学业评价也是为学校的育人目标服务。如何服务于学校的育人目标？我认为，美术评价和学校的评价目标和方式要一致，就是要达到一体化。美术个性化评价活动要和学校对学生的评价活动有机整合，才能把握正确的目标导向，促进美术学业评价和学校评价相互促进，否则，美术个性化评价就失去强大的学校氛围，对学生来讲分不清孰轻孰重，造成对学科评价的重视程度降低。

以“贴小红花”来讲，学生通过努力获得了一定数量的红花，得到了美术老师的表扬，而学校美术类的评选又有另外的标准，两个评价标准下学生就会无所适从，不少学生肯定会有所侧重地选择其中一种评价，就会淡化另外一种评价活动，造成评价互相耗力。为了解决这一困境，美术老师把个性化评价和学校的“诚意星”评价活动进行整合，把美术个性化评价的结果作为学校每月“美术诚意星”的主要依据。根据学校的评价规则，低段学生按照“红花”数量评定每月“诚意星”。中段学生把图章进行赋分统计，作为评星依据。高段学生按照本月“收获学分总数”进行排序，前25%的学生直接定为本月“美术诚意红星”，学分前90%的学生评为每月“美术诚意蓝星”。通过学分评定和“诚意星”评价进行整合，评价有了统一的标准，减少教师主观臆断，让评价更加注重学习过程，促进评价的“公平公正”。每月的“诚意星”评价结果又作为学期末学科终结性评价和学生评优的主要依据，就这样，美术个性化日评、每月“诚意星”评价和期末评价互相联系，环环相扣，共同促进学校育人目标的有效达成。评价的一体化，让每位学生在每个阶段都明确努力的方向，认真学习，争先创优的良好氛围逐步形成。

诚惶诚恐地讲述完一体化学业评价的话题，为什么会如此担忧？因为评价的大道有千万条，我只讲述了我校美术老师编织的故事，难免有以偏概全。另外，美术一体化教学评价除了学业评价，还包括教学评价和课程评价，因为可参考之处很多，也就不再赘述了。虽已至此，也有不小的窃喜，因为，走出美术一体化评价的大门，意味着一体化课程和教学的讨论基本结束。

第九章
共同体团队的一体化

本章导读

人是集体性的高级动物。人有爱的需要，于是就有了家庭；人有群居的需要，于是就有了城市；人有协作的需要，于是就有了集体；人有发展的需要，于是就有了团队。人与人分享了成功和快乐，自己才会有“成功和快乐”。因此，教师发展需要团队，教师和教师的一体化，便产生了共同体团队。在一体化研究的进程中，自然生发了志同道合的共同体团队。一群人为何能够走在一起？产生了怎样的效应？本章我们可以更加轻松，我们跳出课程和教学的门槛，转向幕后的专业团队，因为有了好的教师，才会有好的课程和教学。

第一节　区域学科团队的一体化

有了好教师，就是拥有好教育。师训工作最主要目标是成就教师的专业发展。专业能力发展的显性指标之一就是名优教师的数量和质量。2009年，我接管师训工作。当时，整个乡镇还没有骨干教师，师训工作面临全新的挑战。

1. 学科教研组师资不均衡的现状

需要是生命成长的内因与动力，一种教研形式只有契合本地域广大教师的发展需要，方能最大限度地避免陷入形式主义的泥潭，焕发出不竭的生命活力。泗门镇是宁波市卫星城镇，经济实力进入全国百强镇。在这样的乡镇中，学科师资分布也不均衡。其一，优质师资奇缺，青年教师的成长缺乏专业引领；其二，各校各学科教研组发展不平衡，音、体、美、信息等学科专职教师数量不足，很难形成浓厚的教研氛围，教研组建设参差不齐，学科教研活动不能正常开展；其三，各校教研组工作没有统一的目标，没有形成教研合力，属于碎片化的状态，业务竞争经常造成校际间的不和谐，挫伤了青年教师发展的积极性。打通各校教研组的界线，形成目标一致的教研机制，才能促进教师共同发展。

2. 厘清“教师专业能力”标准

要开展教师专业能力提升机制的改革，厘清什么是“教师专业能力”。教师专业能力的内涵表述非常丰富，有学者认为是指教师在教育教学活动中，为了促进学生的发展，教师利用已有的经验与知识，应对教育情景、解决教育问题所必备的能力。有学者认为专业能力包括教学能力、科研能力、反思能力、交往能力、评价能力[①]；有

① 刘瑶瑶：《近十年国内教师专业能力内涵研究综述》，《佳木斯教育学院学报》2012第2期。

的认为专业能力由师德、专业效能、身体素质、心理素质四要素组成[①]；也有学者认为专业能力应包括构建和谐师生关系能力、教学能力、课程资源开发能力、科研能力、网络技术能力等。[②] 可见，学界对师专业能力结构理解不尽相同。

2012 年 2 月 10 日，教育部公布了《小学教师专业标准》，它是小学教师专业发展的统一准则。《小学教师专业标准》从专业理念和师德、专业知识、专业能力三个维度，十三个领域，六十项基本要求，阐述了小学教师专业的概念及范畴。《专业标准》认为教师“专业能力”应从教育教学设计、组织与实施、激励与评价、沟通与合作、反思与发展这五个领域来观照，这五个方面都是紧紧指向教育教学。见表 9-1：

表 9-1　专业能力与课堂教学的联系

领域	能力维度	与“课堂教学”的联系
教育教学设计	教学设计能力	“课堂教学”预设与起始
组织与实施	教学组织能力	“课堂教学”组织与实施
激励与评价	教学评价能力	“课堂教学”的学业评价
沟通与合作	师生交往能力	“课堂教学”的师生关系
反思与发展	教育科研能力	“课堂教学”的自我反观

结合国家的《专业标准》和文献的论述，其实对教师专业能力的要素组成已经非常清晰，就是五种能力，即教学设计能力、教学组织能力、教学评价能力、教学交往能力和教学科研能力，这是各

---

① 李方：《新课程对教师专业能力结构的新要求》，《教育研究》2010 第 3 期。
② 杨家安、张德成、王艺霏：《当代美术教师应具备的能力》，《现代中小学教育》2012 年第 4 期。

学科共通的专业能力。由这五个能力要素，结合各学科特点，我们就可以生发出不同学科的专业能力标准。

3. 有机整合：一体化学科共同体教研机制

“共生”是一个生物学的概念，是指两种不同生物之间所形成的紧密互利关系，在共生关系中，一方为另一方提供有利于生存的帮助，同时也获得对方的帮助。共生理念也同样适用于教师群体。为了整合教育资源，创新教研形式，促进教师共同成长，2010 年，我们率先提出“教研共同体”的概念，以“共生”理念为指导，打破校际教研组的界限，成立了学科“教研共同体”。所谓“教研共同体”是指以促进教师共同成长为目标，以教师专业成长需求为导向，组建区域学科教研团队。“教研共同体”按学科分成十二个学科组和若干个师徒协作组。通过几年的探索，形成了一体化的教研机制。

（1）一体化的教研目标

教研目标的一致性是形成教研团队的核力，明确教研职责是落实教研任务的先导。制定了《教研共同体章程》，对学科组长、导师、成员的职责都作了明确规定。

（2）一体化的教研专题

师训站每学期策划研训活动，推进共同体建设。如：教坛新秀练兵活动、青年教师三笔字比赛、各学科徒弟赛课、教坛新秀展示周等。在此基础上，鼓励各学科共同体大胆创新教研形式，进行个性化的教学研究。

（3）一体化的资源整合

我们要求学科教研共同体要整合教研资源，不能增加教师的负担。学科组长要将“区域活动”“校际教研活动”和“共同体活动”三者进行整合，避免活动过多的倾向。

（4）一体化的教学研讨

反思是工作的内省、梳理与总结，能够更好地促进教研工作。为了及时积累共同体教研的工作经验，每学期末组织学科组长与导师进行工作论坛，群策群力解决工作困惑。

（5）一体化的考核评价

考核工作是对各组教研工作的过程性评价。师训站每学期末依据各组递交的《共同体教研记录本》与相关资料，进行量化与质性的评价。考核结果分成“优”“良”“及格”，以书面形式反馈给各教研组。

4. 自然生发：三位一体专业孵化项目

学科共同体教研的深入开展，让一部分教师长足发展，自然形成了各层次教师发展的梯队。针对不同层次教师的需求，我们为教师量身定做发展项目，于是，又自然生发了三级孵化项目：

（1）“青蓝”项目

“青蓝相携”是针对刚入职教师设计的两年培养项目，主要内容是教师教学基本功的训练，重点提升教学设计和教学组织能力，保障新教师站稳讲台，为后期发展奠基。见表 9－2：

表 9－2　小学新入职教师专业发展培训档案

能力要素	评价要求	考核成效
执教能力	1. 镇新教师听说评活动中执教公开课 2. 全程参与培训 3. 上交一份高质量的纸质教案和反思	○优秀 ○良好 ○合格 ○待合格

（续表）

能力要素	评价要求	考核成效
表达能力	1. 态度认真，准备充分 2. 语言符合学科专业要求 3. 表达清晰、思路敏捷	○优秀 ○良好 ○合格 ○待合格
粉笔字书写	1. 达到教师书写水平 2. 镇级比赛二等奖以上考核“优秀”、三等奖为“良好”，没有获奖酌情确定	○优秀 ○良好 ○合格 ○待合格
硬笔字书写		○优秀 ○良好 ○合格 ○待合格
教学常规认知	教学“五认真”符合市学科教学常规，符合学校对新教师的要求	○优秀 ○良好 ○合格 ○待合格
教学常规测试		○优秀 ○良好 ○合格 ○待合格

（2）“接力”项目

该项目主要针对青年教师发展对象而设计的三年培训项目，以业务评比辅导为抓手，通过项目培训，提升青年教师课堂教学和教学科研能力。

① 规划培养对象：制定切实可行的青年教师培养规划，提前1—2年确立省特级、名师、骨干人选、教坛新秀人选，明确本校培养对象，各种学习和评优向重点教师倾斜。

② 搭建结对平台：鼓励教师参加各级带徒结对活动，保障师徒活动正常开展。对于有发展需求而被结对落选的教师，学校组织结对，不让任何一位青年教师“孤单失群”。

③ 问题式研修：引导教师以“问题”为导向，开展“课堂和课题”一体化的研修。每位教师在学科共同体教研组内上课、研

讨，将课堂转化为课题成果，将课题成果转化为教学。

（3）“辐射”项目

为了提升各级名师、骨干的影响力，促进学术研究，形成自己的教学风格，带动区域学科高质量建设而开展名师“辐射”长效性项目。

① 名师有牌子：为了扩大名师的影响力，成立语文名师工作室、美术名师工作室等以学科划分的工作室，为名师工作室开展活动提供组织保障。

② 名师有经费：将名师工作室经费列入预算，每年为宁波名师工作室保障 3—5 万元，每年共计 20 万余元用于工作室开展各种学术活动。

③ 名师有位置：把名师、骨干人才培养成学校管理人员。每年组织名师外出学习考察，开拓视野，收获成就感。

迄今为止，共同体的“航船”行驶了十多年。“共同体教研”深受各位校长与青年教师的喜爱，解决了学科师资如何共享互援的难题，吸引了周边区域教师的加入，使青年教师获得了长足的发展，特别是给农村偏远小学的青年教师树立了信心。一个显性数据可以说明共同体教研的实效：十年之前，这里没有一名骨干教师，十年之后，这里走出来五位宁波市名教师，二十多位学科骨干教师，近百位各级教坛新秀。我们用这种方式见证自己的存在感，这就是“一群人一起走”而生发的无限可能的力量！

第二节　自由与生成的美术团队

美术学科共同体生发于区域共同体，这十年间，不断有趣味相投的美术骨干教师、青年教师和新入职教师加入，于是就有了今天的自由美术团队。美术教学团队的目标是什么？团队发展得如何？走了这么久，不该忘记当初为什么出发。团队的存在是为了“渡人”，如果说生命的真谛是体验，那么，“渡”的目标就是沿途的欣赏，同在“渡船”上，即使你不再愿意动了，你也在同行，这就是团队。我们也在“渡己”，每个人都有享受别人的恩泽，于是，种子发芽，树儿长叶，花儿绽放，每个人都找到自己的位置，都在“渡”的行程中收获自己的应得，无论在船首、船身还是船尾，你欣赏别人的精彩，别人也看到你的成长。“渡人渡己”是团队的生命力，“渡人”是凝聚力的源头，“渡己”是幸福感的理由。于是，“渡”的航程不断地被善意拉长，驶向成功的彼岸，那是我们愿意驶去的地方。

人与人在一起是不是“团队”？团队和群体有什么区别？教研组算不算一个真正的团队？学科共同体团队到底是什么？要讲述自由美术共同体，我们必须要厘清团队的概念。“团队”最早是经济领域的概念，是指由基层和管理层两类人员组成的一个共同体，它合理利用每一个成员的知识和技能，协同工作，解决问题，达到共同目标。管理学家斯蒂芬·P. 罗宾斯认为，团队是由两个或两个以上的，互相作用、互相依赖的个体，为特定的目标而按照一定规则结合在一起的组织。团队构成的要素总结为5P，分别为目标（purpose）、人员（people）、定位（place）、权限（power）和计划（plan）。团队不是群体，它和群体有着根本性的区别，群体是临时性的、无明确分工、无凝聚力的组合状态，而团队是目标下的命运共同体。根据团队的目的和拥有自主权的大小，团队可以分为问题解决型团队、自我管理型团队、功能型团队、共同目标型团队、正面默契型团队等五类。

自由美术团队（见图9－1）是以实现美育梦想为价值取向的共同目标型团队。自由美术团队从十年前的三人，发展到来自十多所学校四十多名核心成员的美术教研共同体。再加上全国十个省四十多所一体化联盟学校的加入，我们在自己的时空里，立足“大美育”这个特殊的时代，编织着美术教育的梦想，印证自己的人生，书写自己的传奇。

1.“自由和生成”是自由美术团队的教育理想

教育理想是团队的核心价值和理念，是团队的核心精神。“自由和生成”是团队的核心目标。“自由”不是指行为的自由散漫，而是心智的自由，心智自由是一个人内在的关键能力和必备品格，是能够解决现实问题的高阶思维品质。我们鼓励每个成员有自己的教育追求，开创自己的美育空间，开发个性化的美术课程，走自己的发展道路，做到“和而不同”。“生成”不是刻意地强加，而是自然地生发，是一种内在的行为准则，我们要为发展目标努力拼搏，但也要讲究正确的方法。要注重教学的成效，更关注学习和成长的历程。我们渴望“获得”，但这应是自然而然的降临、瓜熟蒂落般的获取、春来草自青一样的生发。

美术教学的核心理念同样是“自由与生成”。我们注重预设，更加注重生成。预设是教学的方向，生成是个体的发展。我们长期进行美术生成性教学理论的研究和课堂教学的实践，架构一体化课程，发展美术课堂，让教学目标有效达成，审美创美的育人目标能真正实现，最终生成学生“自由创造”的人格，为学生未来发展奠基。我们共同的美育信条是“今天，在孩子心中播下真善美的种子，明天，收获的是无限可能的未来世界”。

图 9－1 自由美术团队全家福

2. 由团队精神自然生发的显性文化

美术团队能够凝聚在一起的动力一开始是个人威信或制度，这是外部的力量，最终的聚合力在于团队的文化魅力。团队文化是指团队成员互相合作过程中，为实现各自的价值，并为完成团队共同目标而形成的潜意识文化，包括价值观、教育理想，最高目标、行为方式等内容。当团队运行规范化和自动化的时候，我们自然而然地想到需要一个更加具有美术特色的、旗帜鲜明的东西引领团队前进，于是，团队的显性文化在一次次交流和碰撞中自然生成。

（1）团队标识

标识是记号、符号和标志物，其目的是便于识别。团队标识是共同体团队精神的集中体现，是区别性的标志，简称 Logo。自

图9-2 团队标识

由美术团队标志向团队成员征集，是由团队成员方媛媛老师设计（见图 9-2)。标志图文环绕，代表着团队的协作和包容。飞动的小鸟图形，表现了“自由”的概念。图像运用黄蓝绿色块，让人联想到色彩融合的“自然生成”。这个 logo 突出了团队精神和思维方式。

(2) 艺术空间

教研空间是美术团队开展教学研讨的物理空间，是教师对教学空间的自我管理，是形成良好的研修氛围的主阵地。自由美术团队的教研阵地是投资一百多万元的艺术长廊，艺术长廊坐落于泗门镇小，美术团队全程参与设计和建造，把民间艺术、国画、书法、美术展厅、美术教室集为一体，体现“把艺术可视、可感、可做”的设计理念，把艺术转变为直观的课程，滋养师生审美情操。在此基础上，逐渐生发了兰江小学的创课长廊、湖堤小学的陶艺空间、陆埠二小的民族馆和 40 多处省内外“一体化教学联盟学校”的艺术教研阵地。

(3) 微信平台

记录团队和教师的共同成长是一件非常有意义的事情，通过微信公众号“自由美术论坛”不仅可以在第一时间发布研修信息和成果，扩大学术影响力，而且微信平台更是团队成员学习的资源库。我们的每一次活动、每一次成绩、每一项成果、每一个优质资源都有专人负责储存在微信平台，当需要的时候，可以随时调取阅览，这里的资源免费对外开放，是团队各成员之间、团队和团队之间互相交流的平台。

（4）团队名片

名片是团队的面孔，是一份沉甸甸的成绩单。每一年结束，我们都要把团队的最新理念、研修历程和成员的教育教学成绩进行归类、汇总，由成员轮流设计并对外宣传。每一份成绩单是一种自我鞭策、自我激励，引领团队成员向优秀看齐，不断超越，实现发展目标。

（5）团队制度

制度是一种约束行为和行为指向的具体规范。为了保障研修活动的正常开展，也需要必要的制度。团队的制度是在发展过程中，根据实际需要而逐步出现。如为了管理好经费，制定了《经费管理和使用制度》，规定团队经费的来源主要是师工作室专项经费和集资的活动费，活动经费由专人管理，并规定专门的使用和公开办法。又如，根据评价需要，制定了《参与教研活动的请假和点到制度》，明确了参与组内研修活动的规范，有专人负责记录，为团队年度表彰提供依据。团队制度不断完善，让美术共同体发展有据可依，避免主观臆断，保障团队健康发展。

3. 自由美术团队的特色沙龙

沙龙是客厅的意思，原本指的是 17、18 世纪巴黎的文人、艺术家接受妇女招待，在客厅里聚会，谈论文艺、政治。后来泛指文人非正式的小型聚会。自由美术团队的各种美术沙龙活动，不是严肃的教研活动，而是研究讨论自己感兴趣的艺术话题为主，展示个性特色，突显“自由与生成”的团队精神，称之为团队“特色沙龙”。

(1) 请进来，搭建平台

邀请特级教师、名师、教研员团队来自由美术团队讲学，共享美术教学理念，提升美术理论水平。同时为团队成员提供更多的执教公开课和论坛的机会，不断磨炼课堂教学技能，提升专业能力。

(2) 走出去，开拓视野

自由美术团队利用假期，走访各类名师。通过和名师面对面的交流，感受名师魅力，开拓学习视野。例如，2019 年，国家美术课标组组长、北京师范大学尹少淳教授来宁波讲学，组织成员前去拜访。通过学习，获得最前沿的理论和信息。

(3) 聚年会，情感交流

年会是团队教研成绩的汇报，也是促进团队成员的情感交流的最佳契机。每年一次的年会雷打不动，形成常态，力求活动年年有新意，给大家留下难忘的瞬间。成员策划了“小奖状”的活动，为每位成员颁发“伯乐奖”“神笔马良奖”“青出于蓝奖”“马不停蹄奖”等有趣的奖项，在欢笑声中，大家享受获奖的喜悦，激励继续前行。

(4) 做公益，传播美育

自由美术团队成员赴山东、江西、贵州、新疆等地公益送教，走进余姚市广播电视台 966《教子有方》专栏和《名师讲堂》栏目，在电波中和家长们一起聊家庭美育有关的话题，把正确的美育观和美育途径传播到全社会。

（5）学技能，提升情趣

团队教师在各自的领域研究较深，这是非常难得的资源。俞静毕业于景德镇陶瓷学院，对陶瓷文化、绘制、烧制、设计具有专业水准；叶建平对墙绘、书画装裱具有很深的研究；张狄青一直在从事烙铁画的创作等。请成员讲解专业知识，指导其他教师进行技法体验，开拓教师的美术视野，提升自身素养，让团队洋溢着浓厚的文化气息，提升生活品位。

4. 自由美术团队生发的个性课程

自由美术团队崇尚创意的课程文化，成员从一节课开始研究，进行课程的拓展和生发，慢慢形成个性化的教学主题和教学内容，然后在各种活动中公开展示，在学校课堂内里反复实践，研发出一个个生动的课例，编印发行，生成了个性化的教学课程。拥有个性课程是一位美术教师走向成熟的重要表征。我们鼓励成员大胆创生课程，但不急于求成，从小小的课例做起，逐步积累成课程体系。要求成员立足国家课程要求，摆正个性课程对基础课程的辅助和补充的地位，建构个性课程的教学理念和教学目标，逐渐形成个性化的美术教学主张，展现风格各异的自我。随着时间的推移，课程日臻成熟，开花结果，不少课程成为精品课程，美术教师在精品课程的开发和教学中完成自我的蜕变。下面，介绍几个精品课程：

（1）“创造好玩”的课程

《创玩美术》课程的开发者是余姚市泗门镇中心小学的谢烨。课程理念是：“只有拥有敏于关注身边的心灵，才能有敢于放眼世界的胸怀”。所谓“创玩美术”指的是区别于传统美术课“纸+笔”的创作方式，在美术材料、技法运用、表现形式上特别突出创新性和视觉性。同时根据学生好玩好动的特点，将“探究美术创新技法”包含在“创造好玩、好看或可以实用的美术作品”的课程内容中去。课程突出美术学习的愉悦性和实践性，以及与校园文化、学生生活的紧密联结。编写《我们学校的文化地图》《当杨贤江遇上波普艺术》等课程内容，都是取材于校园文化，具有鲜明的本土特色，使学生树立“只有拥有敏于关注身边的心灵，才能有敢于放眼世界的胸怀”的理念。

(2)“化蝶为美”的课程

《蝶为媒》拓展课程的开发者是余姚市凤山小学的陶远。课程的理念：“只要我们用有限的光阴投身艺术而全心全意，自然就活跃在我们的心里”。学校有科学实践基地占地近3亩，开设了“蝴蝶谷”基地培育养殖蝴蝶，校科学组进行的STEM课程研究，美术组借此进行“化蝶为美”的课程融合。在美术核心素养的引导下，利用学校资源开发《蝶为媒》拓展课程，课程内容有欣赏蝴蝶“容貌”，设计蝴蝶“衣裳”，评判蝴蝶“美感”，开发创玩“媒材”，感悟蝴蝶“寓意”五个单元，分学段开展教学，让美滋养学生心田。

(3)“用火画画”的课程

《烙画》课程的开发者是余姚市陆埠镇第二小学的张狄青。课程理念：“传承传统民间艺术，创新烙画传统技艺”。研发《烙画》拓展课程，它包括烙画的发展、烙笔的使用技巧、绘制线条的方法及上色处理等。构建具有农村特色的“烙画艺术”教学体系，运用学生和教师、学生和家长、学生和民间艺人“三联动”模式，四环教学策略（激趣导入—示范技巧—引导创作—展评拓展）、多元教学评价（课程评价、教学评价、学习评价）开展烙画艺术教学，让学生的综合素养在课程中落地生根。

（4）“马良绘姚城”课程

《马良绘姚城》的开发者是余姚市兰江小学的叶建平，课程理念是：“城市是艺术的舞台，用画笔点亮生活的每个空间”。包括社会公用“装饰画”、家庭“装饰画”，以及校园“装饰画”三类，让学生了解中式、欧式和美式以及东南亚的风格。从构图、材料、主题、作画步骤等方面分析介绍了室内、室外两种不同的画法。师生作品有：玉兰酒店云水禅心会所墙绘、华都豪森酒店装饰画布置、商会大厦春夏秋冬会所墙绘、东阳别墅墙绘、杭州服装公司墙绘等。

（5）“土与火”的课程

《陶艺》课程的主要开发者是余姚市临山镇湖堤小学的俞静，课程理念为“以生活为核，用陶艺塑造绚烂的世界”。陶艺教学承载着传承中华传统文化的历史意义，通过对陶土的揉捏塑造，感受泥土中所负载的静谧久远的文化气息，用自己的双手和心灵去发现美、表现美、创造美。陶艺课程的教学不仅是技术的传授，更注重发展学生的创造思维，培养学生的创新精神。以学生经验与生活为核心，经历制陶、画陶、烧陶、修陶等课程，提高学生的创造能力。

第三节　与自由美术共同成长

《要有故事》中有一个有趣的观点：有没有故事，是一幅作品是否有名，甚至画家是否走运的重要原因。[①] 被人“偷”走，也许是一幅画最好的归宿。1911 年，一个叫文森佐·佩鲁贾的人偷走了达·芬奇的《蒙娜丽莎》。之后两年，他将这件作品挂在自己的厨房里。据说后来，他爱上了蒙娜丽莎的眼睛。最终案子告破，窃贼的厨房也因此名声大噪。之后数十年间，无数人开始研究“蒙娜丽莎式的微笑”，这件作品也成为当今世界最出名的艺术品。这个故事说明一个道理，有的时候，作品的价值除了艺术家的作品质量之外，往往还要靠背后的故事来支撑。

画是如此，自由美术团队也是如此。共同体团队从一盘散沙到成为群体，从群体到一体化的团队，我们在共同编织自己的发展故事。有故事，就有成长的历程，有些事可能会被忘却，但是亲身经历过的喜怒哀乐将刻骨铭心。无论共同走过了十多年，还是只有两三年，当回忆的时候，每个成员都能讲出一两个当主角或配角的故事来，这些故事是难得的人生经历，是成长的精神财富，或许只有在团队中才能获得。有人说，一个人的成长需要关键事件和关键人物，关键事件是一次天时地利的

① 冯磊：《要有故事》，《读者》2020 第 15 期。

机遇，是一次机缘巧合，而关键人物是一种缘分，一种“人和”，“天时、地利、人和”是成事的重要因素。跟随着团队一路走来，我们经历过“天时、地利、人和”，也经历过“失败、懊恼、苦闷”，我们都为讲述一个个美丽的故事而来。在故事中，有时候你是主角，有时候你是配角，这些都无所谓，因为每个人都可以是主角也可以是配角。有故事的团队真好，此刻我把空间留给有故事的人！①

无私相授　和谐共进

余姚市泗门镇中心小学　谢烨

教师在团队的历练中，从新手长成了成熟教师，经历了新秀、职称、骨干评比的重要阶段。我本人也借助团队平台得到历练，得到团队伙伴的鼎力相助，顺利走过了高级职称评比、宁波骨干评比、省教师基本功竞赛的重要时刻。学习之路并非轻而易举、一帆风顺。在团队活动中，我们也体会到做学习型教师的不易、建设学习型教师队伍的不易。然而作为一名有责任有追求的教师，学习不辍、教学相长、与时俱进，是教育工作者义不容辞的责任。

① 全文《我与团队共成长》详见网站：https://pan.baidu.com/s/1DbRqF1xir7UiWUo2nicFYw，密码：kfgv

你若盛开　蝴蝶自来

余姚市陆埠镇第二小学　张狄青

2018年，有幸加入了自由美术团队，遇到了执着追梦的教育同行，遇到了更宽更广大的平台，收获了新的教育理念。团队中的榜样教师很多，比自己优秀的人都在努力，我怎么能不努力呢？团队中一个个拥有教育情怀的年轻教师，任劳任怨、甘愿付出的精神，每时每刻都感染着我，于是我也开始努力。正因为有了自由美术这个平台，在这一年中，我有机会多次执教宁波市级公开课，在团队的督促和指导下，认真撰写论文，多篇论文在省级刊物上发表。

聚时一团火　散时满天星

余姚市凤山小学　陶远

四年前由专职美术教师转任语文老师，一时间我好像迷失了方向。幸好身后有自由美术团队，它就像熊熊燃烧的火光一样温暖着我，指引着我前进的方向。和导师的一次深刻交谈后，我产生了一定要坚定目标，力争上游的信念。导师的那句："不论在何地，无论教什么都不是关键的，关键的是自己的信念！"我一直记着。那就从现在开始，一直把美术放在心上。有了自由美术团队，回归的路程更加明确和快速。

自由美术 心灵港湾

宁波市蓝青学校 唐涛

自由美术团队总有一股神秘的力量，推着我向前！每一学期都让我觉得无比充实，也有些许疲惫，毕竟我进入这个团体之前都是“佛系参赛”。这就好比一个从未参加过1000米的选手“被”报名参加了3000米的比赛，过程是如此挣扎，但当冲过终点的那一瞬间，回头望去，被甩掉的对手，自己获得的奖次都达到了人生的巅峰，感叹之余唯有感激那个不断推自己前进的人，就是自由美术名师工作室的团队。

燕归那一晚

余姚市湖堤小学 俞静

备战教坛新秀，是初次。与自由美术团队成员并肩作战，也是初次体验。下午收到上课内容，立即着手寻找教材，设计教学，撰写教案，准备教具，教案不过寥寥数百字，但实际却花费了近十个人近十个小时的努力，这是一次难忘的经历。天亮以后再次收整装备，进入教室，从教之后上过无数次讲台，我在心中轻声告诉自己，就当成是寻常的一堂课。终于下课铃响起的时候，我仿佛听见了高考最后一科目结束时的广播。最后，我如愿获奖。

与优秀一起成长

余姚市兰江小学　叶建平

记得2009年参加余姚市骨干教师带徒考试，我有幸成为刘永永老师的首届徒弟，团队中的每个人都是热心肠的优秀教师，在名师的引领下，一起分享，共同帮助，共同进步。我们每一次的进步，都见证着自由美术团队的成长，在每一年的年会上，团队的年度成绩统计表都是满满当当的，闪耀着团队智慧的光辉！自由美术团队是发展的平台，每个人都是受益人，每个人也都是奉献者。很荣幸，正是和这样一群优秀的人在一起，我也逐步走向优秀！

夫妻相携　共同成长

余姚市舜北小学　于姚　余姚长安小学　王演

从加入至今，一次次论文的修改，一次次公开课的打磨，一点一滴的成长进步，导师和团队成员真诚的批评、指导、肯定和鼓励都是我俩成长的不竭动力，一步步走来，每一次成长都凝结着自由美术团队成员的辛劳和付出，在这个温暖的大家庭里，我俩体会最深的是“你不是一个人在战斗”。在自由美术团队成员的帮助下，收获成长。我俩多问、多听、多讨论、多总结、多观察，在汲取前辈教师的经验的同时，认真学习和钻研，最终形成自己的教学风格。

众力无敌 众智无畏

余姚市马渚镇中心小学 诸佩锦

在碰到困境的时候，总会想，这个时候如果有个高手帮帮我该多好？直到后来，我遇见了自由美术团队，让我知道了什么是团体的力量。团队里有很多优秀的老师，每一位都是我学习的对象，我去参加的每次活动都是非常出彩，他们青春向上，奋发向前。在疫情期间，导师尽心指导我们去录微课；写论文期间，导师开展论文指导，给我们提供了很多的帮助；团队还给了我们很多的展示机会，我上过几次公开课，备受好评。我将与团队携手共进，共创美好未来。

感恩的心 感谢有你

余姚市泗门镇第二小学 方媛媛

2017 年春天，我怀揣着一颗紧张的心来到泗门镇小跟着刘老师学习了一月有余。在这一个月当中，无论是教学理念的形成，还是教学能力的提高，以及教学内容的丰富和拓展，都有了较大程度的提高。在这难忘的一个月后，我加入了自由美术团队。每一篇论文、每一次公开课、每一项比赛、每一份荣誉，都离不开导师不厌其烦的指导与教诲，离不开团队的帮助与支持。

磨课也是幸福

余姚市三七市镇小　孙超

2015年春，我有幸加入了自由美术团队，在近五年中，我承担了5节公开课。磨课是个艰辛而快乐的过程，当出现困惑和彷徨，彼此交流、探讨，直至出现“柳暗花明”时的那份欣喜，又让我更多地体会到这是一种幸福。经过一次次磨课，让我对教材的解读能力得到了提升，个性化的教学理念得到彰显，也磨炼了团队合作能力。我不是在孤立奋斗，团队的每一个人都是坚强的后盾。

情怀所致　必遇美好

余姚市牟山镇中心小学　张慧

2012年，我开始任美术专职教师。记得第一次接到上区域公开课的任务，紧张和不安充斥我的心脏，而刘老师正好出差在外地，但他还是通过电话帮我分析教学思路，探讨教学流程，一说就是一两个小时。印象最深刻的是他最后的一句嘱托：“放心大胆地去上吧，没问题的！”就是这一句温暖的鼓励，让我想尽自己最大的努力去准备，获得了巨大成功。再后来，第一次参加青年教师大比武获得了一等奖；第一次参加市教坛新秀比赛获得了一等奖。

给我奋斗的勇气

余姚市马渚镇中心小学　金坚成

我经历了一个小小的挫折，生了一场大病，在病中自己想了很多，也产生了中年危机，对任何的事物，都感觉失去了兴趣。在这些日子中，师父鼓励我要经常参加活动。在活动中，看到了年轻力量的崛起，我看到了师父永远充满力量，对教育充满了激情，这一点一滴慢慢感化着我。让我又一次对教学产生了激情，对自己未来也有了点计划，如今评上了副高职称。自己的成长离不开团队，自由美术团队是我成长路上的“推动器”，让我对未来充满信心。

暖　流

余姚市泗门镇第二小学　毛淑霞

入职五年来第一次参加年度论文比赛，心里一直没底，于是就壮着胆请刘老师指导，刘老师看过后当场就指出文章中的不足，以及应该如何根据自身的课堂改进，揪标题，抓细节。该篇论文获得一等奖。在随后的余姚市课堂节中执教公开课，是团队给了我展示的机会。在团队中，我结识了一群志同道合的朋友，我们一起编课程，搞研究，做课题，忙得不亦乐乎，寒冬也掩不住我们心中的热情。

一次公开课　开启一段善缘

余姚市泗门镇塘后小学　姚佳尔

2017年是我入职的第二个年头。上好一堂公开课少不了磨课这个“恐怖”的环节，我们团队的磨课标准就是公开课的标准。第一次磨课错误很多，已经做好挨批评的心理准备，意外的是，我等来的不是一顿批评而是鼓励。刘老师一一指出课堂中存在的问题，并且给出了具体的改进建议，而谢烨老师更是耐心坐下来帮我分析重难点，修改教学设计，感觉就像自己的老师，就在那一刻我仿佛吃下了定心丸：跟着团队的节奏走，我一定能上好这堂公开课！最终活动顺利展开，我的第一次公开课也画上圆满的句号。

有你们真好

余姚市小曹娥中心小学　阮伟丽

刘老师是我中学时期的老师，于是少了几分距离，多了几分亲切，他就像一盏路灯，不停地指引着我，鞭策着我，从青年教师大比武、优质课评比、说课比赛、教坛新秀比赛，一次次比赛经历中，刘老师总能给我提出宝贵的建议，总能在一次次困惑中给我勇气和力量，让我更加懂得“没有随随便便的成功，只有踏踏实实的努力”，刘老师是这样说的，自己也是这样做的。于是我在一次次试教，一次次反思，一次次更新中，遇见了更好的自己。

凤鸾队中飞高远

余姚市泗门镇中心小学　张叠

团队成员之间的互帮互助让我深深地感受到大家庭的温暖。只要任何老师有赛课的需求，大家总能自觉地聚集起来，分工合作，有出点子的，有找资料的，有做课件的，有做教具的……竭尽所能发挥自己的专业特长，帮助每位上课老师设计教案。在这么强大的团队帮助下，赛课老师的底气自然而然就多了几分。想要不落伍，就要跟优秀的人在一起。我很庆幸自己是这个温暖大家庭中的一员，和这么多优秀的老师在一起，在如此浓厚的学习范围下，获益良多。

醍醐灌顶的时刻

余姚市临山镇中心小学　张霁

写论文对我来说一直是个很大的障碍。记得某天，怀着忐忑不安的心来向刘老师请教。出乎意料的是，刘老师并没有给我讲怎么写，而是跟我聊起了“家常”：聊我上过的课、如何备课的、学生的种种反应、对上课满意的地方，以及觉得不足的之处。聊天的过程如同抽丝剥茧，让我理清了很多思路，意识到了很多自己从来没有注意过的问题。接着刘老师将之前的谈话内容从头到尾整理了一遍，告诉我有哪些点可以撰写成论文。这一分析，醍醐灌顶，原来写论文也没有我想象中那么难。自那以后，我慢慢克服了害怕写论文的心理。

团队是一面镜子

余姚市舜耕小学　林霄霄

2016 年，有幸能加入自由美术团队。在这里我得到了宁波市级名师、骨干教师的指导与帮助，得到了团队中年轻教师的支持与鼓励，在团队中的每一天都有所收获。最大的收获就是学会审视自己：团队成员们对待教育教学态度一丝不苟，那么我呢？我该如何做呢？团队成员们在教科研方面探究，使教学价值最大化，那么我呢？我该如何做呢？无形中团队赠予我自身成长中最宝贵的经验，对我来说这是以前从未有过的体验，让我认识自我、了解自我、接纳自我，完善自我。

团队是“家”

东风小学教育集团东江校区　吕丹

前几日，翻看QQ相册，感慨时间飞逝之时，看到了多年之前我所晒之图，2015年5月21日，正是我与自由美术团队结缘之日。自那日起我有了师父，有了师哥师姐，在刘老师这位大家长的引领下，在团队各位家人的陪伴下，我努力学习，不断探索，慢慢地在教书育人这条路上有了方向，有了家的依靠。

这么多年来，总有一些时刻令人难忘。在写作这方面我着实不擅长，即使上了课却不知如何将其写成文。那日周末，我问询师父，师父并未直接告诉我怎样写，而是问了我几个问题。提问过后，师父稍一提炼，就把提纲拎得清清楚楚。那篇论文最后获奖了，这是我第一次在学术论文上获奖。

行走取经路

余姚市泗门镇中心小学　马烨燚

2019年，作为新教师很幸运能够成为自由美术团队的一分子。刚入职的时候，我像个“没头脑”的孩子，随着第一堂的公开课到来，“上什么”和“怎么上”把我难倒了。要知道，这不但是一场宁波市级别的公开课，还是我入职以来的“首秀”。在我焦头烂额之际，刘老师的几句话让我明确了构课方向。在准备期间，我多次向谢烨老师请教，她不厌其烦地帮我出点子，帮助我磨课，给了我很多建议和鼓励。在周末，师兄师姐们帮着做教具、摆展台。我能完整地呈现一堂公开课，离不开团队老师们默默的支持和帮助。

春华和秋实

余姚市实验学校　张赞

两年前初入团队，我作为一名初出茅庐的教师，兴奋的同时也带着忐忑与紧张。慢慢地，在一次次教研活动和主题沙龙中和大家熟络。伙伴们严谨的工作作风和融洽的学习氛围开始带动着我努力前进，让我对于美术教师这份工作有了归属感。犹记得在两次获得余姚市教学论文比赛三等奖后止步不前，对写论文这件事也产生了排斥，是团队组织的论文自主研修活动让我突破了畏惧。导师们一对一地解答疑难，帮助我理清思路，后来终于有了进步，获得了二等奖。一份春华一份秋实，相信我们团队会蒸蒸日上，拥有一个更加灿烂的明天。

自由美术团队的故事还将继续，讲述故事其实是在诉说梦想！有梦的人生是无限的，有梦的人生是精彩的！中国巨轮正在朝着“中国梦”航行，美术教育人也正乘着东方巨轮朝着自己的“美育梦想”奋力前行！一体化团队，让美育梦想“看得见”。

借着梦想的航船，一体化美术课程和教学的故事也即将讲述完毕，一路风景一路歌，我们仅以“自圆其说”的方式呈现想说的内容。这是一次美术教学研究的自我反思和自我革命，把一体化美术教学的理论系统化，把一体化美术教学实践理论化。

古埃及有句谚语：“能够登上金字塔的只有两种动物，一种是鹰，一种是蜗牛。”[1] 你若没有鹰的翅膀，就甘心做脚踏实地的蜗牛。只要心中有梦，时常仰望星空，离目标就会越来越近！

故事仍旧继续，研究还在路上！

[1] 李百里：《老鹰与蜗牛》，《才智（才情斋）》2007年第2期。

参考文献

参考著作

[1] 余秋雨:《千年一叹》,长江文艺出版社,2012 年。

[2] 约翰·B. 彼格斯、凯文·F. 科利斯:《学习质量评价:SOLO 分类理论(可观察的学习成果结构)》,高凌飚、张洪岩主译,人民教育出版社,2010 年。

[3] 中公教育教师资格考试研究院:《教育知识与能力》,世界图书出版公司,2012 年。

[4] 常锐伦:《美术学科教育学》,首都师范大学出版社,2000 年。

[5] 曹廷华,许自强:《美学与美育》,高等教育出版社,2011 年。

[6] 刘永永:《美术生成性教学》,浙江人民美术出版社,2015 年。

[7] 骆建钧:《美术教学 36 策》,浙江教育出版社,2012 年。

[8] 骆建钧:《示范与创意:中小学美术课程疑难问题研究》,宁波出版社,2010 年。

[9] 李吉林：《为儿童的学习：情境课程的实验与建构》，外语教学与研究出版社，2008年。

[10] 钟启泉：《研究性学习国际视野》，上海教育出版社，2003年。

[11] 夏雪梅：《项目化学习设计：学习素养视角下的国际与本土实践》，科学教育出版社，2018年。

[12] 钟启泉：《现代课程论》，上海教育出版社，1989年。

[13] B. A. 苏霍姆林斯基：《给教师的建议》，杜殿坤编译，科学教育出版社，1984年。

[14] 施良方、崔允漷：《教育理论：课堂教学的原理、策略与研究》，华东师范大学出版社，1999年。

[15] 沈玉顺：《现代教育评价》，华东师范大学出版社，2002年。

参考论文

[1] 浙江教育厅教研室：《探索中国特色的综合课程改革之路——浙江省综合课程改革30年回顾与总结》，《人民教育》2018第24期。

[2] 李吉林：《40年情境教育创新之路带来的6个甜果子》，《人民教育》2018年第24期。

[3] 杨向东：《做中国综合课程改革的拓荒者——写在浙江综合课程改革30年之际》，《浙江教学研究》2018年第5期。

[4] 袁楠：《城乡教育一体化目标下农村小学美术教育研究——以豫南地区为例》，湖北师范大学硕士论文，2017

年第 11 期。

[5] 张沿沿、冯友梅、顾建军、李艺：《从知识结构与思维结构看思维评价——基于皮亚杰发生认识论知识观的演绎》，《电化教育研究》2020 年第 6 期。

[6] 郑友训：《教师教育一体化课程建构的理论与实践》，《课程・教材・教法》2006 年第 6 期。

[7] 刘永永：《有机整合　适性拔节——小学美术课程一体化实施研究》，《中小学教材教法》，2021 年第 8 期。

[8] 周信达：《美术教师课程领导：由碎片化走向一体化》，《中国美术教育》2016 年第 5 期。

[9] 袁桂娟：《桑代克联结学习理论对我国基础教育的启示》，《品牌（下半月）》2015 年第 6 期。

[10] 厉佳旭：《构建德智体美劳全面培养的教育体系，重在“全面”》，《人民教育》2018 年第 21 期。

[11] 尹少淳：《文化・核心素养・美术教育——围绕核心素养的思考》，《教育导刊》2015 年第 9 期。

[12] 王大根：《双基、三维目标和核心素养之异同》，《中国美术教育》2017 年第 5 期。

[13] 尹少淳、陈美锋：《义务教育艺术课程标准（2022 年版）中美术课程标准的主要变化》，《福建教育》2022 年第 27 期。

[14] 段鹏：《基础教育美术课程的“视觉性”解析》，《中国美术教育》2018 年第 2 期。

[15] 魏春丽、陆如萍：《创造性及创造性人格研究综述》，《现

代基础教育研究》，2020 年第 3 期。

［16］ 赵彦鹏：《专题教育校本课程价值取向：问题解决与高品质探究》，《中国教师》2024 年第 2 期。

［17］ Marton F.，Säljö R.，*On Qualitative Differences in Learning*：*I-Outcome and Process*，British Journal of Educational Psychology，1976，Vol. 46（1）.

［18］ 李松林、贺慧、张燕：《深度学习究竟是什么样的学习》，《教育科学研究》2018 年第 10 期。

［19］ 杨清：《课堂深度学习：内涵、过程和策略》，《当代教育科学》2018 年第 9 期。

［20］ 陈曦：《美术课程“视觉性”凸显的统整独特性》，《美术教育研究》2015 年第 24 期。

［21］ 刘永永：《一种易被忽略的美术课程“整合”》，《中国中小学美术》2018 年第 11 期。

［22］ 丁迎春：《美术教学中文化性学习实践》，《现代中小学教育》2013 年第 2 期。

［23］ 袁文丽：《现代哲学视阈中的“童心说”》，《文艺评论》2013 年第 4 期。

［24］ 王玉：《小学美术教学中美育的渗透探究》，《美术教育研究》2018 年第 24 期。

［25］ 徐文彬：《培养学科思维，发展学生学力》，《江苏教育·小学教育版》2015 年第 9 期。

［26］ 时茹婷：《蔡元培美育思想与现代文化建设》，《大众文艺》2018 年第 18 期。

[27] 刘永永：《由“课堂尾巴”生发的拓展课——小学五年级〈西游人物风筝〉教学实践研究》，《中国美术教育》2019年第5期。
[28] 刘永永：《谈“美术优质课”的几个盲点》，《中国美术教育》2013年第5期。
[29] 刘永永：《应用指向的设计作业生成之策——以五年级美术〈手绘招贴〉一课教学为例》，《中国美术教育》2017年第5期。
[30] 刘永永：《拓展性课程需换新颜》，《浙江教育报》，2017年3月3日。
[31] 谢烨：《小镜子折射大世界——〈在镜子上涂鸦〉拓展教学实践》，《中国美术教育》2016年第2期。
[32] 刘永永：《谈“破”与“立”的思考——例谈创意性解读教材》，《中国美术教育》2015年第2期。
[33] 刘永永：《小学拓展性课程需解决的“三问”》，《中国教师》2016年第8期。
[34] 章晓炀：《中小学教学和科研一体化的成效和启示》，《上海教育科研》2006年第7期。
[35] 陆世英：《当荷花遇上泥——超轻泥仿铜浮雕〈荷花〉教学的尝试》，《中国美术教育》2018年第2期。
[36] 林哲：《“教、学、做”一体化实境式教学探究——以美术设计与制作专业“构成基础”正形与负形内容为例》，《职业教育》2018年第11期。
[37] 陆有铨：《时代呼唤研究型教师》，《杭州师范大学学报》

2002 年第 1 期。

[38] 刘黎明：《蔡元培与亚斯贝尔斯的研究型教师观之比较研究》，《河北师范大学学报（教育科学版）》2012 年第 2 期。

[39] 朱菲菲：《激发与保持小学生美术学习兴趣的策略探究——以浙美版〈剪雪花〉一课为例》，《中国美术教育》2016 年第 3 期。

[40] 刘瑶瑶：《近十年国内教师专业能力内涵研究综述》，《佳木斯教育学院学报》2012 年第 2 期。

[41] 李方：《新课程对教师专业能力结构的新要求》，《教育研究》2010 年第 3 期。

[42] 杨家安、张德成、王艺霏：《当代美术教师应具备的能力》，《现代中小学教育》2012 年第 4 期。

[43] 冯磊：《要有故事》，《读者》2020 年第 15 期。

[44] 李百里：《老鹰与蜗牛》，《才智（才情斋）》2007 年第 2 期。

后记

这是我第三次专著写作。本书稿写写停停，持续了两年多，好几次想放弃，甚至怀疑是否有意义，因为研究过程中遇到了少有的挫折，在评比中面临几乎被淘汰的困境，从一开始信心满满到后来心情坠落到低谷，开始怀疑起自己来。转机在2020年年底浙江省教研课题揭晓之际，成果《小学美术基础课程一体化研究》获得浙江省教研成果一等奖，作为宁波市仅有的四个一等奖之一（艺术学科唯一），成果一下子被各地区转载和学习，同年又被“人大复印报刊资料”全文转载，又应邀在浙江省美术疑难问题解决会议上作成果分享，这让我重拾整理和写作的信心，有必要把这多年来的收获和想法继续进行总结，并和更多的老师交流。

第一次阐述“一体化”教学的是正高级特级教师骆建均老师，随后是北京市海淀区美术教研员、正高级特级教师——周信达老师带领我们以“一体化课程领导力”为突破口付诸教学实践，周老师的学术论文《美术教师课程领导：由碎片化走向一体化》在《中国美术教育》上发表，这是中小学美术教育领域第一次系统阐述“美术课程一体化”的理念，文章被“人大复印报刊

图书在版编目(CIP)数据

整合与拔节:小学美术一体化课程与教学/刘永永著. --上海: 复旦大学出版社,2025. 3
ISBN 978-7-309-16596-8

Ⅰ. ①整… Ⅱ. ①刘… Ⅲ. ①美术课-教学研究-小学 Ⅳ. ①G623. 752

中国版本图书馆 CIP 数据核字(2022)第 204444 号

整合与拔节:小学美术一体化课程与教学
刘永永 著
责任编辑/陈 军
助理编辑/杨 骐

复旦大学出版社有限公司出版发行
上海市国权路 579 号 邮编: 200433
网址: fupnet@fudanpress. com http://www. fudanpress. com
门市零售: 86-21-65102580 团体订购: 86-21-65104505
出版部电话: 86-21-65642845
上海四维数字图文有限公司

开本 890 毫米×1240 毫米 1/32 印张 10. 375 字数 223 千字
2025 年 3 月第 1 版
2025 年 3 月第 1 版第 1 次印刷

ISBN 978-7-309-16596-8/G · 2444
定价: 62. 00 元

资料”转载，可见其重要的学术价值。我作为前期研究的参与者，深刻感受到“一体化教学”的益处，又深感一线教师对现有课程研究的重要性，于是带领自由美术团队对“基础课程一体化”进行讨论和研究。时不我待，一晃十载。所幸之一是，在研究进程中，得到了各方专家的指点，如浙江省美术教研员冷莹老师、宁波美术教研员陶育义老师、宁波教研室规划办郑宇醒老师、海淀区美术教研员周信达老师、浙江大学顾玲玲博士等专家学者提携和赐教，以及《中国美术教育》执行主编崔卫博士、朱敬东教授、洪复旦教授、许颖特级教师、吴相撑特级教师、曹建林特级教师等专家多次鼓励。让本次研究少走弯路，逐渐清晰了课程的逻辑体系。所幸之二是，自由美术团队能够精诚合作、无私奉献，无论多少个休息日被占用，都坚持进行集中讨论和写作。每位成员都尽心尽责地完成研究任务，积累了可贵的素材，录制了八节400多分钟的系列课程。特别是谢烨、方媛媛、毛淑霞等老师多次协助我完成书稿图表，深表感谢。复旦大学出版社的编辑多次改稿，不厌其烦地指导，由衷地表示感谢。所幸之三是，当我全身心地投入实践，在各地上课、讲座、推广，又要不断地整理资料、撰写文章并反思的时候，我的家人支持我，让我安心写作。因而，此书能成，都是大师指点、大家帮忙、妻儿支持的结果。

最后还要提醒自己，专著付梓需要接受大家的评判，或许是一堆好东西，或许是一纸荒唐言。开卷自是有缘人，本人才疏学浅，恳请各位雅正！

刘永永
2024年5月19日晚于诚意学堂